마르크스와 한국 경제

마르크스와 한국 경제

정성진 지음

책갈피

마르크스와 한국 경제

ⓒ 정성진, 2005

지은이 정성진
펴낸곳 도서출판 책갈피
주소 서울특별시 중구 필동 1가 21-2 대덕빌딩 205호 (100-866)
등록 1992년 2월 14일(제18-29호)
전화 (02) 2265-6354
팩스 (02) 2265-6395
이메일 bookmarx@naver.com

첫 번째 찍은 날 2005년 11월 30일
두 번째 찍은 날 2012년 3월 26일

값 10,000 원

ISBN 89-7966-042-1 03320
잘못된 책은 바꿔 드립니다.

표 차례

그림 차례

머리말

마르크스주의 방법론에 입각해 현대 한국 경제의 구조와 모순을 분석하고 대안을 모색하는 작업은 필자가 마르크스주의에 입문하면서부터 지금까지 지지부진하게나마 계속해 오고 있는 필생의 사업이다. 이 책은 이와 같은 필자의 작업 중 최근의 결과물을 펴낸 것이다.

이 책은 모두 3부, 6편의 논문으로 구성돼 있다. 제1부에서는 이윤율, 잉여가치율 등 '마르크스 비율'(Marxian Ratios)의 추계 작업을 중심으로 현대 한국 자본주의의 운동법칙에 대한 일반적 분석을 수행한다. 제2부에서는 분석 수준을 '중범위'(middle-range) 이론이라고 할 수 있는 영구군비경제론과 장기파동 이론 및 사회적 축적 구조(social structure of accumulation, SSA) 이론의 추상 수준으로 구체화해, 한국 자본주의 발전의 특수성, 즉 그 고도 축적과 위기의 역사적 배경에 대한 구조 분석을 수행한다. 제3부에서는 1980년대 한국 사회 성격 논쟁과 1997년 'IMF 위기'의 원인 구명을 둘러싸고 진보진영에서 전개된 논쟁을 마르크스주의적 관점에서 비판적으로 검토한다.

1부에 수록된 두 편의 '마르크스 비율' 추정 논문은 필자가 1990년 서울대학교에 제출한 박사학위논문인 정성진(1990a)을 경상대학교 사회과학연구원이 수행한 한국학술진흥재단의 중점연구소 지원 사업(KRF-2003-005-B00006)의 일환으로 15년 만에 업데이트한 것으로서, 각각 정성진(2004b) 및 정성진(2005b)으로 출판됐다. 이 두 논문은 출판되기 전 '다함께'의 '전쟁과 변혁의 시대'(2004, 2005), 제2차 '맑스코뮤날레'(2005), '제4차 국제마르크스대회'(2004, 파리) 및 제53차 일본경제이론학회(2005, 동경)에서 국내외 마르크스주의자들과의 토론과 검증을 거쳤다.

2부에 수록된 논문 중 첫 번째 논문은 트로츠키주의 정치경제학의 핵심이론 중의 하나인 영구군비경제론(permanent arms economy)의 관점에서 한국 자본주의의 고도 축적의 역사적 배경을 검토한 것으로서 정성진(2000)으로 출판됐으며, 영구군비경제론에 입각한 한국 경제 분석으로는 아직 유일하다. 두 번째 논문은 마르크스주의 장기파동 이론의 관점에서 사회적 축적구조 이론을 비판적으로 적용해 1960년대 이후 한국 경제의 '30년 장기호황'과 1987년 이후 장기불황의 구조와 동학을 분석한 것으로서, 주류경제학자들은 물론 진보진영 경제학자들조차 대부분 세계화와 'OECD 가입' 등으로 들떠 있던 1997년 당시 거의 유일하게 파국의 임박을 예측한 논문이다. 이는 미국의 대표적 좌파 정치경제학 학술지인 ≪급진정치경제학평론 *Review of Radical Political Economics*≫에 정성진(Jeong, 1997)으로 출판됐으며, 'IMF 위기' 폭발 직전인 1997년 5월 정성진(1997a)으로 국역·출판됐다.

3부에 수록된 한국 사회 성격 논쟁에 관한 두 편의 논문 중 첫 번째 글은 1997년 'IMF 위기'의 원인을 둘러싸고 재연된 우리나라 진보진영 내부의 논쟁을 비판적으로 개관한 것으로서, 1998년 5월 '한국사회경제학회 학술대회'에서 정성진(1998)으로 발표됐다. 이 글은 지정토론자 정태인의 논평문 "순수와 결벽, 그리고 무능"과 이를 반박한 류동민 교수의 글과 함께 지금도 인터넷상에서 많이 돌아다니고 있는 'IMF 위기' 이후 진보진영의 대표적 논쟁 문건의 하나다. 이 글의 축약·영역본은 ≪마르크스주의를 다시 생각한다 *Rethinking Marxism*≫ 지에 정성진·신조영(Jeong and Shin, 1999)으로 게재됐다. 두 번째 글은 '마르크스 비율' 추계 작업 업데이트(이 책의 1부에 수록한 두 논문)에 기초해 1980년대 한국 사회 성격 논쟁의 전반적 지형을 비판적으로 회고한 것으로서, 정성진(2005b)으로 출판됐으며, 이 책의 결론에 해당한다.

이 책에 수록된 논문들은 필자의 '오픈 소스' 원칙에 따라 필자의 홈페이지(http://nongae.gsnu.ac.kr/~seongjin)에 올려져 있었기 때문에 그동안 진보진영 연구자, 활동가 등 관심 있는 많은 분들이 애용해 왔다. 이 때문에 필자는 이들을 굳이 하드카피로 출판할 필요는 없다고 생각해 왔다. 그러나 근자에 들어 "당신네 트로츠키주의자들은 소련·동유럽 블록 붕괴 전에는 스탈린주의와 반공주의가 진정한 마르크스주의의 발전을 가로막고 있다고 주장했는데, 이제 소련·동유럽 블록이 붕괴한 지 15년이 되고 스탈린주의와 반공주의도 결정적으로 약화됐는데, 왜 진정한 마르크스주의 전통의 수호자를 자임하는 당신네 트로츠키주의자들은 여전히 진보진영 내에서조차 소수파냐, 당신네들이 지지하는 고전 마르크스주의라고 하는 것 자체가 틀렸거나, 무력한 혹은 시대와 부합하지 않는 사상이 아닌가" 하는 식의, 말하자면, 이제 당신네 트로츠키주의자들의 '카드'가 있으면 한번 내봐 보라는 요구가 자주 제기되고 있고, 이에 대응해 우리 쪽에서도 하드카피 단행본의 '정치적 효과'를 강조하면서 그동안 필자가 간헐적으로 발표한 글들을 묶어 내라는 요청이 거듭됐다. 필자가 '홈페이지에 올려놓으면 필요하신 분들이 쓸 수 있겠지' 하고, 주로 번역이나 공동연구 사업에 집중하면서 미뤄 두고 있던 단독 저서 출판을 시작하게 된 것은 이와 같은 사회적 압력 때문이다. 이 책의 출판이 21세기 한국에서 고전 마르크스주의의 르네상스 시대가 개화하는 데 하나의 작은 불씨가 되기를 기원할 뿐이다.

끝으로 이 책이 나오는 데 도움을 준 여러분께 감사드리고 싶다. 먼저 이 책에 수록된 논문들에 대해 유익한 논평과 조언을 해 주신 김수행, 고 (故) 정운영, 채만수, 장상환, 손호철, 이병천, 김윤자, 황호선, 김성구, 강남훈, 서동만, 박승호, 고민택, 성두현, 정진상, 성낙선, 주무현, 김정주, 이덕재, 김현우, 이정구, 김병조, Samuel Bowles, Paul Burkett, Alex Callinicos, James Crotty, Martin Hart-Landsberg, David Kotz, Fred Moseley, Alfredo Saad-Filho, Frank Thompson, Lefteris Tsoulfidis, Thomas Weisskopf, Richard Wolff 등 국내외 선후배 연구자 여러분, 그리고 이 책에 수록된 논문의 통계 처리와 교정을 도와준 정연선, 김혜자, 김보배, 권오범 군에게 감사드린다. 그리고 7년 전인 1998년 필자의 한국 경제 관련 논문들을 단행본으로 펴낼 것을 처음 제안한 풀무질 출판사의 양효식 전 사장(하지만 이는 보안 관계 등의 이유로 출판이 보류됐다), 3년 전 다시 이를 출판할 것을 권유하고 주선한 '다함께' 편집자 최일붕 동지와 책벌레 출판사의 최수진 대표(이때는 필자가 "유고집도 아닌데, 지난 10여 년에 걸쳐 쓴 글들을 업데이트하지도 않고 출판할 수는 없다"는 이유로 고사했다), 2004~2005년 필자의 '마르크스 비율' 추계 작업 업데이트가 마무리된 후 풀무질과 책벌레에서 작업했던 이전 파일을 대폭 갱신·축약·재편집한 것을 최종적으로 출판해 준 책갈피 출판사 김태훈 대표와 김희준 편집 부장께 감사드린다. 끝으로 이 책에서 필자가 현대 한국 경제 분석으로 형상화하려고 시도한, 레온 트로츠키가 계승·발전시킨 고전 마르크스주의의 '아래로부터 사회주의', '노동자계급의 자기해방' 사상을 이 땅에서 구현하기 위해 투쟁하고 있는 '다함께'의 사회주의자 동지들, 필자가 지난 20여 년 재직하고 있는 경상대학교에서 진보적 사회과학의 연구와 교육의 진지를 구축하기 위해 애써 온 경제학과, 사회과학연구원, '진주사회과학연구회'의 동료 교수들과 이에 동참해 온 학생들과 함께 필자의 첫 단독 저서 출판의 감회를 나누고 싶다.

2005년 11월 30일
정성진

제1부

한국 경제와 마르크스 비율

· 1997년 경제위기 이후 한국 자본주의의 변화
· 한국 경제에서 마르크스 비율의 추이 : 1970~2003

1장
1997년 경제위기 이후 한국 자본주의의 변화

1. 머리말

1997년 경제위기 이후 한국 경제는 큰 변화를 겪고 있는데, 그 방향은 신자유주의로의 이행이라고 이야기된다. 그런데 신자유주의 이행에 비판적인 진보진영의 경제학자들은, 1997년 경제위기 이후 신자유주의 이행의 기본 성격을 아글리에따·브레튼(Aglietta and Breton, 2001), 브와이에(Boyer, 2000), 셰네(Chesnais, 2002) 등 조절이론에 따라 "금융화(financialization)" 또는 "금융주도 축적체제(finance-led accumulation regime)"로의 이행이라고 주장한다[예컨대 크로티·이강국(Crotty and Lee, 2002, 2004), 조복현(2004), 권우현(2004)]. 이들은 또 1997년 이전의 한국 경제는 견실했다고 생각한다. 따라서 1997년의 위기는 자본축적의 근본 모순이 아니라 1980년대 이후 금융자유화라는 잘못된 정책 때문에 발생했다고 주장한다[예컨대 장하준·유철규(Chang and Yoo, 2002)].

또 이들은 IMF와 김대중, 노무현의 신자유주의 정책이 금융화를 가속해 경제위기를 더 심화시켰다고 주장한다. 그래서 이들은 케인스주의적 "금융 억압"을 실시해 재벌의 기업지배구조를 개혁하고 산업자본과 금융자본을 분리할 것을 대안으로 주장한다[예컨대 전창환(2004), 조영철

(2004)]. 이러한 주장은 1997년 위기 이후 진보진영의 "새로운 통념"으로 정착되고 있는 듯하다.

그러나 우리는 마르크스주의적 관점에서 이와 같은 진보진영의 "새로운 통념"의 오류와 한계를 이미 지적한 바 있다.[1] 마르크스주의적 관점에 설 때, 1997년 위기를 전후한 한국 자본주의의 구조 변화와 관련된 쟁점은 다음과 같이 요약될 수 있다.

첫째, 1997년 위기는 단순한 금융위기가 아니라 자본축적의 구조적 모순이 심화한 결과다.[2] 이는 이윤율이 1980년대 말 이후 1997년 위기 직전까지 저하한 사실에서 입증된다.[3]

둘째, 금융화 또는 "금융주도 축적체제"로의 이행이라는 문제설정으로는 1997년 위기 이후 한국 사회 변화의 기본 성격을 적절하게 파악할 수 없다.

셋째, 1997년 위기 이후 신자유주의로의 이행의 본질적 측면은 이윤율을 회복하기 위한 자본의 공세이며, 이 과정에서 노동자계급에 대한 착취 강화와 경제적 종속의 심화가 초래되고 있다.

이 장은 이와 같은 1997년 이후 한국 자본주의의 변화에 관한 마르크스주의적 관점을 《국민계정》, 《자금순환계정》, 《산업연관표》 등 주요 거시경제 통계자료의 분석을 통해 확인하는 것을 과제로 한다. 분석에서는 가능한 한 긴 시계열(주로 1970~2003년) 자료를 이용해 1997년 경제위기 이후의 국면 변화를 한국 자본주의의 장기적 전개 과정 속에 위치지어 해석할 수 있도록 했다.

2. 이윤율의 저하

마르크스주의적 관점에 설 때, 자본주의 경제의 변동을 설명하는 핵심

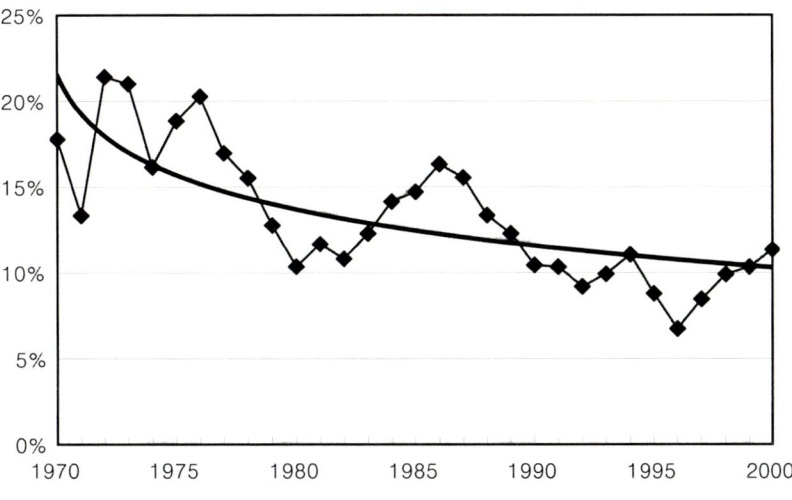

〈그림 1-1〉 제조업 부문의 이윤율 : 1970~2000

자료 : 〈부표 1-1〉

지표는 경제 전체의 평균이윤율의 추이다.[4]

　〈그림 1-1〉은 1970~2000년 제조업 부문의 이윤율[5]의 추이를 나타낸 것이다. 〈그림 1-1〉은 제조업 부문의 이윤율이 1970년대 초반의 16퍼센트에서 1980년대에는 12퍼센트로, 1996년에는 6.7퍼센트로 분명하게 저하했음을 보여 준다. 특히 1997년 위기 이전인 1986~1996년 동안 이윤율은 1986년 16.3퍼센트에서 1996년 6.7퍼센트로 하락했다. 즉 1986년부터 시작된 이윤율의 저하 추세는 1997년 위기 직전까지 10년 동안이나 계속됐다. 또 주목할 것은 이윤율이 1997년 위기 바로 한 해 전인 1996년에 1970~2000년 중 최저 수준에 도달했다는 사실이다. 1996년의 이윤율 6.7퍼센트는 마이너스 성장을 기록한 1980년 이윤율 10.3퍼센트보다도 40퍼센트 가까이 낮았다. 이러한 사실은 1997년 위기가 이전 시기의 실물 부문의 수익성 저하와 밀접하게 연관돼 있음을 보여 준다.

　이윤율은 1996년 바닥을 친 다음, 1997년 위기 이후 다시 상승하기 시작했다.[6] 하지만 2000년에도 이윤율은 11.3퍼센트로, 1970~2000년 동안 최고점인 1972년 21.4퍼센트의 절반 수준밖에 되지 않았다. 이는 한국 경제가 21세기 들어서도 지난 세기 말에 시작된 구조적 위기에서 벗어나지 못하고 있음을 보여 주는 증거다. 이런 상황을 두고 새로운 축적체제("금융주도 축적체제", "지식 기반 축적체제" 등등)로의 이행을 운운하는 것은 시기상조다. 한국 경제가 투자와 고용의 증대를 수반하는 새로운 호황으로 가기 위해서는 이윤율이 적어도 1987년 이전 수준을 회복해야 하지만, 한국 경제의 현 상황을 고려해 볼 때 이는 몽상처럼 보인다.

이윤율의 추이를 설명하기 위해서는 다음 (1-1)식처럼 이윤율의 결정 요인을 총부가가치에 대한 이윤의 비율로 정의되는 이윤몫(P/Y)과 순자본스톡에 대한 부가가치의 비율로 정의되는 산출-자본 비율(Y/K)로 분해하는 것이 유용하다.[7] 이윤몫은 마르크스적 의미의 착취율, 즉 잉여가치율의 대용변수라고 할 수 있는 이윤-임금 비율(P/W)과 같은 방향으로 변동하며, 산출-자본 비율은 다른 조건이 불변일 경우 마르크스적 의미의 자본의 가치구성의 대용변수라고 할 수 있는 고정자본스톡-임금 비율(K/W)과 반대 방향으로 변동한다.[8] (1-1)식은 또 (1-2)식과 같은 성장회계식의 형태로 바꿔 쓸 수 있다.

$$\frac{P}{K} = \frac{P}{Y} \times \frac{Y}{K} \text{---(1-1)}$$

$$\left(\frac{\dot{P}}{K}\right) = \left(\frac{\dot{P}}{Y}\right) + \left(\frac{\dot{Y}}{K}\right) \text{-------------------------------(1-2)}$$

(1-1), (1-2)식은 분배(P/Y)와 기술진보(Y/K)가 이윤율에 미치는 영향을 분리해서 설명할 수 있게 해 준다. <그림 1-2>, <표 1-1>은 1970~

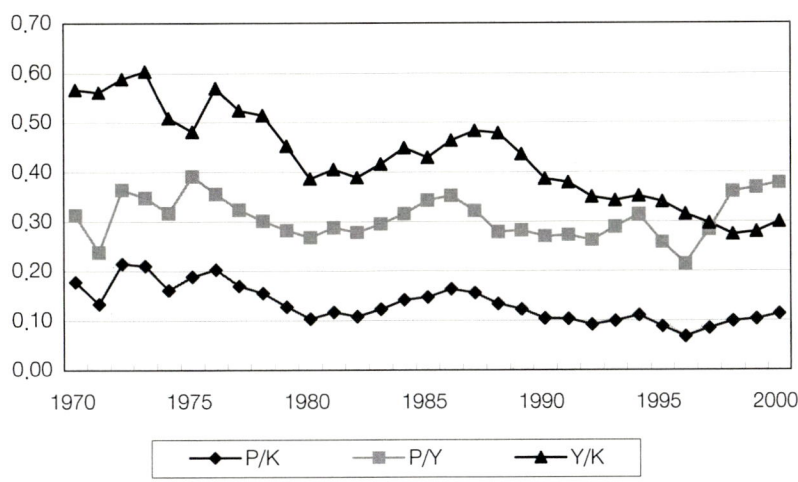

〈그림 1-2〉 제조업 부문의 이윤율, 이윤몫, 산출-자본 비율 : 1970~2000

자료 : 〈부표 1-1〉

〈표 1-1〉 제조업 부문의 이윤율, 이윤몫과 산출-자본 비율의 변화율 : 1970~2000

	(1) (P/K)	(2) (P/Y)	(3) (Y/K)	(4)=(2)/(1) (P/Y)	(5)=(3)/(1) (Y/K)
1970~2000	-1.1%	-0.1%	-1.0%	8.2%	91.8%
1970~1976	1.2%	1.9%	-0.7%	154.6%	-54.6%
1976~1980	-7.1%	-3.1%	-4.0%	43.2%	56.8%
1980~1986	3.3%	2.0%	1.2%	61.7%	38.3%
1986~1996	-3.1%	-1.2%	-1.9%	38.4%	61.6%
1994~1996	-10.7%	-8.3%	-2.4%	77.8%	22.2%
1996~2000	5.4%	6.1%	-0.7%	112.7%	-12.7%

자료 : 〈부표 1-1〉
주 : 1) 수치는 각 변수의 연평균 지수성장률(exponential rate of growth)을 표시한다. 각 변수의 기간
별 연평균 지수성장률은 해당 기간의 각 변수 수치의 지수값을 취한 것을 종속변수로 하고, 해당
기간의 연도를 독립변수로 둔 다음 단순회귀분석하여 추정한 독립변수 계수의 추정치다.
2) (1)=(2)+(3)[본문 (1-2)식 참죄

2000년 이윤율의 저하 경향의 주된 원인이 산출-자본 비율의 저하 추세였음을 보여 준다. 1970~2000년 이윤율 저하의 91.8퍼센트가 산출-자본 비율의 저하로 설명된다. 즉 이윤율 저하는 이윤몫의 저하보다 산출-자본 비율의 저하에 주로 기인했다.

또 <표 1-1>은 1997년 위기로 이어진 시기인 1986~1996년 동안 이윤율 저하의 61.6퍼센트가 산출-자본 비율의 저하에 기인했으며, 이윤몫의 저하에는 단지 38.4퍼센트만 기인했음을 보여 준다. 하지만 1997년 위기 직전 시기이자 이윤율이 급락한 시기인 1994~1996년 동안 이윤율 저하는 압도적으로 이윤몫의 저하에 기인했다. 즉 1994~1996년 이윤율 저하의 77.8퍼센트가 이윤몫의 저하에 기인했으며, 산출-자본 비율의 저하에는 단지 22.2퍼센트만 기인했다. 이는 1997년의 위기가 과잉축적과 이윤압박이 복합적으로 작용해 발생한 위기임을 시사한다.

모훈(Mohun, 2004a)에 따르면 산출-자본 비율(Y/K)은 (1-3)식처럼 분해될 수 있다. (1-3)식은 산출-자본 비율이 고정자본스톡의 가격지수(Pk)에 대한 GDP 디플레이터(Py)의 비율(Py/Pk)에 시간당 실질노동생산성[(Y/Py)/H]을 곱하고, 이를 다시 노동시간당 실질고정자본스톡[(K/Pk)/H]으로 나눈 값으로 표시될 수 있음을 보여 준다. (1-3)식은 또 (1-4)식과 같은 성장회계식으로 바꿔 쓸 수 있다.

$$\frac{Y}{K} = \frac{Py \times \left(\dfrac{Y}{Py}\right)}{Pk \times \left(\dfrac{K}{Pk}\right)} = \left(\frac{Py}{Pk}\right) \times \left(\frac{\left(\dfrac{Y}{Py}\right)/H}{\left(\dfrac{K}{Pk}\right)/H}\right) \text{-----------}(1\text{-}3)$$

$$\left(\frac{\dot{Y}}{K}\right) = \left(\frac{\dot{Py}}{Pk}\right) + \left(\frac{(Y/\dot{Py})}{H}\right) - \left(\frac{(K/\dot{Pk})}{H}\right) \text{-------------}(1\text{-}4)$$

(1-3)식과 (1-4)식은 산출-자본 비율이 산출-고정자본스톡 상대가격 (Py/Pk)과 실질노동생산성[(Y/Py)/H]과 같은 방향으로 변동하며, 자본 장비율, 혹은 마르크스적 의미의 자본의 유기적 구성과 유사한 비율인 노동시간당 실질고정자본스톡[(K/Pk)/H]과 반대 방향으로 변동함을 보여 준다.

<그림 1-2>, <표 1-2>는 노동시간당 실질고정자본스톡[(K/Pk)/H]의 상승, 즉 자본의 유기적 구성의 고도화가 1970~2000년 산출-자본 비율 저하의 주된 요인이었음을 보여 준다. 즉 1970~2000년 노동시간당 실질 고정자본스톡은 연평균 3.5퍼센트 증가하여 같은 기간 시간당 실질노동생산성[(Y/Py)/H]의 연평균 증가율 3퍼센트를 초과함으로써, 같은 기간 연평균 0.5퍼센트 저하한 산출-고정자본스톡 상대가격(Py/Pk)과 함께 작용해 산출-자본 비율을 매년 평균 1퍼센트씩 저하시키는 데 결정적으로 기여했다.

이상에서 발견한 사실들은 자본의 유기적 구성의 고도화로부터 이윤율

〈표 1-2〉 제조업 부문의 노동생산성, 자본장비율, 생산물임금의 변화율 : 1970~2000

	(1) (Y/K)	(2) (Py/Pk)	(3) $[(Y/Py)/H]$	(4) $[(K/Pk)/H]$	(5) $[(W/Py)/H]$
1970~2000	-1.0%	-0.5%	3.0%	3.5%	3.0%
1970~1976	-0.7%	-0.7%	2.5%	2.4%	1.6%
1976~1980	-4.0%	-1.5%	3.4%	5.9%	4.8%
1980~1986	1.2%	0.3%	3.1%	2.1%	2.2%
1986~1996	-1.9%	-0.7%	3.3%	4.5%	3.7%
1994~1996	-2.4%	-0.7%	2.9%	4.7%	5.9%
1996~2000	-0.7%	-1.2%	4.2%	3.6%	1.6%

자료 : 〈부표 1-2〉
주 : 1) 수치에 대한 설명은 〈표 1-1〉 주 1)과 동일함.
     2) (1)=(2)+(3)−(4)[본문 (1-4)식 참조]

의 장기적 저하가 초래된다는 마르크스의 이윤율의 저하 경향 법칙이 한국 자본주의의 사례에서도 입증될 수 있음을 강력하게 시사한다.

<그림 1-2>, <표 1-1>은 1997년 위기 이후 경기 회복의 주요 양상을 보여 준다. 이들은 1997년 위기 이후 경기 회복을 가능하게 한 이윤율의 상승이 전적으로 이윤몫의 증가, 즉 착취율의 상승에 기초했음을 보여 준다. 이윤몫은 1996년 21.4퍼센트에서 2000년 37.8퍼센트로 무려 16.4퍼센트 포인트나 급등했다. <표 1-1>에서 보듯이 1996~2000년 이윤몫은 연평균 6.1퍼센트 증가해 같은 기간 산출-자본 비율의 하락(매년 0.7퍼센트)을 완전히 상쇄하고도 남아, 이 기간 이윤율을 매년 5.4퍼센트 상승시키는 데 결정적으로 기여했다. 실제로 생산적 노동과 비생산적 노동의 구별을 고려하지 않은 이윤-임금 비율(P/W)로 계산한 착취율은 1996년 27퍼센트에서 2000년 61퍼센트로 무려 두 배 이상 상승했다.[9] 이는 1997년 이후 신자유주의적 구조조정의 핵심이 다름 아닌 노동자계급에 대한 착취 강화를 통한 자본의 수익성 회복이었음을 보여 준다.

다음 (1-5)식은 이윤몫을 실질노동생산성[(Y/Py)/H]과 생산물임금[(W/Py)/H][10]의 관계로 분해한 것이다.

$$\frac{P}{Y} = \frac{Y-W}{Y} = \frac{\left(\dfrac{Y}{Py}\right)/H - \left(\dfrac{W}{Py}\right)/H}{\left(\dfrac{Y}{Py}\right)/H} \text{-------------(1-5)}$$

<표 1-2>는 1997년 이후 이윤율 반등을 주도한 이윤몫의 급등이 주로 실질노동생산성의 상승에 기인했음을 보여 준다. 즉 1996~2000년 시간당 생산물임금은 매년 평균 1.6퍼센트밖에 증가하지 않았는데, 실질노동생산성은 그 세 배에 가까운 매년 평균 4.2퍼센트 증가했다. 그 결과 제조업 부문 단위노동비용(1990년 미국 달러 기준)은 1996년 85센트에서 1998년

44센트로 거의 절반 수준으로 폭락했으며, 2001년에도 45센트 수준에 묶여 있었다(ILO, *Key Indicators of the Labour Market*). 1999년 이후 한국 경제의 회복을 이끈 견인차였던 수출의 폭발적 증대는 이와 같은 임금 붕괴가 가능하게 한 제조업 제품 가격경쟁력의 제고에 힘입은 것이었다. 또 1996~2000년 실질노동생산성의 상승은 자본의 효율을 나타내는 산출-자본 비율이 이 기간에 매년 평균 0.7퍼센트 저하했음을 감안한다면 효율성 개선의 결과가 아니라 노동강도 강화의 결과라고 해석해야 할 것이다.

1997년 위기 이후 착취율 상승은 1997년 이전까지 나타났던 노동자계급에게 우호적인 추세들, 예컨대 국민소득에서 임금몫이 차지하는 비중, 즉 노동소득분배율의 상승 추세, 소득 분배의 불평등의 개선 추세, 노동시간의 감소 추세 등이 1997년 위기 이후 중단되거나 역전되는 사실에서도 확인된다.[11] <그림 1-3>에서 보듯이, GDP에서 피용자보수가 차지하는 비중으로 계산된 노동소득분배율은 우리나라의 경우 1970년 34.1퍼센

〈그림 1-3〉 노동소득분배율의 국제 비교 : 1970~2002

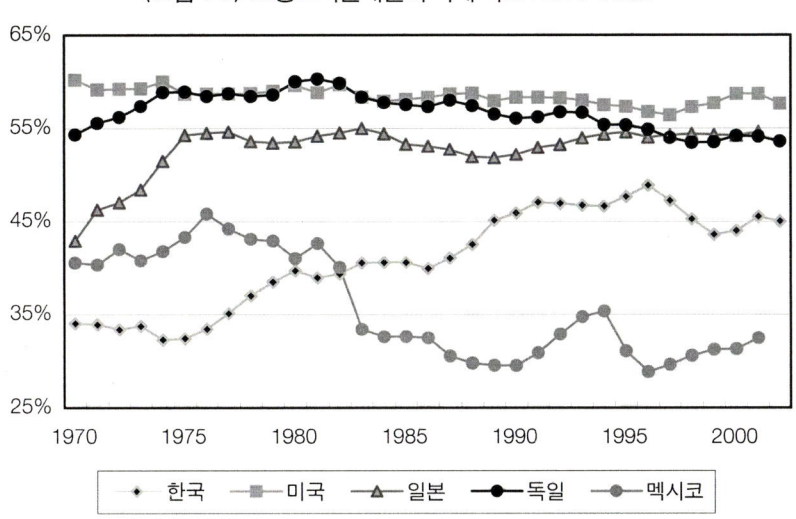

주 : 노동소득분배율=피용자보수/GDP 자료 : OECD, *National Accounts*

트에서 상승해 1996년 48.8퍼센트로 정점에 도달한 다음, 1997년 위기 이후 저하 추세로 반전돼 2002년 45퍼센트까지 저하해 1989년 수준으로 되돌아갔다. 즉 자본은 1987년 7·8·9월 노동자 대투쟁 이후 노동에 내줬던 것을 다시 탈환한 것이다. 이는 같은 시기인 1996~2002년 미국과 일본의 노동소득분배율이 55퍼센트 수준을 유지한 것은 물론 멕시코의 노동소득분배율이 28.9퍼센트에서 32.5퍼센트로 개선된 것과도 극명하게 대조된다.

또 <그림 1-4>에서 보듯이, 도시 근로자가구의 소득 분배의 불평등은 1990년대 중반까지 완화되다가 1997년 이후 다시 악화됐다. 소득 수준 하위 20퍼센트의 소득에 대한 상위 20퍼센트 소득의 비율은 1995년 4.42에서 2003년 5.22로 상승했다. 또 <그림 1-5>에서 보듯이, 우리나라 노동자의 1인당 연간 총노동시간은 1986년 2천7백34시간을 정점으로 1998년 2천3백90시간까지 감소했지만, 1999년 이후 이와 같은 감소 추세가 중단돼 2003년에도 여전히 2천3백90시간으로 세계 최장이었다.[12] 이는 우리나라 노동자보다 연간 5백~1천 시간 덜 일하는 미국·일본·독일의 1인당 연간 총노동시간이 같은 기간인 1998~2003년 각각 1천8백41, 1천8백42, 1천4백89시간에서 1천7백92, 1천8백1, 1천4백46시간으로 단축된 것은 물론, 멕시코 노동자의 1인당 연간 총노동시간도 1천8백79시간에서 1천8백57시간으로 줄어든 것과 무척 대조된다. 이와 같은 1997년 경제위기 이후 우리나라 노동자계급의 상태 악화는 내외 자본의 신자유주의 공세 속에서 1987년 7·8·9월 노동자 대투쟁을 통해 수립된 '1987년 체제'가 붕괴하고 있는 사태를 반영한 것이다.

최근 크로티·이강국(Crotty and Lee, 2004)은 1997년 위기의 주요 원인은 한국 자본주의에 내재한 구조적 모순이 아니라 1990년대 이후 시작된 금융자유화에 기인한다는 "새로운 통념"을 되풀이했다. 그런데 크로티·이강국(Crotty and Lee, 2004)에서는 마르크스주의적 이윤율 저하 이론에 대한

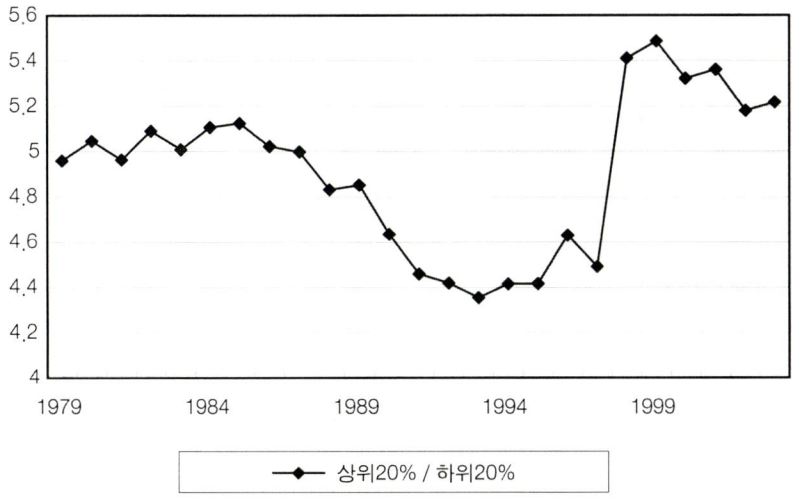

〈그림 1-4〉 도시가구의 소득불평등 : 1979~2003

자료 : 통계청, ≪도시가계연보≫

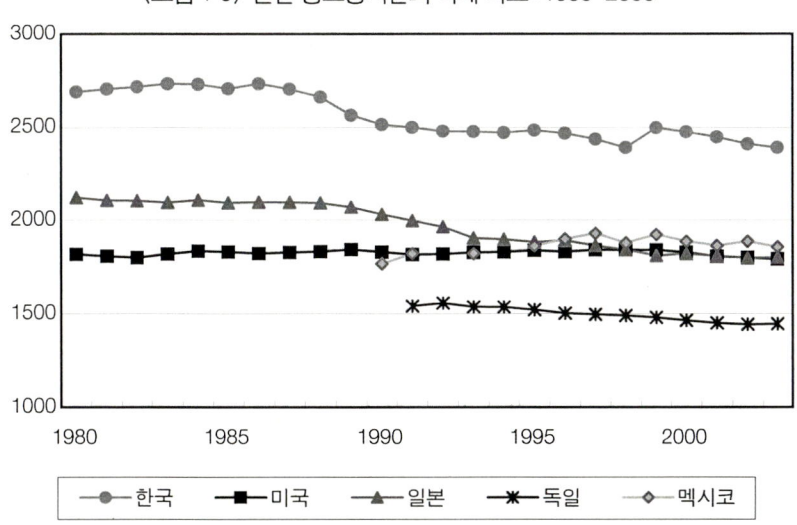

〈그림 1-5〉 연간 총노동시간의 국제 비교 : 1980~2003

자료 : ILO, *Key Indicators of the Labour Market*

논박을 시도한다. 그들 주장의 요지는 1997년 위기 이전에 어떤 의미 있는 이윤율의 저하 현상도 발견할 수 없다는 것이다. 그들은 이를 ≪기업경영분석≫ 자료에서 매출액영업이익률이 1995년 이후 적정 수준이었다는 사실로 뒷받침하려 했다. 즉 1997년 위기는 실물 부문의 효율성 붕괴에 기인했다고 볼 수 없다는 것이다. 그들은 기업의 실물 부문 효율성을 측정하는 적절한 지표는 이자지불을 공제한 후의 경상이익이 아니라 이자지불을 공제하기 전인 영업이익이라고 주장한다. 그들은 또 매출액영업이익률은 분자에 이자지불을 포함하고 있고 분모에 금융자산을 포함하고 있지 않아서 실물 부문 변수로부터만 영향을 받으며, 이 때문에 실물 부문의 효율성을 측정하는 지표로서 경상이익률보다 우수하다고 주장한다.[13]

크로티 · 이강국(Crotty and Lee, 2004)이 실물 부문의 수익성을 보이는 지표로서 경상이익이 아니라 영업이익을 선택한 것은 옳다. 하지만 수익성을 측정하기 위해 이 영업이익을 매출액으로 나눈 것은 잘못이다. 자본가 수익성을 올바르게 측정하기 위해서는 이윤은 유량(flow) 변수인 매출액이 아니라, 저량(stock) 변수인 투자된 자본스톡으로 나눠 줘야 한다. 게다가 이들이 의존한 ≪기업경영분석≫은 전수 조사 자료가 아니라 표본 조사이고, 그것도 대기업에 현저하게 편기돼 있어 자본가 전체의 수익성을 올바르게 반영할 수 없다는 한계가 있다. 따라서 크로티 · 이강국(Crotty and Lee, 2004)이 1997년 위기가 이윤율 저하에 기인한다는 나의 주장을 논박하는 근거를 제시했다고 볼 수 없다.

3. 금융화?

크로티 · 이강국(Crotty and Lee, 2004), 장하준 · 유철규(Chang and Yoo, 2002) 등 일부 진보진영 경제학자들은 1997년 이후 경제 추세의 특징은 금융화나 "금융주도 축적체제"로의 이행에서 찾을 수 있다고 주장한다. 이들은 금융화가 1997년 위기뿐 아니라 현재 한국 경제위기의 주범이라고 주장한다. 이러한 주장의 배경에는 산업자본은 생산적이고 평등주의적인 반면, 금융자본은 투기적이고 기생적이라는 나름대로의 신념이 깔려 있다. 이로부터 이들은 케인스주의적 "금융 억압"의 부활을 정책 대안으로 제시한다. 이 절에서는 금융화 혹은 "금융주도 축적체제"로의 이행이라는 문제설정은 1997년 이후 한국 자본주의의 변화를 설명하는 데 적절하지 못함을 입증할 것이다.

그런데 금융화가 정확히 무엇을 의미하는지는 금융화 가설의 타당성을 지지하는 논자들 사이에서도 통일돼 있는 것 같지 않다. 예컨대 금융화는 논자에 따라 산업자본에 대한 금융자본의 우위, 은행에 대한 기관투자가의 우위, 자본시장 및 주주 자본주의 논리의 지배, 기업의 자금 조달에서 직접 금융 비중의 증가, 비금융법인의 유형자산에 대비한 금융자산의 비중 증가, 비금융법인의 채무 비율 증가, 가계 자산의 증권화 등을 의미하는 것으로 사용되고 있다.[14]

이하에서는 이와 같이 다양하게 정의되는 금융화 현상이 1997년 위기 이후 한국 경제에서 확인되는지 살펴볼 것이다. 우선 금융화에 대한 가장 엄밀한 실증 분석이라고 할 수 있는 뒤메닐·레비(Duménil and Lévy, 2004a)가 정식화한 금융화 현상을 한국의 사례에서 확인해 보자. 이들에 따르면 금융화는 ① 이윤 중 더 많은 부분이 이자와 배당의 형태로 금융 부문에 이전될 때, 또 ② 비금융법인에서 금융관계를 고려한 금융적 이윤율이 금융 관계를 고려하지 않은 실물 이윤율로 수렴할 때 발생한다.[15]

그런데 <그림 1-6>, <그림 1-7>은 이와 같은 금융화의 두 가지 현상이 한국에서는 나타나지 않음을 보여 준다. 먼저 <그림 1-6>은 비금융법인의 영업이익으로부터 이자, 배당, 임대료 등의 형태로 금융 부문으로 유출되는 비율을 보이고 있다. 이 비율은 1980년대 이래 50퍼센트 수준으로

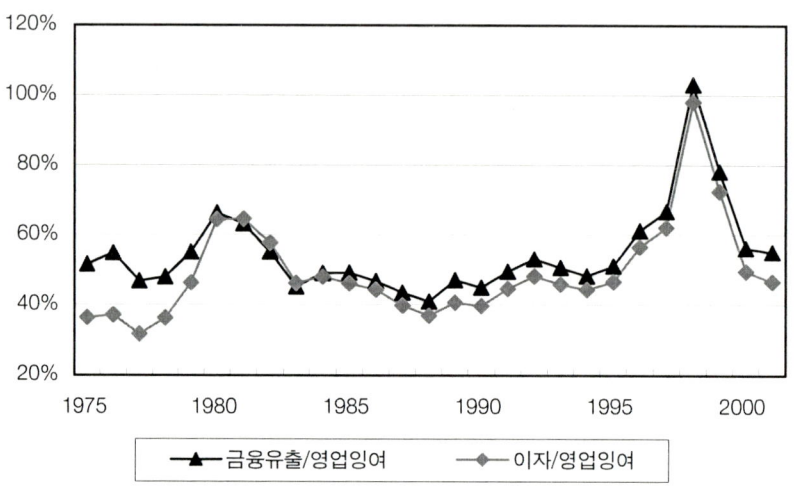

〈그림 1-6〉 비금융법인의 영업잉여 대비 금융유출 비율 : 1975~2001

주 : 금융유출 = 이자+배당금+임료
자료 : 한국은행, ≪자금순환계정≫

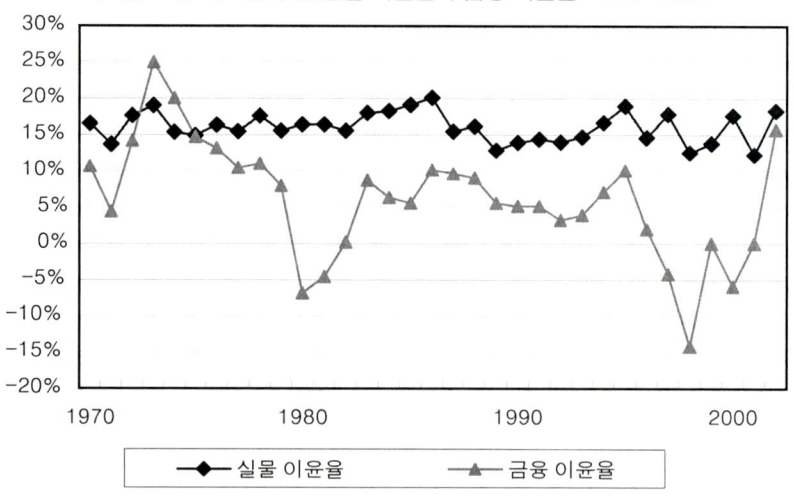

〈그림 1-7〉 제조업 부문 실물 이윤율과 금융 이윤율 : 1970~2002

주 : 실물 이윤율과 금융 이윤율의 계산방법은 본문 (1-6), (1-7)식 참조.
자료 : 한국은행, ≪기업경영분석≫

안정적이었다. 이 비율은 1997년 위기 다음 해인 1998년 103.1퍼센트로 급상승했지만, 1997년 위기 직후 곧바로 이전 수준으로 되돌아가 2001년에는 55.2퍼센트로 떨어졌다. 즉 1990년대 이후 실물 부문으로부터 금융적 유출이 획기적으로 증가했다고 말하기 힘들다.

미국에서 신자유주의 금융화의 기점은 "1979년 쿠데타"[뒤메닐·레비(Duménil and Lévy, 2004b)]로까지 불리는 1979년 당시 연방준비제도이사회 의장 볼커(P. Volker)가 주도한 금리 인상이었다. 그러나 1997년 이후 한국에서는 오히려 저금리가 기조화되고 있다(박종현, 2004). 예컨대 1990년대 10~15퍼센트 수준에서 변동했던 콜금리는 1997년 위기 직후 1998년 1월 한때 28퍼센트까지 치솟았지만 그 후 6년 동안 모두 11차례의 공식적인 콜금리 목표 변경을 통해 2004년 8월 현재 3.5퍼센트까지 인하됐다. 저금리 기조로 전환되는 조건에서 금융화의 핵심인 금융 부문으로부터의 잉여가치 유출의 질적 증대 같은 현상은 사실 생각할 수 없는 것이다. 금융화론자들은 1997년 위기 국면의 예외적이고 일시적인 금리 급등 상황을 구조적·장기적 추세의 변화로 혼동하는 잘못을 저지른 것이다.

다음 <그림 1-7>은 ≪기업경영분석≫을 이용해 제조업 부문에서 금융관계를 고려한 금융적 이윤율의 추이를 금융관계를 고려하지 않은 실물 이윤율의 추이와 비교한 것이다.[16] 금융관계를 고려하지 않은 실물 이윤율과 금융관계를 고려한 금융 이윤율은 아래 (1-6), (1-7)식처럼 정의할 수 있다.

$$실물\ 이윤율 = \frac{영업이익}{고정자산+재고자산} \quad \text{------------------(1-6)}$$

$$금융\ 이윤율 = \frac{영업이익+금융이익-금융지출}{고정자산+재고자산+금융자산-총부채} = \frac{경상이익}{자기자본} \quad (1-7)$$

미국 사례에서 뒤메닐·레비(Duménil and Lévy, 2004a)가 발견한 것과는 정반대로, (1-7)식으로 계산한 한국의 제조업 부문의 금융 이윤율은 (1-6)식으로 측정한 실물 이윤율보다 거의 전 기간에 걸쳐 상당히 낮았다. 미국 사례처럼 금융 이윤율이 실물 이윤율을 향해 수렴 접근하는 현상도 발견되지 않았다. 이처럼 한국의 제조업에서 금융관계를 고려한 금융 이윤율이 거의 항상 금융관계를 고려하지 않은 실물 이윤율보다 전 기간에 걸쳐 상당히 낮은 이유는 한국과 같은 "고부채 모델"[17]에 특유한 이자지불 형태의 항상적인 금융 유출에 기인한 것으로 설명할 수 있다. 실제로 한국에서 비금융법인은 경제성장의 초기 국면부터 부채 비율이 대단히 높았다. 금융화론자들의 주장과는 정반대로, 실물 부문에서 금융 부문으로 잉여가치의 유출은 1997년 이후 새롭게 나타난 현상이 아니라 이른바 "고부채" 모델인 한국 경제에 고질적인 특징이었다. 따라서 현재 경제위기의 주된 원인을 금융화에서 찾는 것은 타당치 않다.

한편 크로티(Crotty, 2002)에 따르면 금융화는 비금융법인의 유형자산 대비 금융자산의 비율 증가, 비금융법인의 부채 증가, 기업 자금 조달에서 직접금융의 비중 증가, 가계 자산의 증권화 등을 가리킨다. 하지만 <그림 1-8>, <그림 1-9>, <그림 1-10>, <그림 1-11>은 한국 경제에서 이와 같은 현상이 나타나지 않았음을 보여 준다.

<그림 1-8>을 보면, 제조업 기업의 유형자산 대비 금융자산 비중은 1970년대에 40퍼센트에서 1980년대에는 65퍼센트로 증가했지만, 1990년대를 거쳐 현재까지 이 수준을 유지하고 있음을 알 수 있다. 1970~2002년 중 이 비율의 증가는 1980년대 전반에 집중돼 있으며, 문제가 되는 1990년대에는 이 비율은 거의 증가하지 않았다. 게다가 1997년 위기 직후 이 비율은 심지어 저하하기조차 했다.

또 <그림 1-9>는 한국에서 GDP 대비 비금융법인의 부채 총액의 비율이 매우 높기는 하지만 이는 거의 항상적 현상이었으며, 1997년 위기 후에

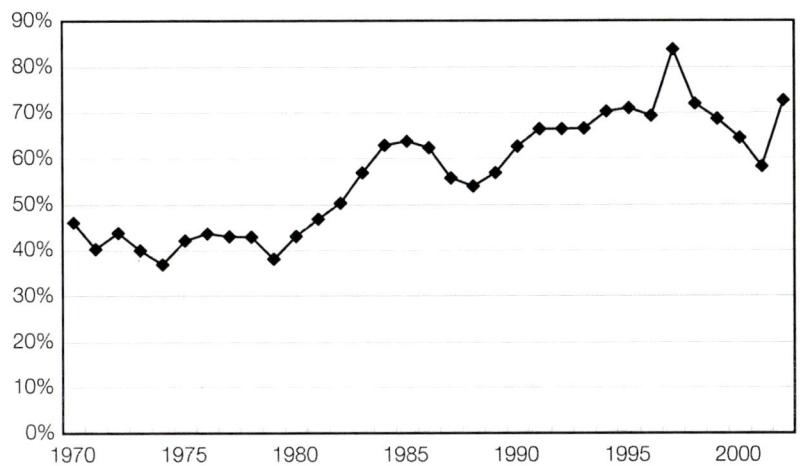

〈그림 1-8〉 제조업 부문 유형자산 대비 금융자산 비율 : 1970~2002

자료 : 한국은행, 《기업경영분석》

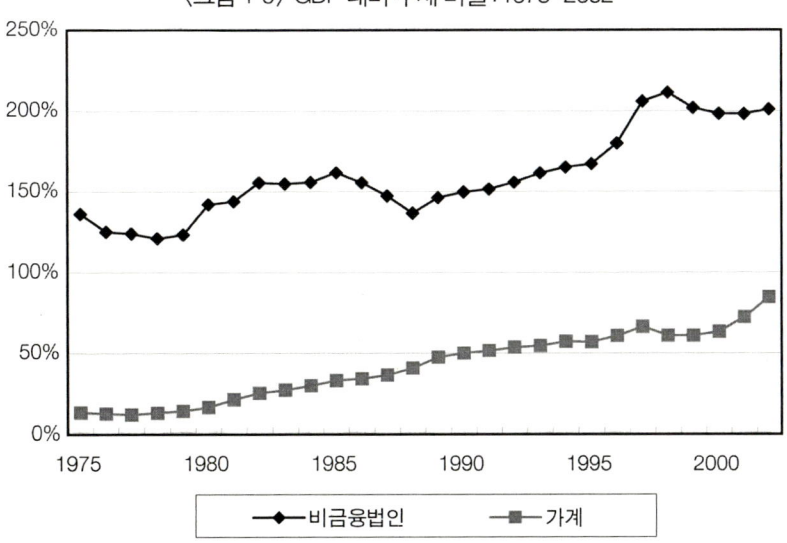

〈그림 1-9〉 GDP 대비 부채 비율 : 1975~2002

자료 : 한국은행, 《자금순환계정》

는 이 비율이 오히려 감소했음을 보여 준다. 즉 이 비율은 1998년 211퍼센트에서 2002년 201퍼센트로 감소했다. 또 제조업 기업에 한정해서 보면 부채비율은 1997년 396.3퍼센트에서 2003년 123.4퍼센트로 더 크게 낮아지고, 자기자본 비율은 1997년 20.2퍼센트에서 2003년 44.8퍼센트로 크게 높아졌다(한국은행, ≪기업경영분석≫).

개인 부문의 금융자산 구성을 보인 <그림 1-10>은 가계 자산의 증권화가 쉽게 이뤄지고 있지 못함을 나타낸다. 즉 우리나라 가계의 금융자산은 압도적으로 예금으로 구성돼 있고 그 비중은 1990년대 이후 오히려 높아졌다. 개인 부문 금융자산에서 예금이 차지하는 비중은 1975년 42.8퍼센트에서 1990년 48.1퍼센트, 1995년 57.1퍼센트, 2003년 60.3퍼센트로 높아졌다. 반면 개인 부문 금융자산에서 주식이 차지하는 비중은 1975년 17.2퍼센트에서 1990년 11.4퍼센트, 1995년 7.2퍼센트, 2003년 5.8퍼센트로 감소했다. 이처럼 주식 비중이 미미한 조건에서 금융화의 중심 메커니즘이라고 주장되는 "주주 자본주의의 원리"가 제대로 작동하기는 힘들 것이다.

기업 부문의 자금조달에서도 금융화의 주요 특징으로 이야기되는 간접금융에서 직접금융으로 이행과 같은 현상은 잘 나타나지 않는다. 1997년 위기 이후 주식발행을 통한 기업 자금 조달, 즉 직접금융의 비중이 높아진 것은 사실이다. 즉 그 비율은 1995년 11.8퍼센트에서 2003년 38.4퍼센트로 증가했다. 그러나 은행 대부를 통한 자금 조달, 즉 간접금융의 비중은 2003년에도 41.6퍼센트로서, 은행이 여전히 기업의 가장 큰 자금 조달 원천이다(한국은행, ≪자금순환계정≫). 그 결과 <그림 1-11>에서 보듯이 비금융법인 부채 총액 중 대출이 차지하는 비중은 2003년 33.1퍼센트로서 여전히 비금융법인 부채 총액의 최대 항목이었다. 이러한 사실은 우리나라 금융시스템이 1997년 위기 이후 기존의 은행 중심의 자금순환 체제에서 자본시장 중심의 자금순환 구조로 바뀌었다고 보기 어려움을 보여 준다.[18]

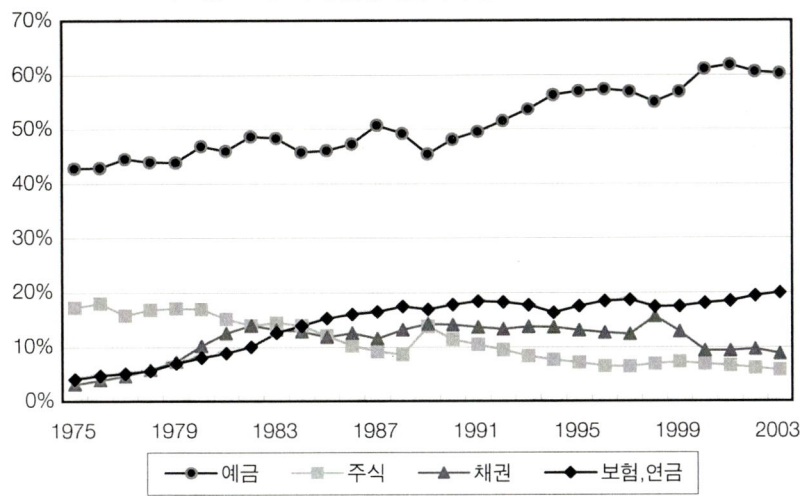

〈그림 1-10〉 가계 금융자산의 구성 : 1975~2003

자료 : 한국은행, ≪자금순환계정≫

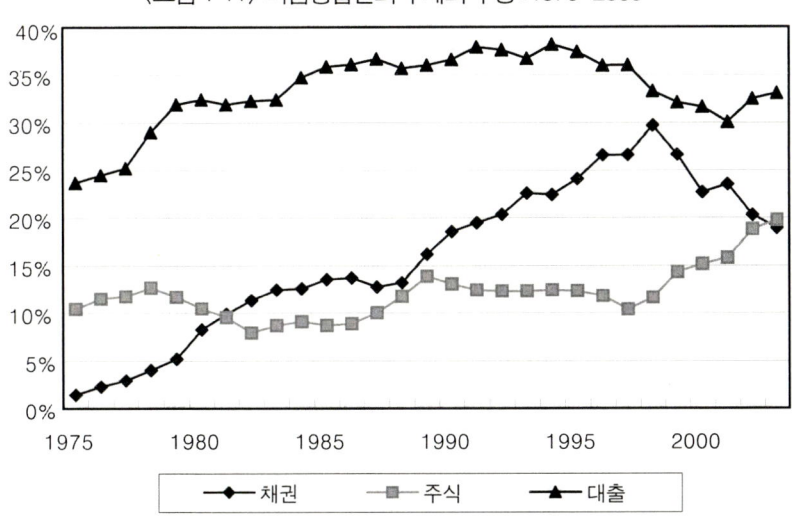

〈그림 1-11〉 비금융법인의 부채의 구성 : 1975~2003

자료 : 한국은행, ≪자금순환계정≫

4. 경제적 종속의 심화

1) 금융적 종속의 심화

1997년 이후 한국 경제에서 나타난 주된 특징은 금융화라기보다 자본의 공세하에서 노동자계급의 착취 강화와 함께 심화하고 있는 경제적 종속이다. 사실 금융화란 1997년 위기 이후 자본시장의 자유화와 초국적 금융자본의 영향력 확대, 즉 금융적 종속의 다른 말일 뿐이다. 우리나라에서는 금융화를 운운할 정도로 자립적인 금융자본이 존재한 적이 없으며, 따라서 산업자본에 대한 국내 금융자본의 헤게모니 같은 현상은 있어 본적이 없다.[19] 1960~1980년대 우리나라에서 은행은 국가의 부속기관으로 국가가 재벌을 규율하는 산업정책의 도구였다. 물론 1980년대 들어 재벌이 성장하면서 금융자유화가 시작됐고 1997년 위기 직전에는 제2금융권에 대한 재벌의 영향력이 증대하고 국내외 금융에 대한 정부의 통제가 이전에 비해 상당히 약화됐다. 그러나 1997년 위기 이후 김대중 정권이 주도한 신자유주의 구조조정 과정에서 "월가–미국 재무부–IMF"의 요구에 따라 금융자유화가 가속화하면서, 제2금융권에 대한 재벌의 지배가 강화되고, 초국적 금융자본의 국내 금융 지배가 심화됐다. 금융화의 주요 양상으로 이야기되는 기관투자가의 지배는 우리나라에서는 외국 기관투자가의 국내 증시 장악으로 나타나고 있다. 그럼에도 금융화론자들은 신자유주의적 세계화가 진전된 1990년대 이후 세계 모든 나라에서 금융화의 증거를 찾으려 한다[예컨대 권우현(2004), 조복현(2004)]. 이는 많은 경우 금융화론자들이 신자유주의적 세계화가 동시에 미국 제국주의의 지배력 강화를 위한 프로젝트임을 충분히 인식하지 못하고 신자유주의적 세계화의 본질을 금융세계화로 이해하기 때문이다. 그러나 1990년대 이후 신자유주의적 세계화가 미국 제국주의의 헤게모니 강화를 위한 프로젝트임을 감안한다면,[20] 또 "산업화"와 달리 "영합(零合) 게임"인 "금융화"에 특유하게 작동하는 불균등 발전과 양극화의 논리를 고려한다면,[21] 제국주의의 중심에서와 같은 금융화 현상이 제국주의의 주변부에서 나타날 수 없는 것은 분명하다. 제국주의 중심에서의 금융화는 제국주의 주변부에서는 금융적 종속의 심화를 수반하고 그것에 기초해서만 지속될 수 있다.[22]

지난 1980년대 한국 사회 성격 논쟁에서 한때 한국 자본주의의 자립화론, 종속약화론이 유행한 적이 있었다. 그러나 1997년 위기 이후 한국 경제의 종속은 금융적 종속이라는 형태로 다시 심화하고 있다.[23] 금융적 종속의 심화는 ① 상장주식 시가총액에서 외국인 지분의 급증, ② 외국인 직접투자의 급증, ③ 가치의 국외 유출 증대 등의 지표에서 확인된다. <그림 1-12>에서 보듯이, 외국인 주식소유 비중은 시가총액 기준으로 1991년 3퍼센트에서 1996년 13퍼센트, 1998년 19.6퍼센트, 2000년 30.1퍼센트, 2003년 40.1퍼센트로 급증했다.[24]

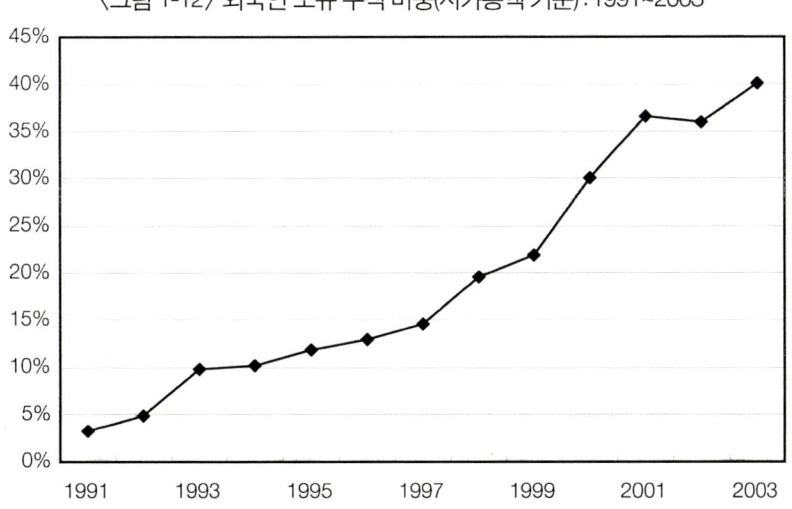

〈그림 1-12〉 외국인 소유 주식 비중(시가총액 기준) : 1991~2003

자료 : 금융감독원, 〈외국인투자동향〉

외국인 주식투자는 주로 우량기업 중심으로 이뤄져 2004년 6월 28일 현재 외국인 지분은 삼성전자의 경우 58.1퍼센트, 현대자동차의 경우 55.3퍼센트, 포스코의 경우 70.1퍼센트였으며, 10대 그룹 계열 상장사에 대한 외국인 보유 비중은 1998년 말 30.2퍼센트에서 2004년 6월 28일 현재 48.5퍼센트로 급증했다. 또 외국인이 5퍼센트 이상의 지분을 소유하고 있는 회사의 수도 2001년 말 55개사에서 2004년 6월 22일 현재 1백49개사로 급증했다(박현수, 2004). 은행의 경우도 2004년 8월 현재 8개 시중은행 중 3개(제일, 외환, 한미) 은행의 경영권을 외국인이 장악했으며, 나머지 은행들도 외국인 지분율이 매우 높으며(국민은행 77.8퍼센트, 신한금융지주 63.4퍼센트, 하나은행 65.5퍼센트), 외국계 증권사의 국내 시장 점유율은 거래대금 기준으로 1999년 6.5퍼센트에서 2004년 25.5퍼센트로 급증했다(박현수, 2004).

1997년 경제위기 이후 외국인 직접투자도 <그림 1-13>에서 보듯이 폭발적으로 급증했다. 외국인 직접투자는 1990년 7억 달러 수준에서 1997년 28억 달러로 증가하고 경제위기 다음 해인 1998년에는 54억 달러로 거의 배증하고, 1999년에 다시 93억 달러로 곱절 늘어났다. 하지만 외국인 직접투자는 1999년 이후 감소세로 돌아서 2003년에는 32억 달러 수준으로 줄었다. 이는 1997년 위기 이후 폭발적으로 유입된 외국인 직접투자의 대부분이 신규 투자가 아니라 경제위기 속에서 헐값이 된 국내기업을 인수 합병하기 위한 것이었고, 2000년 이후에는 알짜배기 국내기업들의 인수 합병이 대체로 끝났음을 보여 준다[하트-랜즈버그·버케트(Hart-Landsberg and Burkett, 2001 : 422)]. 이는 <그림 1-13>에서 보듯이 외국인 주식투자가 1997년 25억 달러에서 경제위기 직후인 1999년 1백21억 달러, 2000년 1백31억 달러로 무려 5배 가까이 급증한 다음, 2002년에는 4억 달러로 급감한 데서, 또 직접투자나 외국인 주식투자와는 달리 외국인 채권투자는 1997년 경제위기 직전인 1996년 1백56억 달러까지 급등했다가 경제위기 직후인

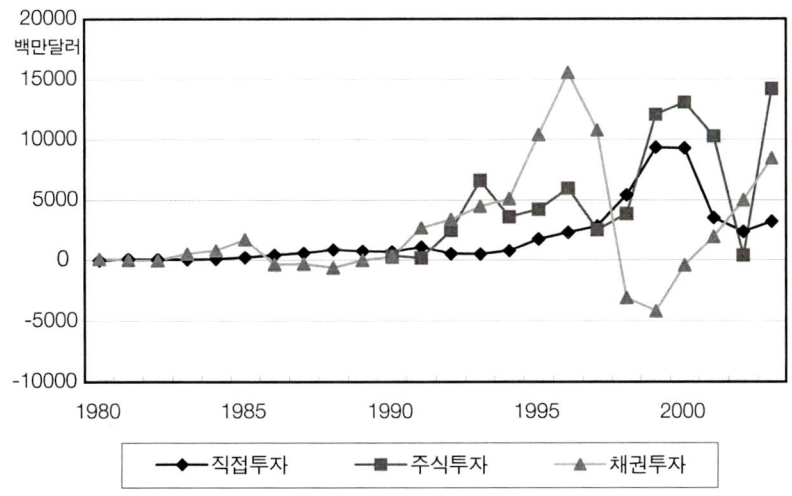

〈그림 1-13〉 외국인 투자 : 1980~2003

자료 : IMF, *International Financial Statistics*

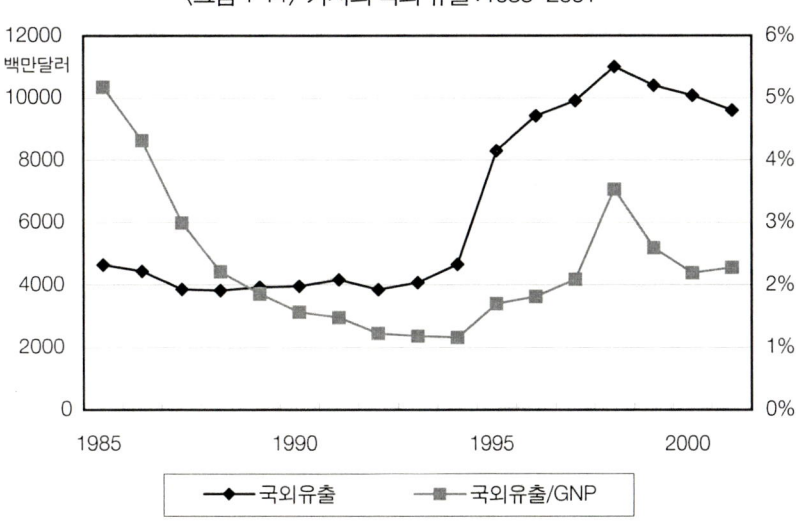

〈그림 1-14〉 가치의 국외 유출 : 1985~2001

주 : 국외유출=기술도입대가+이자+이윤송금
자료 : 1) 한국산업기술진흥협회 www.koita.org 2) World Bank, *Global Development Finance*

1998년 마이너스 31억 달러, 1999년 마이너스 42억 달러로 급감한 데서도 알 수 있다.

금융적 종속의 심화 결과 국외로 유출되는 가치량도 급증했다. <그림 1-14>는 기술사용료, 외채 이자지불과 이윤송금의 합으로 계산한 가치의 국외 유출액이 1994년까지 10년 동안 40억 달러 수준에 머물러 있다가 1998년 1백10억 달러로 급증했음을 보여 준다. 이에 따라 GNP에 대한 가치의 국외 유출액 비율도 1994년까지 감소하다가 그 후 증가세로 돌아서 2001년에는 2.3퍼센트를 기록했다.

2) 실물 부문의 경제적 종속 심화

그런데 이와 같은 1997년 위기 이후 금융적 종속의 심화는 실물 부문에서 경제적 종속의 심화를 반영한 것이지 결코 그것을 대신한 현상이 아니다. 실물 부문에서 경제적 종속은 ① 수출 의존도의 증대, ② 국내 산업연관의 약화, ③ 생산수단의 수입 의존 심화 등과 같은 지표로 확인할 수 있다.

<그림 1-15>에서 보듯이, GDP 대비 수출 비중은 1970년 13.8퍼센트에서 1987년 39.7퍼센트로 증가한 후 그 뒤 감소하다가 1997년 위기 이후 다시 증가세로 돌아서 1998년 49.7퍼센트까지 치솟았으며, 그 후 약간 감소했지만 2002년에도 40퍼센트로서, 1998년 이전 최고점인 1987년과 같은 수준이었다. 1997년 위기 이후 수출의 급증은 한국 경제의 일시적 회복을 가능하게 했는데, 이는 이 시기 미국의 IT 호황에 따른 IT 관련 제품의 대미 수출 급증에 기인한 것이었다.[25]

한편 수출 비중의 급증과는 대조적으로, GDP 대비 투자의 비중은 1997년 35.1퍼센트에서 2002년 26.7퍼센트로 급락했다. 1997년 위기가 과잉투자에서 비롯했다면, 1997년 위기 이후에는 과소투자가 문제가 되고 있다. 한편 GDP 대비 소비의 비중은 1970년 74.7퍼센트에서 1988년 50퍼센트

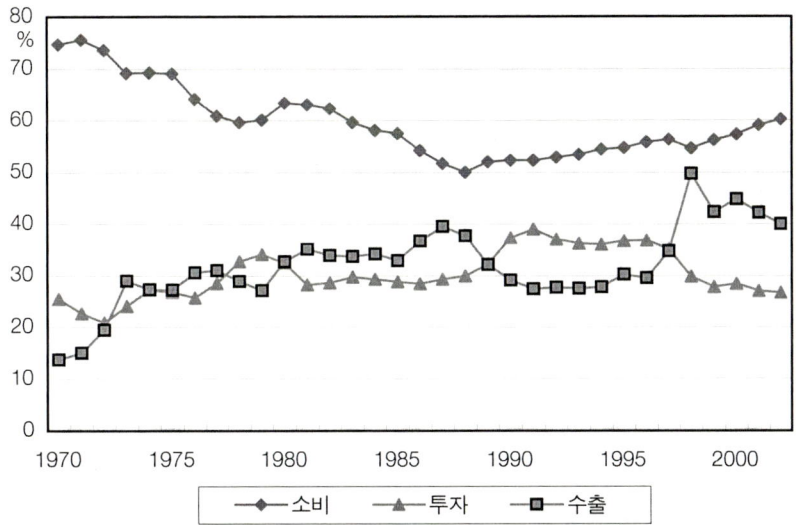

〈그림 1-15〉 GDP의 지출 구성 : 1970~2002

소비 ◆ 투자 ▲ 수출 ■

자료 : 한국은행, ≪국민계정≫

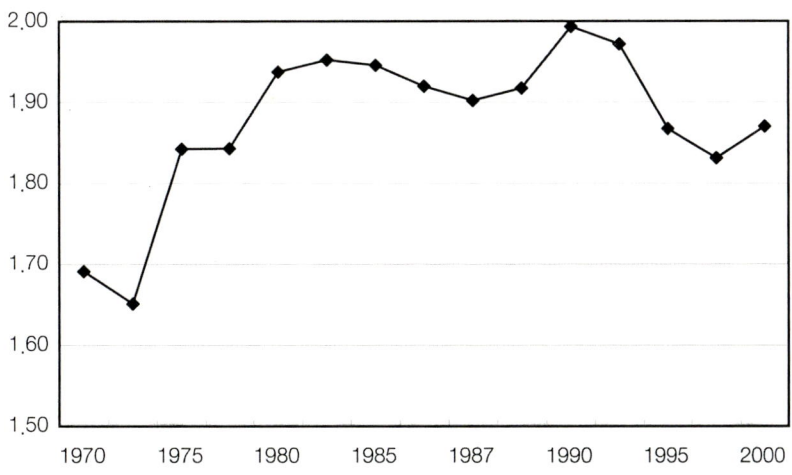

〈그림 1-16〉 수출의 생산유발계수 : 1970~2000

자료 : 한국은행, ≪산업연관표≫

수준까지 감소했다가 그 이후 꾸준히 증가해 (1997년 위기 직후 일시적 감소를 제외하면) 2002년 60.2퍼센트를 기록했다. 이는 최근 내수부진의 주요인은 소비 위축이 아니라 투자의 상대적 부진임을 보여 준다.[26]

뿐만 아니라 1990년대 이후 국내 산업연관이 약화돼 수출 증가는 생산 증가를 유발하기보다 수입 증가를 유발하고 있다. <그림 1-16>, <그림 1-17>에서 보듯이 수출 증가의 생산유발계수는 1990년 1.99에서 2000년에 1.87로 감소한 반면, 수출 증가의 수입유발계수는 1993년에 0.28에서 2000년에 0.37로 증가했다. 1997년 이후 경제회복에도 불구하고 그에 상응해 고용이 증가하고 있지 않은 것(이른바 '고용 증가 없는 회복')도 이 때문이다.[27] 이와 같은 국내 산업연관의 약화와 이에 따른 경제적 종속의 심화는 많은 논자들이 지적하듯이(예컨대 이내황 외, 2004), 대기업과 중소기업 간 분업연관의 약화, 수출 기업과 내수 기업 간의 분절, IT산업과 비IT산업 간의 양극화 등의 결과다.

국민경제의 경제적 종속 정도를 가장 잘 나타내는 지표는 생산수단의 수입의존도라고 할 수 있다. 그런데 <그림 1-18>은 1990년대 중반까지 감소 추세를 보이던 생산수단의 수입의존도가 그 이후 다시 증가하고 있음을 보여 준다. 즉 중화학공업에서 사용하는 중간투입(원자재, 부품) 중 수입품의 비중이 1970년 49.2퍼센트에서 1993년 25.7퍼센트까지 감소하다가 그 후 감소세가 중단돼 2000년에는 32.1퍼센트까지 증가했으며, 특히 제조업 부문 전체의 민간총고정자본 형성 중 수입품의 비중은 1993년 31.3퍼센트에서 1995년 37.6퍼센트, 2000년 42퍼센트로 급증했다. 이상의 사실들을 감안할 때 1980년대 한국 사회 성격 논쟁 당시 일각에서 주장한 1980년대 후반 이후 "종속약화" 혹은 "자립화" 명제는 그 시기의 일시적 현상을 장기적 추세로 오인한 단견이었음을 알 수 있다. 경제적 종속은 1990년대에도 한국 자본주의의 주요한 특징이었고, 1997년 위기 이후 다시 심화했기 때문이다.

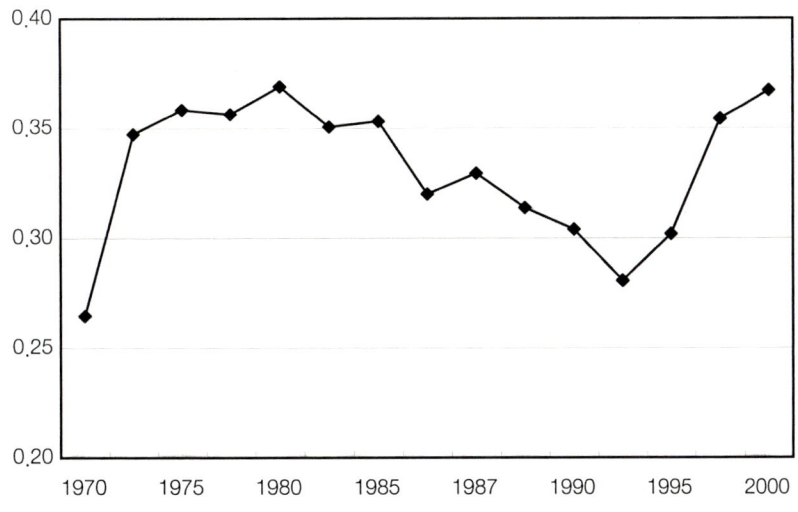

〈그림 1-17〉 수출의 수입유발계수 : 1970~2000

자료 : 한국은행, ≪산업연관표≫

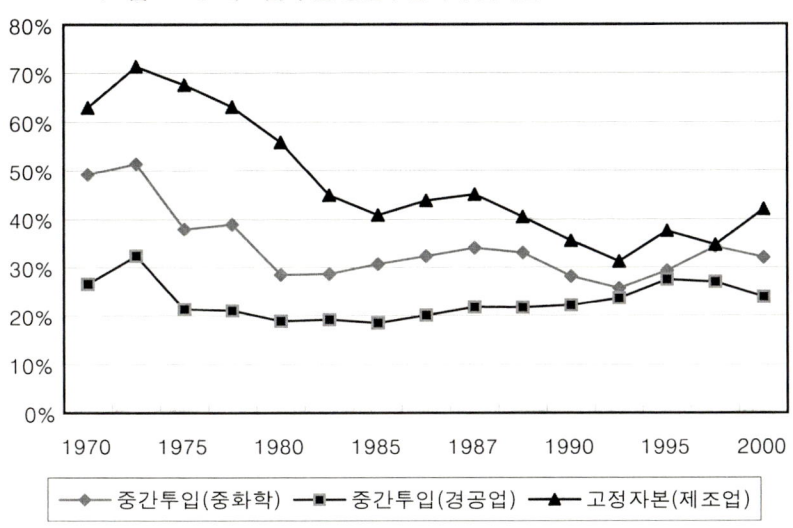

〈그림 1-18〉 제조업 부문 생산수단의 수입의존도 : 1970~2000

중간투입(중화학)　　중간투입(경공업)　　고정자본(제조업)

자료 : 한국은행, ≪산업연관표≫

5. 결론

이 장에서 제시된 사실들은 1990년대 이후 한국에서 자본축적의 추세에 관한 다음과 같은 마르크스주의적 관점의 타당성을 보여 준다. 첫째, 1997년 위기는 단순한 금융 위기가 아니라 자본축적의 구조적 모순이 심화한 결과다. 이는 1997년 위기 이전 기간인 1986~1996년 이윤율의 저하에서 입증된다. 둘째, 1997년 이후 한국 경제 변화의 기본 성격은 금융화라든지, "금융주도 축적체제"라는 시각으로는 제대로 이해할 수 없다. 비금융법인 이윤의 금융 부문으로의 유출 증가 등으로 정의되는 금융화 현상은 1997년 이후 한국의 사례에서 입증되지 못했다. 셋째, 1997년 이후 신자유주의 이행의 본질은 오히려 이윤율 회복을 위한 국내외 자본의 공세이며 이 과정에서 격화되고 있는 노동자계급에 대한 착취와 경제적 종속의 심화다. 따라서 1997년 이후 신자유주의가 이른바 "금융주도 축적체제"를 성립시켰다는 주장은 아무런 근거가 없다. 사실 신자유주의는 글로벌 자본주의를 위한 일관된 거버넌스 방식이라기보다 혼돈의 요인[캘리니코스(Callinicos, 2004)]이기 때문에, 신자유주의에게 안정적 "축적체제"의 성립을 위해 필수 불가결한 "시장경제의 사회적 조절"을 기대하는 것 자체가 어불성설이다.

이 장의 결론은 오늘 진보진영이 금융화 등과 같은 현상형태에 주목하기보다 자본주의적·제국주의적 착취와 축적체제 그 자체를 문제시할 필요가 있음을 보여 준다. 오늘 진보진영에 요구되는 것은 금융화론자들처럼 "나쁜 자본주의(이른바 기생적이고 비생산적인 금융자본이 주도하는 신자유주의적 주주 자본주의)"를 "좋은 자본주의(생산적이고 혁신적인 산업자본 중심의 이해당사자 자본주의)"로 대체하자고 제안하는 것이 아니라,[28] 미국의 금융적·군사적 제국주의의 지배와 자본주의 착취 체제 그 자체를 거부하는 반자본주의·반제국주의 투쟁과 연대하는 것이다.[29]

<부록 1-1>

통계자료 및 이윤율 계산 방법

<통계자료>

1) 금융감독원. ≪외국인투자동향≫ www.fss.or.kr
2) 통계청. ≪경제활동인구연보≫ www.nso.or.kr
3) 통계청. ≪광공업통계조사보고서≫ www.nso.or.kr
4) 통계청. ≪도시가계연보≫ www.nso.or.kr
5) 한국노동연구원. www.kli.re.kr
6) 한국산업기술진흥협회. www.koita.org
7) 한국은행. ≪국민계정≫ www.bok.or.kr
8) 한국은행. ≪기업경영분석≫ www.bok.or.kr
9) 한국은행. ≪산업연관표≫ www.bok.or.kr
10) 한국은행. ≪자금순환계정≫ www.bok.or.kr
11) ILO. *Key Indicators of the Labour Market*, 3rd Edition, 2003, CD-ROM
12) IMF. *International Financial Statistics*, 2000, 2003
13) OECD. *National Accounts of OECD Countrie : Main Aggregates*, vol.1, 2003
14) World Bank. *Global Development Finance*, vol.2, 2003

<부표 1-1>의 이윤율 계산 방법

1) Y(부가가치) : Y는 ≪국민계정≫의 '경제활동별 국내총생산과 요소소득' 표 중 제조업 부문 '국내요소소득(domestic factor income)'임. '국내요소소득'은 '총산출(gross output)'에서 '중간소비(intermediate consumption)'와 '간접세'를 빼고 '보조금'을 더한 값에서 다시 '고정자본소모(consumption of fixed capital)'를 뺀 값임.

2) W(임금) : W는 ≪국민계정≫의 '경제활동별 국내총생산과 요소소득' 표 중 제조업 부문 '피용자 보수'에 자영업주 소득 중 '임금등가'(wage-equivalent)를 더하여 구함. 자영업주 소득 중 임금등가는 자영업주 수에 제조업 부문 피용자의 평균노동소득을 곱해 계산함. 제조업 부문 피용자의 평균노동소득은 제조업 부문

피용자보수 총액을 총피용자수로 나누어 계산함. 제조업 부문 총피용자수와 자영업주 수는 통계청의 ≪경제활동인구연보≫에서 구함.

3) P(이윤) : P=Y-W

4) K(고정자본스톡) : K는 표학길(2000)의 제조업 부문 경상가격 순자본스톡(net capital stock)임.

〈부표 1-1〉 제조업 부문의 이윤율, 이윤몫, 산출-자본 비율 : 1970~2000

	(1) Y 국내요소 소득	(2) 피용자 보수	(3) 자영업주 및 무급가족 종사자수	(4) 피용자 수	(5) W 임금 등가	(6) P 이윤	(7) K 순고정 자본스톡	(8) P/K 이윤율	(9) P/Y 이윤몫	(10) Y/K 산출 자본 비율
1970	397	188	401	885	272	124	700	0.178	0.314	0.567
1971	485	235	491	856	370	115	866	0.133	0.238	0.561
1972	660	298	421	1,025	420	240	1,122	0.214	0.364	0.588
1973	966	457	487	1,287	630	337	1,602	0.210	0.348	0.603
1974	1,324	655	487	1,284	903	420	2,603	0.161	0.317	0.508
1975	1,778	845	483	1,722	1,082	696	3,695	0.188	0.391	0.481
1976	2,664	1,325	610	2,069	1,716	948	4,677	0.203	0.356	0.570
1977	3,364	1,783	605	2,194	2,275	1,089	6,423	0.170	0.324	0.524
1978	4,644	2,587	611	2,406	3,244	1,400	9,033	0.155	0.301	0.514
1979	6,000	3,470	607	2,520	4,306	1,695	13,271	0.128	0.282	0.452
1980	7,467	4,326	620	2,351	5,466	2,001	19,339	0.103	0.268	0.386
1981	9,489	5,468	548	2,324	6,757	2,732	23,422	0.117	0.288	0.405
1982	10,599	6,166	592	2,456	7,653	2,947	27,275	0.108	0.278	0.389
1983	12,995	7,569	567	2,709	9,154	3,841	31,237	0.123	0.296	0.416
1984	15,662	9,132	496	2,854	10,720	4,942	34,922	0.142	0.316	0.448
1985	17,299	9,715	510	2,995	11,370	5,930	40,314	0.147	0.343	0.429
1986	21,570	11,537	667	3,160	13,972	7,598	46,558	0.163	0.352	0.463
1987	26,078	14,696	746	3,670	17,683	8,395	54,020	0.155	0.322	0.483
1988	31,322	18,734	794	3,873	22,575	8,747	65,506	0.134	0.279	0.478
1989	33,545	20,764	666	4,177	24,074	9,470	77,018	0.123	0.282	0.436
1990	37,829	23,915	649	4,198	27,612	10,216	97,934	0.104	0.270	0.386
1991	46,540	28,950	722	4,271	33,844	12,696	122,821	0.103	0.273	0.379
1992	51,500	32,096	748	4,081	37,978	13,522	147,227	0.092	0.263	0.350
1993	58,217	35,102	705	3,946	41,373	16,844	169,862	0.099	0.289	0.343
1994	69,373	40,558	703	4,055	47,589	21,784	197,259	0.110	0.314	0.352
1995	79,666	50,218	724	4,093	59,101	20,565	234,246	0.088	0.258	0.340
1996	84,844	56,332	734	3,991	66,692	18,152	269,248	0.067	0.214	0.315
1997	92,250	55,077	753	3,784	66,037	26,213	310,270	0.084	0.284	0.297
1998	93,686	49,906	654	3,264	59,905	33,781	341,351	0.099	0.361	0.274
1999	100,804	52,741	690	3,337	63,646	37,158	360,077	0.103	0.369	0.280
2000	115,514	59,670	729	3,564	71,875	43,639	384,946	0.113	0.378	0.300

단위 : (1), (2), (5), (6), (7)=십억원, (3), (4)=천명, (8), (9), (10)=비율

주   : (5)=(2)+(3)×{(2)/(4)}, (6)=(1)−(5)

자료 : (1), (2) 한국은행, ≪국민계정≫ (3), (4) 통계청, ≪경제활동인구조사연보≫ (7) 표학길(2000)

〈부표 1-2〉 제조업 부문 이윤몫과 산출-자본 비율의 결정요인 : 1970~2000

	(1) Y GDP (경상 가격)	(2) Y/Py GDP (1995년 불변 가격)	(3) Py GDP 디플 레이터	(4) K/Pk 순고정 자본스톡 (1995년 불변가격)	(5) Pk 고정자본 스톡가격 지수	(6) 주당평균 노동시간	(7) H 연간 총노동 시간	(8) Py/Pk 산출- 고정자본 스톡 상대가격	(9) (Y/Py)/H 실질 노동 생산성	(10) (K/Pk)/H 자본장 비율	(11) (W/Py)/ H 시간당 생산물 임금
1970	577	5,996	0.096	9,337	0.075	53.4	3,581	1.283	1,151	2,607	790
1971	715	7,103	0.101	11,102	0.078	52.0	3,652	1.290	1,321	3,040	1,007
1972	929	8,117	0.114	13,041	0.086	51.7	3,898	1.331	1,479	3,346	941
1973	1,340	10,492	0.128	16,227	0.099	51.4	4,755	1.293	1,591	3,413	1,037
1974	1,955	12,236	0.160	19,009	0.137	49.9	4,608	1.167	1,797	4,125	1,227
1975	2,646	13,809	0.192	22,011	0.168	50.5	5,806	1.141	1,598	3,791	973
1976	3,833	17,004	0.225	25,954	0.180	52.5	7,334	1.251	1,611	3,539	1,038
1977	4,797	19,450	0.247	32,227	0.199	52.9	7,721	1.238	1,766	4,174	1,195
1978	6,453	23,488	0.275	38,746	0.233	53.0	8,338	1.178	2,027	4,647	1,416
1979	8,595	25,713	0.334	45,879	0.289	52.0	8,479	1.156	2,117	5,411	1,519
1980	10,640	25,485	0.417	50,667	0.382	53.1	8,226	1.094	2,174	6,159	1,592
1981	13,433	27,902	0.481	54,838	0.427	53.7	8,042	1.127	2,451	6,819	1,745
1982	15,176	29,506	0.514	60,323	0.452	53.7	8,535	1.138	2,415	7,068	1,743
1983	18,450	33,742	0.547	66,091	0.473	54.4	9,293	1.157	2,558	7,112	1,802
1984	21,659	39,246	0.552	72,364	0.483	54.3	9,485	1.144	2,992	7,629	2,048
1985	23,720	41,601	0.570	80,318	0.502	53.8	9,833	1.136	3,086	8,169	2,028
1986	29,014	49,361	0.588	91,203	0.510	54.7	10,915	1.151	3,362	8,355	2,178
1987	34,687	58,403	0.594	102,378	0.528	54.0	12,434	1.126	3,531	8,234	2,394
1988	42,112	65,448	0.643	114,256	0.573	52.6	12,800	1.122	3,803	8,926	2,741
1989	45,380	67,745	0.670	126,007	0.611	50.7	12,803	1.096	3,911	9,842	2,807
1990	51,551	73,983	0.697	140,783	0.696	49.8	12,586	1.002	4,313	11,185	3,148
1991	62,803	81,033	0.775	155,696	0.789	49.3	12,838	0.982	4,678	12,128	3,402
1992	70,617	85,316	0.828	171,952	0.856	48.7	12,260	0.967	5,075	14,025	3,743
1993	79,943	89,901	0.889	190,714	0.891	48.9	11,862	0.998	5,519	16,078	3,922
1994	93,874	99,612	0.942	211,090	0.934	48.7	12,082	1.008	6,093	17,471	4,179
1995	110,827	110,827	1.000	234,246	1.000	49.2	12,360	1.000	6,445	18,952	4,782
1996	120,760	118,343	1.020	258,132	1.043	48.4	11,925	0.978	6,973	21,647	5,481
1997	130,968	126,117	1.038	280,761	1.105	47.8	11,308	0.940	7,856	24,828	5,623
1998	137,153	116,735	1.175	294,368	1.160	46.1	9,416	1.013	8,469	31,264	5,415
1999	148,403	141,295	1.050	310,460	1.160	50.0	10,499	0.906	9,141	29,571	5,772
2000	163,283	163,015	1.002	332,194	1.159	49.3	11,036	0.864	10,450	30,102	6,502

단위 : (1), (2), (4)=십억원, (7)=백만시간, (9), (10), (11)=원, (3), (5), (8)=비율
주   : (3) Py=(1)/(2) (5) Pk={〈부표 1-1〉의 (7)}/(4)
       (7) H=[{〈부표 1-1〉의 (3)}+{〈부표 1-1〉의 (4)}]×{(6)×(365/7)}/1000
자료 : (1), (2) 한국은행, ≪국민계정≫ (4) 표학길(2000) (6) 한국노동연구원 www.kli.re.kr

주

1 예컨대 정성진(1998), 정성진·신조영(Jeong and Shin, 1999), 하트-랜즈
   버그·버케트(Hart-Landsberg and Burkett, 2001) 등이 그것이다.
2 이에 대한 상세한 논의는 정성진(Jeong, 1997)을 참조할 수 있다.
3 1997년 위기를 이윤율 저하 이론에 의거해 실증한 대표적 연구로는 장하
   원(Jang, 1999)이 있다. 하지만 장하원(Jang, 1999)은 이윤율 저하의 원인
   을 자본축적의 내적 모순이 아니라 정부 정책의 변화에서 찾는다는 점에
   서 마르크스주의적 접근이라고 할 수 없으며, 이윤율 추계가 1997년 이후
   까지 연장돼 있지 않아 1997년 위기 이후 이윤율의 추이와 한국 자본주의
   의 변화를 분석할 수 없다. 마르크스의 이윤율 개념의 실증에 의거한 한
   국 자본주의 분석은 우리나라에서도 오래 전부터 시도된 바 있다[예컨대
   정성진(1988, 1990a) 등]. 하지만 우리나라의 좌파 주류 연구자들은 스탈
   린주의 국가독점자본주의론, 신식민지 초과이윤론 등의 관점에서 마르크
   스의 이윤율 저하 공황론의 현재적 타당성이나 이윤율의 실증 작업의 의
   의 자체를 부정해 왔다. 그중 윤소영(2001)은 최근 뒤메닐(G. Duménil)의
   '이윤율의 경제학'으로 입장을 바꿔 1997년 위기가 이윤율의 추세선의 감
   소와 절대 수준의 급격한 저하가 동시에 발생한 결과 초래됐다는 의미에
   서 구조적 위기이며, 신자유주의로의 이행은 이윤율 저하에 대한 자본의
   대응임을 인정한다.
4 모훈(S. Mohun)이 지적했듯이 "신고전파적 관점과는 대조적으로, 사회
   적 관점이 생산과 잉여가치의 전유를 에워싼 계급갈등으로 특징지어지
   는 이론에서는 거시경제의 중심 범주는 GDP나 그 구성요소 및 시간에
   걸친 성장이 아니라, 평균이윤율과 그것의 시간에 걸친 추세다[모훈
   (Mohun, 2004a : 87)]."
5 여기서 이윤율은 순자본스톡(net capital stock, K)에 대한 세금공제 전
   (pre-tax) 이윤(P)의 비율로 정의된다. 이윤율 추정에 사용된 통계자료와

계산 방법에 대해서는 <부록 1-1>을 참조하라. 이 장에서는 생산적 노동과 비생산적 노동의 구분을 고려한 마르크스적 의미의 이윤율의 계산은 시도하지 않는다. 즉 이 장의 이윤율 계산에서 비생산적 노동자의 임금은 이윤(P)에 포함되지 않는다. 왜냐하면 이 장의 목적은 자본축적의 모순과 추세의 특수성을 구체적으로 분석하는 것이며, 이를 위해서는 자본가의 축적 행위에 직접 영향을 미치는 회계적 의미의 수익성 지표를 분석하는 것이 중요하기 때문이다. 생산적 노동과 비생산적 노동의 구별을 고려한 마르크스적 의미의 이윤율의 계산 사례로는 정성진(1990a), 모슬리(Moseley, 1991) 및 샤이크·토낙(Shaikh and Tonak, 1994)을 참고할 수 있다.

6 1997년 경제위기가 이윤율이 바닥까지 떨어졌던 1996년이 아니라, 이윤율이 바닥을 치고 반등하기 시작한 1997년에 발생했다는 사실이 1997년 경제위기가 이윤율 저하 위기라는 이 장의 핵심 주장을 논박하는 근거가 되지는 못한다. 왜냐하면 반등했다는 1997년의 이윤율도 겨우 8.4퍼센트로 1970~2000년 기간 통틀어 1996년 다음으로 낮은 수준이었으며, 또 1997년 이전 무려 10년 동안이나 이윤율 저하가 계속된 결과, 축적체제가 조그만 외부적 충격에도 견딜 수 없을 정도로 그 내적 모순이 폭발 직전까지 격화돼 있었기 때문이다.

7 (1-2)식은 샤이크(Shaikh, 1999), 뒤메닐·레비(Duménil and Lévy, 2002, 2004a), 울프(Wolff, 2003), 모훈(Mohun, 2004a) 등이 공통적으로 채택하고 있으며, 국내에서도 장하원(Jang, 1999), 윤소영(2001), 이덕재(2004b), 김숙경(2005) 등이 수용하고 있는 마르크스주의 실증연구에서 표준화된 이윤율 분해 방식으로서, 이윤율이 잉여가치율과 자본의 유기적 구성의 영향을 받는다는 마르크스의 이윤율 이론에 기초한 것이다.

8 $P/Y=P/(W+P)=(P/W)/(1+P/W)=1/(1/(P/W)+1)$이며, $Y/K=(Y/W)/(K/W)$임을 고려하면 자명하다.

9 생산적 노동과 비생산 노동의 구별을 고려한 마르크스적 의미의 착취율, 즉 잉여가치율을 통계청이 간행하는 ≪광공업통계조사보고서≫를 이용하여 제조업 부문의 경우에 한정해 계산해 보면[이는 (순부가가치-생산직 임금)/(생산직 임금)의 공식으로 계산된다], 제조업 부문의 착취율은 1980

년대 전반까지 350퍼센트 수준을 유지하다가 1987년 7·8·9월 노동자 대투쟁의 성과로 1986년 362퍼센트에서 1989년 290퍼센트까지 저하했지만, 1990년대 자본의 반격이 시작되면서 1996년 429퍼센트로 상승했으며, 1997년 경제위기 이후 자본의 신자유주의적 구조조정 공세하에 1998년 554퍼센트까지 치솟고 1999년에는 무려 565퍼센트(!)로 정점에 도달한 후 2000년 이후 다소 저하했지만 2002년에도 485퍼센트로 1996년보다 56퍼센트 포인트나 높았다.

10 생산물임금(product wage)은 명목임금(W)을 소비자물가지수가 아니라, GDP 디플레이터(Py)로 나눈 값이라는 점에서 실질임금(real wage)과 구별된다. 실질임금이 노동자가 수령하는 명목임금의 구매력을 나타낸다면, 생산물임금은 자본가가 노동자에게 지불하는 명목임금이 자본가에게 실제로 얼마나 부담이 되는지를 보여 준다.

11 1997년 위기 이후 노동자 상태 악화와 그것이 2003년 들어 노동자들의 연쇄적인 분신자살과 같은 극한 투쟁으로 이어지게 된 과정에 대한 상세한 논의로는 장상환(Jang, 2004)을 참조할 수 있다.

12 <부표 1-2>에서 보듯이 우리나라 제조업 부문 노동자의 주당평균노동시간 역시 1986년 54.7시간에서 1998년 46.1시간으로 단축된 다음 1999년부터 다시 증가하고 있다.

13 조영철(2004 : 201~202)도 같은 주장을 한다. "직접금융 중심과 간접금융 중심의 경제, 혹은 부채의존 경제와 자기자본 중심의 경제처럼 경제구조가 다른 경우 횡단면 비교분석을 할 때 분석대상의 지표로 적합한 것은 경상이익률이 아니라 영업이익률이다. 위기 직전의 영업이익률 지표로 볼 때 한국 경제가 전체적으로 경제위기를 겪어야 할 정도로 심각한 상황이었다고 보기는 어렵다."

14 금융화의 정의에 대한 포괄적 논의로는 크로티(Crotty, 2002)를 참조할 수 있다.

15 뒤메닐과 레비는 미국 경제 사례를 분석하면서 다음과 같이 주장한다. "비금융법인의 금융관계를 고려하는 것은 이윤율에 상당한 영향을 미친다. 여기에서 금융관계를 고려한다는 것은, ①이윤에 이자, 배당, 자본이

득 및 인플레이션으로 인한 순부채의 감가에 기인한 평가차익을 포함하고, ② 유형자산을 자기자본(net worth)으로 대체하는 것이다. 1982년 이전에는 비금융법인이 처한 조건이 우호적이었기 때문에 금융관계를 고려하면 이윤율은 항상 높아졌다. 이는 인플레이션 앙등 이전 시기인 1950년대에 이미 그러했고, 1970년대에도 이러한 현상은 더 강화됐다. (1970년대에 금융관계를 고려하지 않은 이윤율은 7.0퍼센트였는데, 금융관계를 고려한 이윤율은 10.9퍼센트였다.) 이는 낮은 실질금리 기조의 결과다. 하지만 신자유주의 시대에 인플레이션이 종언을 고하고 금리가 상승하면서 이러한 상황은 변했다. 이제 이윤율에 대한 두 개의 측정치들(금융관계를 고려한 것과 고려하지 않은 것)은 실제로 동일해졌다. 실질금리의 지불이 금융이득을 상쇄해 버렸기 때문이다. …… 금융관계의 영향은 케인스주의 시대에는 컸지만 신자유주의 시기에는 제로가 됐다. …… 신자유주의 시대 이전에 금융관계의 전반적 균형은 항상 비금융법인에 유리하게 작용했다. 하지만 이러한 이점은 1980년대와 1990년대에 사라졌다" [뒤메닐·레비(Duménil and Lévy, 2004a : 100, 92, 93)].

16 여기에서 뒤메닐·레비(Duménil and Lévy, 2004a)처럼 ≪자금순환계정≫을 이용해 비금융법인 부문에서 금융관계를 고려한 이윤율과 금융관계를 고려하지 않은 이윤율을 측정하지 않고, ≪기업경영분석≫으로부터 제조업부문에서 이러한 이윤율의 두 측정치를 계산한 것은 우리나라 ≪자금순환계정≫이 제공하고 있는 정보가 대단히 미흡하기 때문이다. 예컨대 우리나라 자금순환계정은 미국의 ≪자금순환계정≫(Flow of Funds)과 달리, 이윤율 계산에 필수적인 실물자산스톡(고정자산, 재고자산) 데이터를 전혀 제공하고 있지 않다.

17 한국의 "고부채 모델"에 대한 논의로는 웨이드·베네로소(Wade and Veneroso, 1998)를 참조할 수 있다.

18 이에 대해서는 금융화론자인 홍영기(2004)도 인정한다.

19 1972년 박정희 정권의 '8.3' 사채 동결 조치에 의해 "억압"된 것은 유철규(2003)의 주장과는 달리 어떤 독립적인 금융자본가 계급, "금융지주계급"이라기보다 전근대적 고리대자본에 가까운 것이었다.

20 이에 대한 나의 논의로는 정성진(2003)을 참조할 수 있다.

21 이는 "시장경제(경쟁)"와 "자본주의(독점)"를 구별한 브로델(Braudel, 1996 : 821~829)의 용어법(물론 이와 같은 브로델의 구별 방식은 이론적 역사적으로 정당하지 않지만)을 원용한 것이다. 즉 경쟁과 이에 따른 기술혁신의 확산 메커니즘, 즉 "양합(陽合) 게임"의 논리가 일정하게 작동하는 "산업화"와는 달리, "영합 게임"인 "금융화"에서는 독점과 "승자 독식", 배제의 논리가 지배하며, 따라서 불균등발전과 양극화 경향이 훨씬 심할 수밖에 없고, 이 때문에 제국주의 중심부에서 나타난 것과 같은 "금융화" 현상이 주변부에까지 확산될 수는 없다는 것이다.

22 쌀라마(Salama, 2002)는 금융화와 잉여가치 추출 방식 사이에 일정한 관계가 존재한다는 핵심 아이디어를 라틴아메리카에서의 배제적 금융화의 사례, 즉 "절대적 잉여가치의 고대적 형태들로의 확실한 복귀", "착취의 근대적 형태와 낡은 형태의 결합"의 사실을 통해 증명했다는 점에서, 즉 금융화가 자본-노동간의 착취관계에 미치는 영향을 강조했다는 점에서 자본 상호간의 역관계, 즉 산업자본과 금융자본의 갈등 현상을 절대화하는 대부분의 금융화론자들과 구별되지만, 세계 자본주의의 주변부에서의 금융화의 본질이 금융적 종속이라는 사실에 대한 인식은 미흡하다.

23 여기에서 금융적 종속의 개념은 종속이론의 개념이 아니라, 레닌의 제국주의론의 개념이다. 레닌(Lenin, 1916 : 718)은 ≪제국주의론 노트≫에서 종속의 상이한 형태들, 정치적 종속과 금융적 종속의 강도 및 결합방식에서의 차이에 기초해 20세기 초 제국주의 열강 지배하의 세계 자본주의 주변부를 식민지 및 정치적 종속국(δ=금융적 종속+정치적 종속), 반식민지(γ=금융적 종속+부분적인 정치적 종속), 종속국(β=금융적 종속+정치적 독립)으로 구별한 바 있다.

24 이와 같은 시가총액 기준 외국인소유 비중은 2003년 말 기준으로 헝가리(72.6퍼센트), 핀란드(55.7퍼센트), 멕시코(46.4퍼센트)에 이어 세계 제4위 수준이다(박현수, 2004).

25 1997년 위기 이후 한국의 자본축적의 국제적 조건에 관한 상세한 논의로는 하트-랜즈버그 · 버케트(Hart-Landsberg and Burkett, 2004), 브레너

(Brenner, 2004), 전창환(2004)을 참조할 수 있다.

26 1997년 위기 이후 저투자 현상에 대한 상세한 논의로는 이덕재(2004a)를 참조할 수 있다.

27 수출의 취업유발계수, 즉 수출이 10억 원 증가할 때 늘어나는 일자리는 1990년 46.3명에서 2000년에는 15.7명으로 10년 동안 66퍼센트나 감소했다 (이보선, 2004).

28 마르크스의 자본 개념에서는 금융자본과 산업자본의 이분법이 아니라 양 자간의 상호작용과 모순적 통일의 측면이 강조된다. 이에 대해서는 드 브 뤼노프(de Brunhoff, 2003) 참조. 따라서 자본주의적 착취와 축적의 본거 지인 산업자본("좋은 자본주의")은 손보지 않고 금융자본("나쁜 자본주 의")만 통제하는 것으로는 자본주의적 착취와 축적에 내재한 모순의 발현 인 과잉생산공황의 발발을 막을 수 없다.

29 오늘 금융화론자들이 주장하는 금융자본/산업자본의 이분법에 기초한 금 융 억압의 논리는 실은 1980년대 한국 사회 성격 논쟁에서 (신식민지)국 가독점자본주의론자들이 주장했던 독점자본/중소(민족)자본의 이분법에 기초한 독점강화/반독점 동맹론이 변신 재현한 것이다. 과거 반독점 동맹 론의 경우 단계론적 · 개량주의적 편향이 있었지만 그래도 근본적 변혁의 지향을 포기하지는 않았다[당시 독점강화론/반독점 동맹론에 대한 이론적 실증적 비판으로는 정성진(1990b)을 참조할 수 있다]. 이에 비해 오늘날 금융화론자들은 1990년대 이후 득세한 '자본주의 이외 대안 부재론'을 배 경으로 하여 반자본주의 변혁의 전망을 전적으로 거부하고 이른바 '인간 의 얼굴을 한 자본주의'를 노골적으로 지지한다. 이 점에서 금융화론은 과 거 독점강화/반독점 동맹론보다도 훨씬 우경화한 논리라고 할 수 있다.

2장

한국 경제에서 마르크스 비율의 추이 : 1970~2003[*]

1. 머리말

이 장은 잉여가치율, 이윤율 등 마르크스의 주요 비율을 1970~2003년 한국 경제에 대해 추계하고 그 결과를 음미하는 것을 목적으로 한다. 이 장은 실증적 마르크스주의 경제학의 도달점으로 평가되는 샤이크·토낙 (Shaikh and Tonak, 1994)의 방법을 엄밀하게 적용하고, 더 정확한 생산 노동 통계를 이용함으로써 기존 연구들[예컨대 정성진(1990a), 박형달 (1994), 성낙선(1996), 김정주(2000, 2005), 김숙경(2005)]을 개선할 것이 다. 또 이렇게 해서 추계된 마르크스 비율의 추이가 한국 자본주의의 장 기 동학과 관련해 제시하는 함축을 논의하는 데 주력할 것이다.

이 장은 상호 연관된 세 부분으로 구성돼 있다. 먼저 2절에서는 한국 의 생산노동과 비생산노동의 추이를 검토하고, 3절에서는 잉여가치율 의 추이를 검토한다. 4절에서는 비농업민간부문의 이윤율 추이를 검토 한다.

---

[*] 이 장에서 제시되는 각종 수치, 표와 그림이 근거하고 있는 자료들은 지 면 제약으로 수록하지 못했지만, 저자에게 요청하면 제공받을 수 있다.

2. 생산적 노동과 비생산적 노동의 구별 : 1970~2003

1) 자료

생산노동과 비생산노동의 구별은 이윤율 계산에서는 필수적이지 않지만, 잉여가치율 계산을 포함한 자본주의적 착취의 분석에서는 필수적이다. 비생산노동자는 정의상 가치, 잉여가치를 생산하지 않으므로 비생산노동자들에게 지불되는 임금을 비롯한 비생산적 산업부문을 유지하기 위해 필요한 인적 물적 비용은 생산노동자로부터 착취한 잉여가치에서 조달될 수밖에 없다. 이 때문에 생산/비생산 노동을 구별하지 않고서는 마르크스적 의미에서 잉여가치의 생산, 착취의 메커니즘과 모순에 대한 정확한 이해는 불가능하다. 그러나 최근 마르크스주의자들 사이에서는 마르크스의 생산/비생산 노동의 구별을 기각하는 것이 유행이다. 하트·네그리(Hardt and Negri, 2004)와 라이브만(Laibman, 1999)은 그 대표적인 것들이다. 하트와 네그리는 자본주의 경제에서 비물질 노동의 비중 증대에 따라 생산/비생산 노동의 구별이 무의미하게 됐다면서 이를 기각한다.[1] 하지만 생산/비생산 노동의 구별은 마르크스 가치론의 핵심이기 때문에 이를 거부하는 것은 마르크스의 가치론 자체를 거부하는 것과 마찬가지다. 마르크스주의 입장에 설 경우 생산/비생산 노동의 구별은 방어돼야 하는 마르크스 경제학 비판의 핵심이다.

자본주의 국가의 공식 통계로부터 생산/비생산 노동의 구별을 추정하는 것과 관련해 많은 쟁점들이 존재하지만, 나는 이 장에서 샤이크·토낙 (Shaikh and Tonak, 1994)의 방법을 채택한다. 샤이크와 토낙은 잉여가치를 생산하는 모든 임금노동을 생산노동으로 분류하고, 유통노동이나 감독노동처럼 가치도 잉여가치도 생산하지 않는 임금노동을 비생산노동으로 분류했다. 따라서 이 장에서 나는 서비스라 할지라도 유통이나 감독이 아닌 분야에서 자본에 이윤을 가져다주는 데 종사하는 노동은 생산노동으로

〈표 2-1〉 ≪산업연관표≫의 생산/비생산 부문 구별 (2000년 404 기본부문표)

		산업부문명	기본부문번호
1차 부문	생산부문	농림어업	1-30
		광업	31-45
		제조업	46-304
		전기가스	305-311
		건설업	312-328
		운수통신	333-351
		교육 서비스	375-376(교육기관(사립 및 산업)) 379(연구기관(산업)) 380(기업 내 연구개발)
		의료 서비스	383(의료 및 보건(산업)) 387(위생 서비스(산업))
		기타 생산 서비스	362-363(건축공학 기타 공학 관련 서비스) 364-365(소프트웨어 개발 공급 컴퓨터 관련 서비스) 369(청소 및 소독서비스) 370(농림 어업 서비스) 371(기타 사업 서비스) 389(문화 서비스(기타)) 390-391(영화 연극 음악 기타 예술) 392-393(운동경기 기타 오락 관련 서비스) 394-395(사회단체) 396-397(수리 서비스) 398-401(미용 세탁 가사 개인 서비스)
		음식숙박	331-332
2차 부문	비생산부문	상업	329-330(도소매) 366(기계장비 및 용품 임대)
		금융보험	352-360(금융 보험 부동산. 358(주택소유) 제외) 361(법무 및 회계 서비스) 367(광고) 368(정보 제공 서비스)
		일반 정부	372-373(중앙 및 지방 정부)
		공공 서비스	374(교육기관(국공립)) 377-378(연구기관(국공립 및 비영리)) 381-382(의료 및 보건(국공립 및 비영리)) 384-385(사회복지사업(국공립 및 비영리)) 386(위생 서비스(국공립)) 388(문화 서비스(국공립))
		기타	402(사무용품) 403(가계 외 소비지출) 404(분류 불명)

자료 : 한국은행, ≪2000년 산업연관표≫

분류한다.[2] 이 장에서 내가 채택한 생산/비생산 노동의 구별 방식은 물질적 재화를 생산하는 노동만을 생산노동으로 간주하고 서비스는 모두 비생산노동으로 간주하는 구 《소련정치경제학교과서》의 접근과는 근본적으로 다르다. 물질적 재화를 생산하는 노동만을 생산노동으로 간주하는 구 《소련정치경제학교과서》의 접근은 마르크스의 방법과는 상치되는 스미드적 문제설정이다.

이제 이와 같은 생산/비생산 노동의 구별 기준을 현실의 통계에 적용하기 위해서는 다음과 같이 생산/비생산 산업의 구별과 생산/비생산 노동의 구별이라는 두 단계의 절차가 필요하다. 먼저, 산업부문을 가치를 생산하는 생산적 산업부문과 가치를 생산하지 않는 비생산적 산업부문으로 구분한다. 그리고 생산노동은 생산적 산업에만 존재하며, 비생산적 산업에 종사하는 노동은 모두 비생산노동으로 간주한다. <표 2-1>에서 보듯이, 이 장에서는 가치의 유통이 주된 기능인 상업 및 금융보험부동산업과 상품을 생산하지 않고 체제 유지(사회 전체 수준에서의 '감독')가 주된 기능인 정부, 공공 서비스를 비생산적 산업으로 분류하고 이들 비생산적 산업에 종사하는 노동은 모두 비생산적 노동으로 분류한다. 그 다음, 농림수산업, 광업, 제조업, 건설업, 전기가스수도업, 운수보관통신업 및 서비스업 중에서 유통이나 감독이 주된 기능이 아닌 업종들, 즉 음식숙박업, 사업서비스, 문화오락 서비스, 대개인 서비스를 생산적 산업으로 분류하고, 생산노동은 이들 생산적 산업에 존재한다고 간주한다. 이 점에서 이 장에서 나의 분석은 물질적 재화 생산노동만을 생산노동으로 간주해 마르크스 비율을 추정했던 정성진(1990a), 박형달(1996)과 김정주(2000)의 한계를 정정하는 것이다.

그런데 비생산적 산업에 종사하는 노동은 모두 비생산노동으로 간주해도 되지만, 생산적 산업에 종사하는 노동을 모두 생산노동으로 간주해서는 안 된다. 왜냐하면 생산적 산업에 종사하는 노동 중 감독 노동은 가치를 생산하지 않는 비생산노동이기 때문이다. 따라서 생산적 산업부문에 종사하는 노동 중 생산노동 부분만을 가려내는 작업이 필요하다. 정성진(1990a)과 성낙선(1996)을 비롯한 기존 연구들은 대체로 ≪임금구조기본통계조사보고서≫(구 명칭 ≪직종별임금실태조사보고서≫)의 '산업별·직종별' 근로자수와 임금표를 이용해 생산노동을 구별했다. 이는 생산적 산업부문의 생산직종에 종사하는 노동, 즉 서비스직 종사자, 농림어업 숙련노동자, 기능원 및 관련 기능 종사자, 장치기계 조작 및 조립 종사자, 단순노무자를 생산노동으로 분류하고, 생산적 산업부문 노동 중 비생산 직종의 노동, 즉 의회 의원 고위 임직원 및 관리자, 전문가, 기술공 및 준전문가, 사무종사자, 판매종사자를 비생산노동자로 분류하는 방식이다.[3] 그런데 ≪임금구조기본통계조사보고서≫는 1992년 이후 이와 같은 양식의 '산업별·직종별' 근로자수 및 임금표를 더는 공표하고 있지 않다.[4] 게다가 1992년 한국표준직업분류 체계가 전면 개정됐기 때문에 ≪임금구조기본통계조사보고서≫ 원시자료를 이용한다 할지라도, 1992년을 전후해 '산업별·직종별' 근로자수 및 임금표의 시계열을 일관되게 조정하는 것은 기술적으로 거의 불가능하다.

이러한 난점을 해결하기 위해서 이 장에서는 그동안 우리나라 생산/비생산 노동 구별 연구에서 주목하지 않던 자료인 ≪임금구조기본통계조사보고서≫의 '산업별·직급별' 임금구조 자료를 이용할 것이다. 노동부는 이 양식의 표를 1980년 이후 공표하고 있다. <그림 2-1>은 이 자료를 이용한 생산/비생산 노동의 구별 방식을 보인 것이다. <그림 2-1>에서 보듯이 생산부문 피고용자 중 생산직급의 노동자, 즉 십장, 반장, 조장 및 비직급을 생산노동으로 분류하고, 생산부문 피고용자 중 감독직급, 즉 임원, 부장, 과장 및 계장은 비생산노동으로 분류한다. 생산/비생산 노동의 구별의 추정에 관한 국제적 연구성과[예컨대 샤이크·토낙(Shaikh and Tonak, 1994), 모훈(Mohun, 2003, 2004b, 2004c) 등]도 생산노동 추

〈그림 2-1〉 생산/비생산 노동자의 산업별·직급별 분류

		생산 부문										비생산 부문			
		농림어업	광업	제조업	전기가스	건설업	운수통신	교육서비스	의료서비스	기타서비스	음식숙박	상업	금융보험	정부	공공서비스
생산직급	십장														
	조장														
	반장														
	비직급														
비생산 직급	임원														
	부장														
	과장														
	계장														

주 : 옅은색(생산적 노동), 짙은색(비생산적 노동)

정에서 대체로 <그림 2-1>과 같은 '산업별·직급별' 데이터를 사용했다. 이 장에서 채택하고 있는 마르크스적 의미의 생산/비생산 노동 구별의 기준이 생산/유통 노동과 감독/비감독 노동을 구분하는 것임을 고려한다면, 정성진(1990a), 성낙선(1996), 김정주(2000)처럼 생산/유통 구별을 기준으로 산업부문을 생산/비생산 부문으로 분류한 다음에 또다시 생산/유통 구별 기준을 적용해 생산/비생산 직종을 구별하기보다는, 생산/유통 구별을 기준으로 생산/비생산 부문을 분류한 다음에는 '산업별·직급별' 자료를 이용하여 감독/비감독 직급 구별을 적용해 생산/비생산 노동을 식별하는 것이 정확하다.

2) 생산노동자수의 계산

2절 1항에서 제안한 '산업별·직급별' 자료 이용 방법을 기초로 하여 경제 전체의 생산노동자수와 그 비중을 구하는 방법은 다음과 같다.

(1) 먼저 각 생산부문의 생산적 노동자수 비중(Lpi^*/Li^*)은 ≪임금구조기본통계조사보고서≫의 '산업별·직급별' 자료로부터 각 산업의 생산직급 피고용자수(Lpi^*)를 피고용자 총수(Li^*)로 나누어 계산한다.

(2) 각 산업의 피고용자 총수(Li)는 ≪산업연관표≫의 '고용표'로부터 취한다. (단 '고용표'가 공표되지 않은 1986, 1987년의 Li는 직선보간법으로 추정한다.)

(3) 각 산업의 생산적 노동자수(Lpi)는 (1)에서 구한 각 생산부문의 생산적 노동자수 비중(Lpi^*/Li^*)을 (2)의 피고용자 총수(Li)에 곱하여 구한다.

(4) 경제 전체의 생산적 노동자 총수(Lp)는 (3)에서 구한 각 산업의 생산적 노동자수(Lpi)를 합하여 구한다. 즉 $Lp=\Sigma Lpi=\Sigma(Lpi^*/Li^*)\times Li$

(5) 경제 전체의 생산적 노동자수 비중(Lp/L)은 (4)에서 구한 경제 전체의 생산적 노동자 총수(Lp)를 경제 전체의 피고용자 총수[이는 (2)의 각 산업의 피고용자 총수(Li)를 합하여 구한다. 즉 $L=\Sigma Li$]로 나누어 구한다.

3) 생산노동자의 임금(가변자본) 계산

생산노동자의 임금의 크기와 비중을 계산하는 것은 비생산노동의 비중의 추이를 알기 위해서 필요하지만, 다음 절에서 다룰 잉여가치율 계산을 위해서도 필수적이다. 경제 전체의 생산적 노동자에게 지불되는 임금(Wp)은 다음과 같은 순서로 계산한다.

(1) ≪임금구조기본통계조사보고서≫의 '산업별·직급별' 자료로부터 각 산업의 생산노동자 평균임금(wpi)을 구한다. 즉 이는 각 산업의 생산직급 임금총액(Wpi^*)을 각 산업의 생산직급 피고용자수(Lpi^*)로 나누어 구한다.

(2) 각 산업의 비생산노동자 평균임금(wui) 역시 ≪임금구조기본통계조사보고서≫의 '산업별·직급별' 자료로부터 각 산업의 비생산직급 임금

총액(Wui*)을 각 산업의 비생산직급 피고용자수(Lui*)로 나누어 구한다.

(3) (1)에서 구한 각 산업의 생산노동자 평균임금(wpi)을 2절 2항에서 구한 각 산업의 생산노동자수(Lpi)에 곱하여 각 산업의 생산노동자들에게 지불되는 임금의 의제치(Wpi′)를 구하고(즉, Wpi′=wpi×Lpi), 또 (2)에서 구한 각 산업의 비생산노동자 평균임금(wui)을 Lui에 곱하여 각 산업의 비생산노동자들에게 지불되는 임금의 의제치(Wui′)를 구한다(즉, Wui′=wui×Lui).

(4) (3)에서 구한 Wpi′를 Wpi′와 Wui′의 합으로 나눈 값, 즉 Wpi′/(Wpi′+Wui′)을 각 산업에서 지불되는 임금 중 생산노동자들에게 지급되는 임금의 비율로 간주한다.

(5) (4)에서 구한 각 산업에서 지급되는 임금 중 생산노동자들에게 지불되는 임금 비율, 즉 Wpi′/(Wpi′+Wui′)을 ≪산업연관표≫에서 취한 각 산업의 피용자보수(Wi)에 곱하여 각 산업의 생산노동자들에게 지불되는 임금(Wpi)을 계산한다. 즉 Wpi=[Wpi′/(Wpi′+Wui′)]×Wi.

(6) 경제 전체의 생산노동자들에게 지급되는 임금 총액(Wp)은 (5)에서 구한 각 산업의 생산노동자들에게 지불되는 임금을 합산하여 구한다. 즉 Wp=ΣWpi=Σ[Wpi′/(Wpi′+Wui′)]×Wi. 경제 전체의 비생산노동자들에게 지급되는 임금총액(Wu)은 경제 전체의 노동자들에게 지급되는 임금 총액(W=ΣWi)에서 Wp를 빼서 구한다. 즉 Wu=W-Wp=ΣWi-Wp.

4) 결과

위에서 제시한 자료와 방법에 의거해 생산노동자수 비율과 생산노동자에게 지불된 임금의 비중을 계산한 결과는 <그림 2-2>에서부터 <그림 2-5>에서 볼 수 있다. <그림 2-2>는 1980~2003년 동안 산업별 생산노동자수 비중의 추이를 보인 것이다. 제조업의 경우 생산노동자수 비중은 1987년까지 무려 95퍼센트 수준으로 대단히 높았지만, 1987년 이후 감소

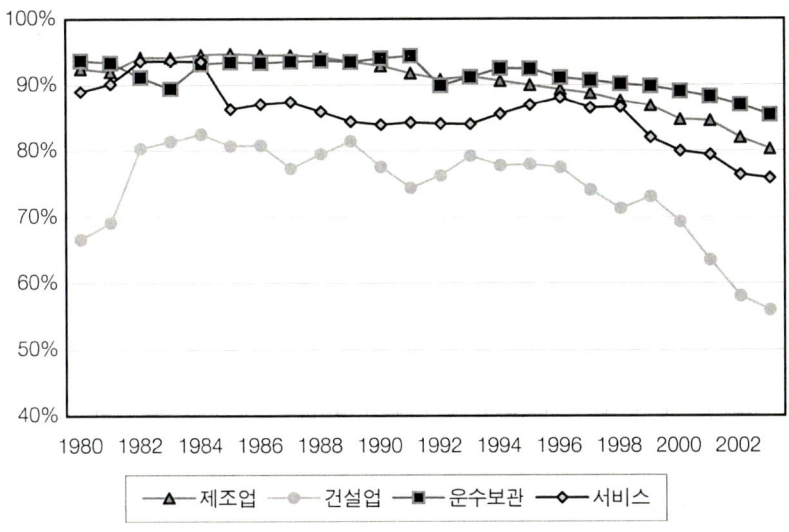

〈그림 2-2〉 산업별 생산노동자수 비중(Lp/L) : 1980~2003

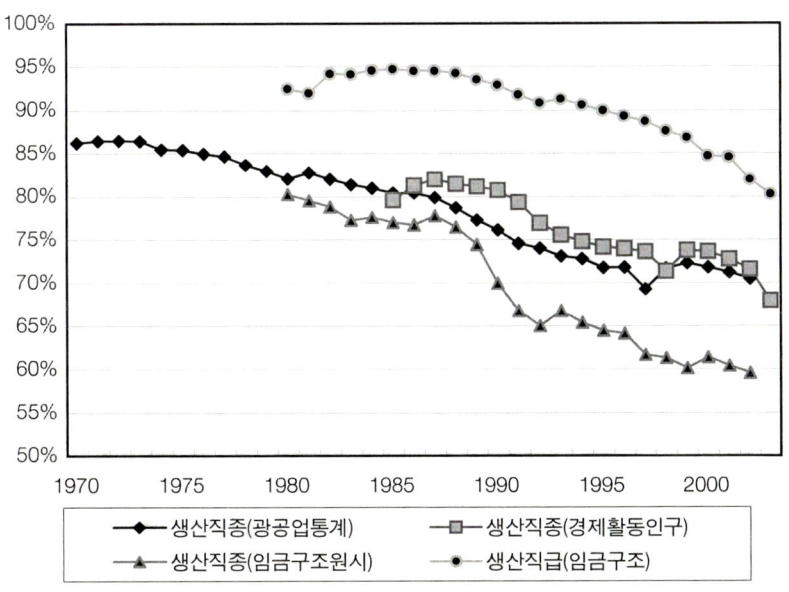

〈그림 2-3〉 제조업 생산노동자수 비중(Lp/L) : 1970~2003(자료별)

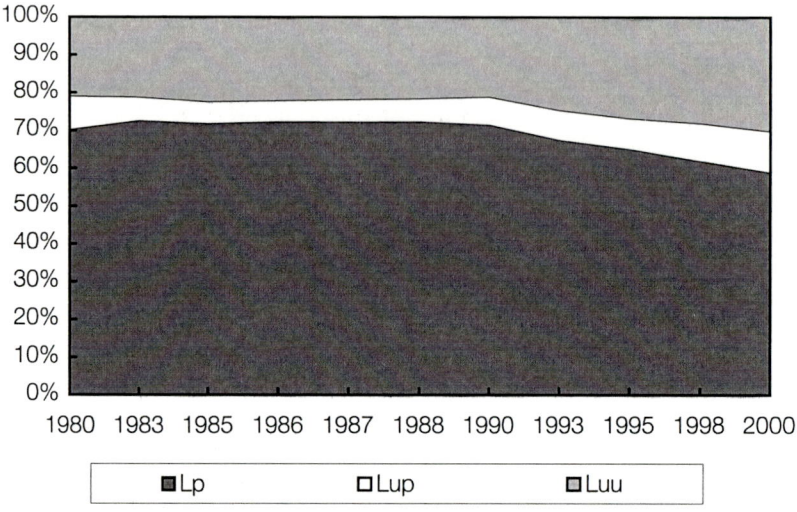

〈그림 2-4〉 전 산업 생산/비생산 노동자의 구성 : 1980~2000

■Lp　　　□Lup　　　■Luu

주 : Lp(생산부문 생산노동자), Lup(생산부문 비생산노동자), Luu(비생산부문 노동자)

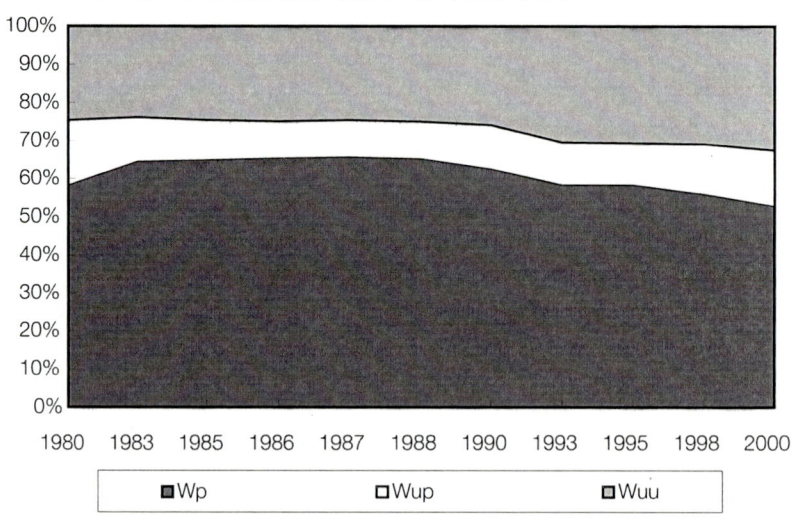

〈그림 2-5〉 전 산업 생산/비생산 노동자 임금의 구성 : 1980~2000

■Wp　　　□Wup　　　■Wuu

주 : Wp(Lp의 임금), Wup(Lup의 임금), Wuu(Luu의 임금)

하여 2003년에는 80.3퍼센트였다. 건설업의 경우도 생산노동자수 비중은 1987년까지 80퍼센트 수준으로 높았지만, 1987년 이후 감소하여 2003년에는 56퍼센트였다. 대부분의 산업들에 공통적인 특징은 생산노동자수 비중이 1980년대까지는 매우 높았지만, 1990년대 이후 현저하게 감소한다는 사실이다. 이와 동일한 양상은 산업별 지불 임금 총액 중 생산노동자에게 지불되는 임금 비중의 추이에서도 보이는데, 제조업 부문의 경우 생산적 임금의 비중은 1980년 79.9퍼센트에서 1988년 88.2퍼센트로 증가했지만 그 후 감소추세로 반전돼 2003년에는 71퍼센트까지 저하했다.

위의 사실은 한국에서 1980년대 말까지는 생산노동의 비중이 매우 높은 수준을 유지했으며, 비생산적 노동의 비중 증대 추세는 1980년대 말 이후에야 시작됐음을 보여 준다. 이는 제조업 부문에 한정해 여러 종류의 자료들로부터 생산/비생산 노동의 비중을 계산한 결과에서도 확인된다. 예컨대 제조업 부문에 관해 가장 정확하고 가장 긴 시계열의 자료를 제공하는 ≪광공업통계조사보고서≫로부터 제조업 부문 생산노동자수의 비중을 계산해 보면, 그것은 <그림 2-3>에서 보듯이 1970~1987년 18년 동안 86.2퍼센트에서 79.9퍼센트로 6퍼센트 포인트 정도밖에 감소하지 않았지만, 1987~1997년 11년 동안에는 무려 10퍼센트 포인트 가량 감소했다.

또한 위 그림들에서 각 산업의 생산노동자수 비중을 그 산업의 생산적 임금 비중과 비교해 보면 전자가 항상 후자보다 높음을 알 수 있다. 이는 생산노동자의 평균임금이 비생산노동자의 평균임금보다 항상 낮았기 때문이다. 예컨대 1980년 제조업 부문 생산노동자 평균임금은 비생산노동자 평균임금의 30퍼센트밖에 되지 않았다. 하지만 이와 같은 생산노동자와 비생산노동자의 임금 격차가 1980~1990년대에 상당히 축소됐다. 즉 1999년 제조업 부문 생산노동자의 평균임금은 비생산노동자 평균임금의 66.5퍼센트 수준까지 상승했다. 그러나 이와 같은 생산/비생산 노동자의 임금

격차의 축소 추세는 1997년 경제위기 이후 다시 중단됐다.

<그림 2-4>와 <그림 2-5>는 1980~2000년 경제 전체에서 생산노동 자수 비중과 생산노동자 임금 비중을 보여 준다. <그림 2-4>에서 보듯이 경제 전체에서 생산노동자수 비중은 1980년대에는 70~75퍼센트대를 유지하다가 1990년대 들어 급격히 감소해 2000년에는 58.7퍼센트까지 내려 갔다. <그림 2-5>에서 보듯이 경제 전체에서 생산적 임금 비중의 추이도 이와 유사한 양상을 보였다. 또 <그림 2-4>에서 보듯이 비생산노동자의 두 구성요소, 즉 Luu(비생산적 산업부문에 고용된 노동자)와 Lup(생산적 산업부문에 고용된 비생산노동자) 중 전자는 후자의 3배에 달했을 뿐만 아니라, 후자보다 더 급속하게 증가했다. 즉 전체 임금노동자 중 비생산 적 산업부문에 고용된 노동자의 비중(Luu/L)은 1980년 20.8퍼센트에서 2000년 30.1퍼센트로 증가한 반면, 생산적 산업부문 내부의 비생산노동자 가 전체 임금노동자에서 차지하는 비중(Lup/L)은 1980년 9.1퍼센트에서 1986년 5.8퍼센트로 감소하기조차 한 후, 다시 2000년 11.2퍼센트로 증가 했다.

3. 잉여가치율 : 1980~2000년

1) 자료

이 절에서는 국민경제 수준에서 잉여가치율을 계산한다. 잉여가치율 계산을 위해서는 위에서 논의한 생산/비생산 노동의 구별과 함께 기존 연구에서 제기된 다음 두 가지 쟁점을 정리하는 것이 필요하다. 첫째 쟁점은 잉여가치율을 노동시간 단위로 계산해야만 하는지, 가격 단위로 계산하는 것으로 충분한지 하는 문제이고, 두 번째 쟁점은 잉여가치율 계산을 위해 ≪국민계정≫ 자료를 이용하는 것으로 충분한지, 혹은 ≪산업연관표≫를 이용해야 하는지의 문제다. 이들 쟁점과 관련해 이 장에서는 국민경제 수준에서 잉여가치율을 계산할 경우 가격 단위 계산으로도 충분하며, 가격 단위로 국민경제 수준의 잉여가치율을 계산하기 위해서는 부가가치 항목의 집계에 한정돼 있는 ≪국민계정≫에서 더 나아가 중간투입 항목을 명시하고 있는 ≪산업연관표≫를 이용하는 것이 필수적이라는 샤이크·토낙(Shaikh and Tonak, 1994)의 방법을 채택한다. 하지만 국민경제 수준이 아닌 산업부문별 수준에서 잉여가치율을 계산할 경우 가격 단위 계산은 무의미하다. 자본주의 국가가 공간하는 가격 단위의 경제통계는 ≪국민계정≫이든 ≪산업연관표≫든 잉여가치의 산업부문간 재분배(비생산 부문도 포함해)가 끝난 뒤에 집계된 것이므로, 잉여가치의 산업부문간 재분배를 고려할 수 없기 때문에, 산업별 부가가치에서 산업별 생산노동자의 임금을 뺀 것을 그 산업에서 창조된 잉여가치와 동일시할 수는 없다. 따라서 산업부문간 가치이전의 문제라든지, 가치와 가격의 괴리 문제의 분석을 목적으로 산업부문별 잉여가치율을 계산할 경우 노동시간 단위로의 측정은 필수적이다.[5] 그러나 국민경제 수준에서는 잉여가치의 산업간 분배가 상쇄된다고 가정할 수 있기 때문에 가격 단위로 잉여가치율을 계산해도 큰 문제가 없다.[6] 또 샤이크·토낙(Shaikh and Tonak, 1994 : 86, 141~143)이 입증했듯이, ≪산업연관표≫를 마르크스의 범주들로 적절하게 재편성한다면, 마르크스의 범주들은 가격 단위로 계산하든, 노동시간 단위로 계산하든, 거의 동일한 결과를 얻기 때문에, 노동시간 단위로 계산할 필요는 없다.

그리고 가격 단위로 국민경제 수준에서 잉여가치율을 계산하기 위해서 마르크스적 의미에서의 부가가치 산정이 필수적이다. 그런데 마르크스적 의미의 부가가치와 비교할 때, ≪국민계정≫의 부가가치에는 누락된 부분과 이중계산된 부분이 있다. (이는 3절 2항에서 논의된다.) 따라서 마르크스적 의미의 부가가치 계산을 위해서는 ≪국민계정≫을 그대로 이용해서는 안 되며, ≪국민계정≫의 부가가치에서 누락된 부분과 이중계산된 부분을 정정해야 한다. 이 작업을 위해서는 중간투입 항목이 명시된 ≪산업연관표≫를 이용하는 것이 필수적이다.

2) 마르크스적 의미의 부가가치 계산

2절에서 논의한 가변자본(v)의 계산과 함께, 마르크스적 의미의 부가가치(v+s)를 정확하게 계산하는 것은 잉여가치, 즉 $s=(v+s)-v$와 잉여가치율, 즉 $s'=s/v=((v+s)-v)/v$의 계산을 위해 필수적이다. 그리고 마르크스적 의미의 부가가치의 계산을 위해서는 ≪산업연관표≫를 마르크스의 범주들과 대응시켜 재편성하는 절차가 필요하다. <그림 2-6>은 샤이

〈그림 2-6〉 ≪산업연관표≫의 마르크스 경제학적 재편성 : 샤이크·토낙(1994)

	생산부문	상업	2차부문	소비	투자	정부 지출	수출
생산부문	M_{PP}	M_{PT}	M_{PRY}	C_P	I_P	G_P	X_P
상업	M_{TP}	M_{TT}	M_{TRY}	C_T	I_T	G_T	X_T
2차부문	RY_P	RY_T	RY_{RY}	RY_C	RY_I	RY_G	RY_X
임금	W_{PP} / W_{UP}	W_T	W_{RY}				
이윤	P_P	P_T	P_{RY}				

자본스톡	K_P	K_T	K_{RY}

주 : M(중간투입), P(생산부문. 생산적 서비스업도 포함), T(상업), RY(2차부문('로열티' 부문), 금융 보험 부동산, 공공 서비스 등 비생산적 서비스, 정부 포함), W(임금), P(이윤), C(소비), I(투자), G(정부 지출), X(수출), M_{PP}(생산부문의 생산부문으로부터의 중간투입 구입, 고정자본소모액 포함), M_{TP}(생산부문 생산물의 상업 마진), RY_P(생산부문의 2차부문으로부터의 중간투입 구입), W_{PP}(생산부문의 생산노동자 임금), W_{UP}(생산부문의 비생산노동자 임금), W_T(상업부문 노동자 임금), K_P(생산부문 자본스톡), K_T(상업부문 자본스톡), K_{RY}(2차부문 자본스톡)

크・토낙(Shaikh and Tonak, 1994)에 따라 ≪산업연관표≫를 마르크스의 범주들로 재편성한 것이다. <그림 2-6>에서 보듯이 굵은 선의 직사각형 부분($=M_{PP}+M_{TP}+RY_P+W_{PP}+W_{UP}+P_P+M_{PT}+M_{TT}+RY_T+W_T+P_T$)이 마르크스적 의미의 총가치($c+v+s$)에 해당된다. 여기에서 마르크스적 의미의 총가치는 '1차 부문'(primary flow) 생산 총가치로서 주어진 기간(여기에서는 1년) 동안 본원적으로 생산된 가치 총액인데, 이는 '생산자가격'으로 평가된 현행 ≪산업연관표≫에서는 생산적 산업부문의 산출과 상업부문 산출(이는 상업마진과 같다)의 합에 해당한다. 따라서 마르크스적 의미의 총가치는 통상적 의미의 총산출보다 '2차 부문'(secondary flow. 이는 '1차 부문'으로부터 이전된 가치로 구성된다)에 해당하는 부분인 ($M_{PRY}+M_{TRY}+RY_{RY}+W_{RY}+P_{RY}$)만큼 작다. 여기에서 상업마진, 즉 상업부문의 총산출($GO_T=M_{PT}+M_{TT}+RY_T+W_T+P_T$)의 경우 다른 '2차 부문'(금융보험부동산업과 공공서비스의 총산출)과 마찬가지로 비생산 부문의 총산출임에도 불구하고 '2차 부문'이 아니라 '1차 부문'으로 분류됨에 유의할 필요가 있다. 이는 우리가 이용하는 ≪산업연관표≫가 '구매자가격'(생산자가격에 상업마진을 가산한 가격)이 아니라 '생산자가격'으로 집계 편제됐다는 사실을 고려하면 자명함에도 불구하고, ≪산업연관표≫의 마르크스 범주에 의거한 재편성 작업에서는 샤이크・토낙(Shaikh and Tonak, 1994 : 45, 85)에서 처음 발견돼, 이후 마르크스 범주의 추계 작업에 적용됐다. 그 전에 이뤄진 마르크스 범주의 추계 작업들, 예컨대 울프(Wolff, 1987)와 정성진(1990a)은 이 사실을 고려하지 못하고, 상업부문 총산출(상업마진), 즉 GO_T를 마르크스적 의미의 총산출에서 제외했으며, 또 M_{TP}, 즉 생산적 산업부문의 상업마진 구입을 불변자본 플로우가 아니라 잉여가치에 포함시켰다.

마르크스적 의미의 총가치($c+v+s$)를 확정한 다음에는 불변자본 플로우(c)를 확정해야 한다. 마르크스적 의미의 총가치($c+v+s$)에서 불변자본 플로우를 빼야 마르크스적 의미의 부가가치(v+s)를 계산할 수 있기 때문이다. 이 장에서 나는 <그림 2-6>에서 보듯이, M_{PP}(생산적 산업부문의 생산적 산업부문으로부터의 중간투입 구매, 생산적 산업부문의 고정자본 소모액 포함)와 M_{TP}(생산적 산업부문의 상업마진 구입)의 합을 불변자본 플로우로 간주한다. 이제 마르크스적 의미의 총가치로부터 이 불변자본 플로우를 빼면 마르크스적 의미의 부가가치가 되는데, 이는 <그림 2-6>에서 굵은 선의 직사각형 부분에서 M_{PP}와 M_{TP}의 합을 뺀 부분과 같다. 또한 <그림 2-6>에서 보듯이 마르크스적 의미의 부가가치는 생산적 산업부문의 부가가치($W_{PP}+W_{UP}+P_P$)에 상업마진, 즉 상업부문 총산출($GO_T=M_{PT}+M_{TT}+RY_T+W_T+P_T$)과 생산적 산업부문의 '2차 부문' 구매($RY_P$)를 더한 것과 같다.

이제 잉여가치(s)는 마르크스적 의미의 부가가치($v+s$)로부터 가변자본 플로우(v)를 빼서 구한다. 2절의 논의로부터 우리는 가변자본 플로우가 생산적 부문의 생산노동자 임금, 즉 <그림 2-6>에서 W_{PP}에 해당함을 알고 있다. 그렇다면 잉여가치(s)는 <그림 2-6>에서 회색 부분으로 식별할 수 있다. 즉 잉여가치는 생산적 산업부문의 이윤(P_P), 생산적 부문의 비생산노동자(감독직 노동자) 임금(W_{UP}), 생산적 산업부문의 '2차 부문' 구입(RY_P)과 상업마진 (GO_T)의 합으로 나타낼 수 있다.

또 <그림 2-6>에서 통상적인 ≪국민계정≫의 부가가치 (GDP)에 대응하는 부분은 임금($W=W_{PP}+W_{UP}+W_T+W_{RY}$)과 이윤($P=P_P+P_T+P_{RY}$)의 합으로 표시할 수 있는데, 이는 마르크스적 의미의 부가가치를 '2차 부문'의 '부가가치' 부분, 즉 $W_{RY}+P_{RY}$만큼 과대평가하는 반면, 생산적 산업부문의 '2차 부문' 구입(RY_P)과 상업부문의 중간 투입 부분($M_{PT}+M_{TT}+RY_T$)만큼 과소평가함을 알 수 있다. 따라서 중간투입에 대한 정보를 제공하지 않는 ≪국민계정≫만을 이용해서는 생산/비생산 노동을 구별한다 할지라도 마르크스의 가치 범주들, c, v, s를 정확하게 측정할 수 없다. 바로 이 점에서

≪국민계정≫을 이용해 잉여가치율을 계산했던 메이즈(Mage, 1963), 모슬리(Moseley, 1991)와 모훈(Mohun, 2004b, 2004c)은, 아무리 정확하게 생산/비생산 노동을 구별했다 할지라도 근본적 문제점을 갖고 있다고 할 수 있다.

이와 같은 문제점은 이른바 "가치(혹은 노동시간)의 화폐적 표현"(monetary expression of value, E)을 이용해 마르크스의 범주를 측정하려는 시도들, 예컨대 구베르뇌르(Gouverneur, 2004), 모훈(Mohun, 2004c)과 우리나라의 경우 박형달(1996), 김정주(2000, 2005)에서도 마찬가지로 보여진다. 왜냐하면 이들의 경우 "가치의 화폐적 표현" 즉 'E'를 이용해서 마르크스의 범주를 노동시간 단위로 계산했음에도 불구하고, 여전히 ≪산업연관표≫가 아니라 ≪국민계정≫에 의존하고 있기 때문이다. 실제로 이들 연구에서 'E'는 총산출을 그것에 체화된 총노동시간[현재노동시간(v+s)과 과거노동시간(c)의 합]으로 나눈 값이 아니라 GDP를 그 해에 지출된 현재노동시간으로 나누어 계산된다. 이 점에서 모훈(Mohun, 2004b, 2004c)은 매우 정밀한 생산/비생산 노동 구별을 수행했음에도, ≪국민계정≫에 머무르고 ≪산업연관표≫로 나아가지 않았다는 점에서 샤이크와 토낙(Shaikh and Tonak, 1994)에 비해 이론적 실증적 측면에서 후퇴한 것으로 평가된다.[7]

3) 쁘띠부르주아지의 부가가치의 '임금등가' 계산

잉여가치율과 이윤율 계산에서 또 하나의 중요한 실증적 쟁점은 농민과 자영업자와 같은 쁘띠부르주아지의 부가가치를 적절하게 취급하는 문제다. 기존 ≪산업연관표≫, ≪국민계정≫에서는 쁘띠부르주아지의 부가가치를 모두 '영업잉여'(operating surplus) 항목, 즉 잉여가치(s)로 분류하는데, 이는 부당하다. 왜냐하면 쁘띠부르주아지의 '영업잉여'에는 실제로는 생산수단의 소유자로서 쁘띠부르주아지에게 귀속된 이윤형 소득

뿐만 아니라, 노동자로서 쁘띠부르주아지에게 귀속된 노동소득이 포함돼 있기 때문이다. 따라서 후자, 즉 쁘띠부르주아지의 부가가치 중 '임금등가'(wage equivalent)를 '영업잉여'로부터 분리하고 이 중 생산적 임금 부분만큼을 산정해 가변자본에 더해 줘야 잉여가치율을 정확하게 측정할 수 있다. 다시 말해서 쁘띠부르주아지의 부가가치는 '혼합 소득'(v+s)이므로, 이 중 임금등가 부분(v)은 분리하여 가변자본에 더해 줘야 한다는 것이다. 쁘띠부르주아지의 부가가치 중 임금등가 부분을 보정하지 않고 잉여가치율(s/v)을 계산할 경우, 잉여가치는 과대평가되는 반면, 가변자본은 과소평가돼, 잉여가치율도 과대평가된다. 또 자본주의 발전에 따라 쁘띠부르주아지 부문의 축소와 양극분해가 이루어질 경우, 쁘띠부르주아지의 부가가치 중 임금등가 부분을 보정하지 않은 잉여가치율의 추세는 실제의 잉여가치율 추세보다 하향 편의(downward biased)된다. 이는 이윤율의 경우도 마찬가지다.

정성진(1990a)은 농민, 자영업자 등 '쁘띠부르주아' 부문의 부가가치를 구 ≪국민계정≫의 '비법인기업소득'으로 추정하고 이를 총부가가치에서 빼는 방식으로 이 문제를 처리했다. 그러나 이러한 절차는 ≪국민계정≫의 편제 방식 변경으로 인해 '비법인기업소득' 항목이 1980년대 후반부터 집계되지 않고 있기 때문에 더는 이용할 수 없다. 따라서 이 장에서는 샤이크·토낙(Shaikh and Tonak, 1994)처럼 종사자수를 기준으로 하여 '쁘띠부르주아' 부문의 부가가치의 임금등가 부분을 아래와 같이 추정한다.

(1) 각 산업의 피고용자 평균임금(w_i)은 ≪산업연관표≫의 각 산업의 '피용자보수'(W_i)(혹은 4절 이윤율 계산 경우에는 ≪국민계정≫의 '피용자보수')를 ≪산업연관표≫의 '고용표'에 나와 있는 각 산업의 피고용자수(L_i)로 나누어 구한다.[8] $w_i = W_i/L_i$.

(2) (1)에서 계산한 각 산업의 피고용자 평균임금(w_i)에 그 산업의 쁘띠부르주아지수(A_i, 이는 ≪산업연관표≫의 '고용표'에 나와 있다)를 곱하여 각 산업의 쁘띠부르주아지의 부가가치 중 임금등가 부분(W_{ei})을 추정한다. 즉 $W_{ei}=(W_i/L_i)\times A_i$.

(3) 경제 전체에서 쁘띠부르주아지의 부가가치 중 임금등가 부분(W_e)은 (2)에서 구한 각 산업의 쁘띠부르주아지의 부가가치 중 임금등가 부분(W_{ei})을 합산하여 구한다. 즉 $W_e=\Sigma W_{ei}=\Sigma(W_i/L_i)\times A_i$.

4) 결과

<그림 2-7>은 위에서 논의한 자료와 방법을 적용하여 1980~2000년 한국의 잉여가치율을 계산한 결과를 보인 것이다. <그림 2-7>에서 보듯이 1980~2000년 한국에서 잉여가치율은 대략 140퍼센트 수준에서 안정돼 있었다. 이 시기 잉여가치율은 1980년 161.5퍼센트 고점, 1988년 125.8퍼센트 저점을 기록하면서 기복을 보였지만, 2000년에는 138.9퍼센트로

<그림 2-7> 한국의 잉여가치율 : 1980~2000

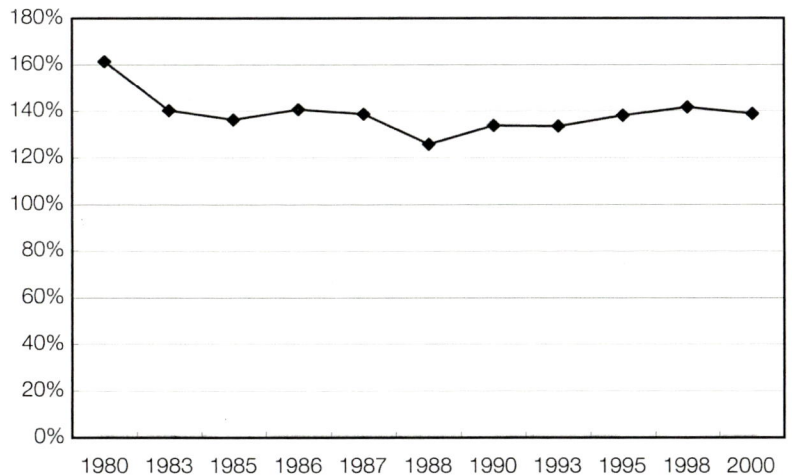

다시 증가했다. 이와 같은 고율의 잉여가치 생산, 즉 고강도 착취가 1980 ~2000년 한국 경제의 고도성장의 기초를 제공한 것이다.

<그림 2-8>은 한국의 잉여가치율을 상이한 추계 방법을 사용해 계산한 결과를 비교한 것이다. 흥미로운 점은, 정성진(2005)이라고 표시된 이 장에서의 잉여가치율 계산 결과가 울프(1987)라고 표시한 잉여가치율 계산 결과, 즉 상업마진 부분을 부가가치에 포함하지 않은 추계 방법에 의거한 계산 결과와 수준과 추세에서 비슷하다는 사실이다. 더욱 흥미로운 것은 이 장의 잉여가치율 계산 결과가 모훈(2004)이라고 표시한 잉여가치율 계산 결과, 즉 부가가치 부분만을 대상으로 계산한 결과와도 수준과 추세에서 거의 동일하다는 사실이다. 하지만 이 장에서 나의 잉여가치율 계산 결과, 즉 정성진(2005)은 서비스 전체를 비생산노동으로 간주해 잉여가치율을 계산한 결과인 정성진(1990)과 비교할 때 그 수준에서 절반도 되지 않았다. 다시 말해서 생산/비생산 노동의 구별 방식, 특히 서비스의 처리 방식은 잉여가치율 계산 결과에 중요한 차이를 초래했지만, 상업마진의 처리 방식, 또는 이용 자료의 종류(즉 《국민계정》을 이용할지, 《산업연관표》를 이용할지의 문제)는 잉여가치율 계산 결과에 결정적인 차이를 가져오지 못했다.

또 <그림 2-8>에서 보듯이, 정성진(2005)과는 달리, 울프(1987), 모훈(2004)과 정성진(1990)은 모두 1995년 이후 뚜렷한 상승 추세를 보였다. 이러한 차이를 가져온 이유는 <그림 2-6>에서 도시한 '2차 부문', W_{RY}와 P_{RY}가 1990년대 이후 급속하게 증대했는데, 이를 정성진(2005)은 잉여가치에서 제외한 반면, 울프(1987), 모훈(2004)과 정성진(1990)에서는 이를 포함했기 때문이다.

<그림 2-9>는 기존의 우리나라 잉여가치율 계산 결과들을 비교한 것이다. <그림 2-9>에서 보듯이 박형달(1994), 성낙선(1996)과 김정주(2000)의 잉여가치율 계산 결과는 모두 이 장의 계산 결과, 즉 정성진

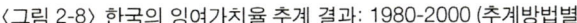

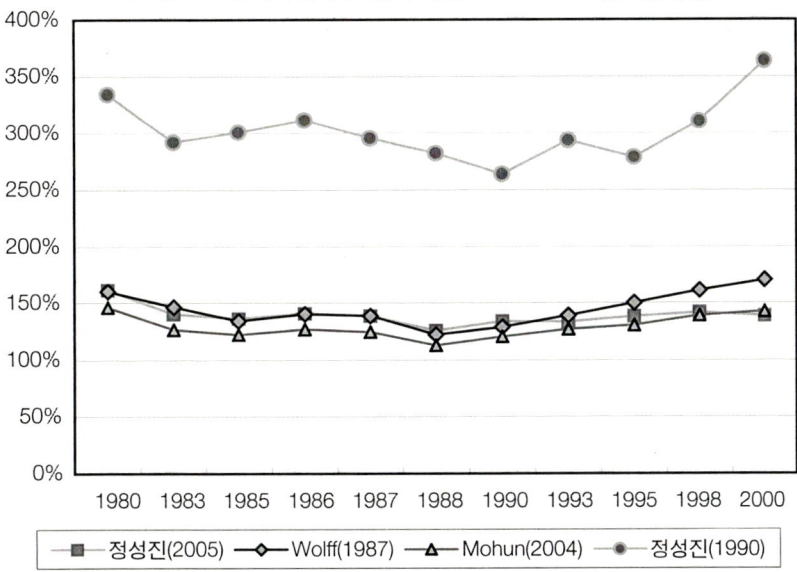

〈그림 2-8〉 한국의 잉여가치율 추계 결과: 1980-2000 (추계방법별)

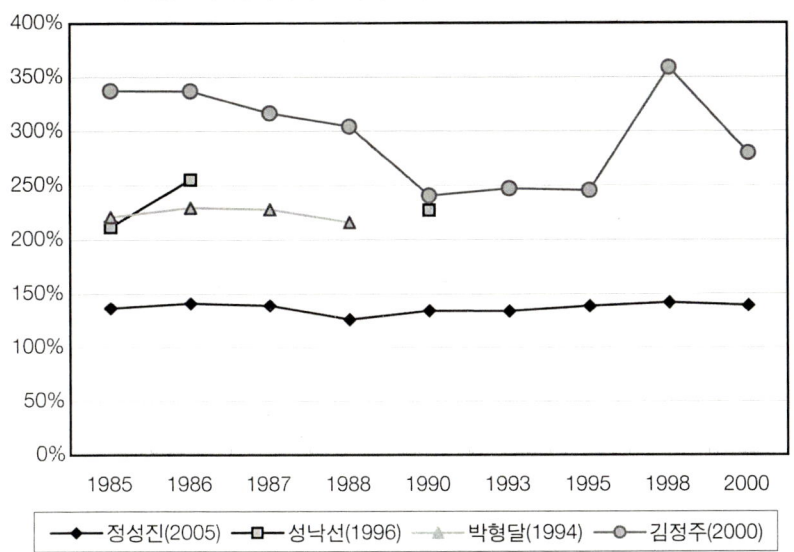

〈그림 2-9〉 한국의 잉여가치율 추계 결과 비교: 1985~2000

(2005)보다 높았다. 박형달(1994)과 김정주(2000)의 경우 서비스를 모두 비생산노동으로 분류해 서비스 노동자의 임금 전체를 잉여가치로 분류하고 있기 때문에, 서비스 중 상당 부분을 생산노동으로 분류해 그들의 임금을 가변자본으로 분류한 정성진(2005)보다 잉여가치율 계산 결과가 높게 나오는 것은 당연하다. 그리고 성낙선(1996)의 경우 정성진(2005)과 마찬가지로 샤이크·토낙(Shaikh and Tonak, 1994)의 방법에 의거하고 있고 ≪산업연관표≫ 데이터를 사용하고 있음에도 정성진(2005)과 잉여가치율 계산 결과가 상당히 다른데, 이는 2절 1항에서 논의했듯이 생산/비생산 노동의 구별 방식과 이용 자료의 차이에서 비롯한 것으로 생각된다.

<그림 2-10>은 1980~2000년 한국에서 잉여가치 분배의 추이를 보인 것이다. <그림 2-6>에서 보듯이 노동자계급으로부터 착취된 잉여가치는

<그림 2-10> 한국의 잉여가치의 분배 : 1980~2000

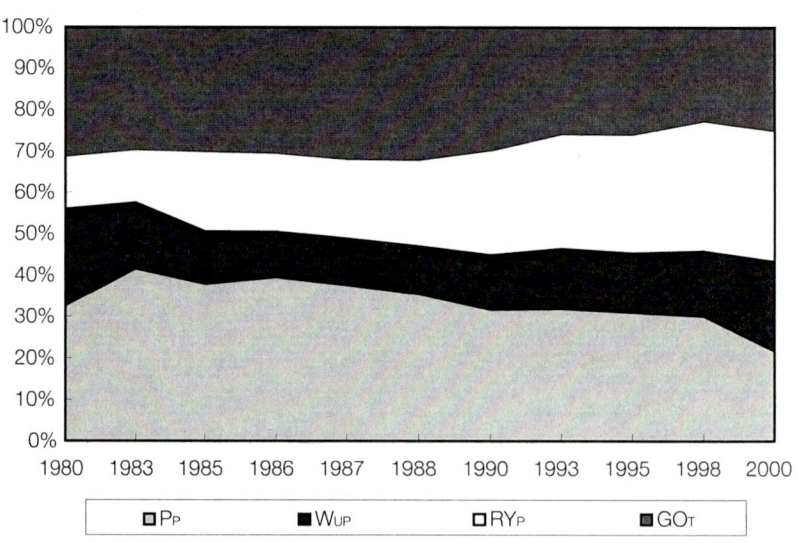

주 : GO$_T$(상업마진), RY$_P$(로얄티), W$_{UP}$(비생산노동자 임금), P$_P$(이윤)

다음 네 가지 범주로 분배된다. 생산적 산업부문의 이윤(P_P), 생산적 산업부문에 고용된 비생산노동자의 임금(W_{UP}), 생산적 산업부문의 '2차 부문' 구매(RY_P)와 상업마진(GO_T). <그림 2-10>에서 보듯이 1980~2000년 한국의 잉여가치 분배 범주 중 처음에 가장 컸던 것은 P_P로서, P_P가 잉여가치 전체에서 차지하는 비중은 1980년 32.4퍼센트였고 1986년에는 39.3퍼센트로 증가했다. 하지만 P_P의 비중은 1987년 이후 감소하기 시작해, 2000년에는 21.4퍼센트로 네 가지 범주 중 가장 작아졌다. P_P의 비중은 1997년 경제위기 이후 1998년 29.8퍼센트에서 2000년 21.4퍼센트로 급감했다. 이와는 반대로, RY_P의 비중은 1980년에는 네 가지 범주 중 가장 작았지만(12.8퍼센트), 1990년 이후에는 급속하게 증대해, 2000년에는 31.6퍼센트로 네 가지 범주 중 가장 커졌다. 또 W_{UP}의 비중은 1980년대에는 감소하다가 1990년 이후 증대하기 시작했고 1998년 16.1퍼센트에서 2000년 22퍼센트로 급증했다. 이처럼 1990년대 이후 잉여가치 중 비생산적 부문으로 분배되는 비중이 커졌는데, 이는 2절에서 확인한 사실인 1990년대 이후 비생산노동의 증대 추세와 정합적이다.

한편 1980~2000년 총가치, 즉 (c+v+s)의 구성은 매우 안정적이었다. 즉 1980년 c : v : s의 비율은 59 : 16 : 25였는데, 2000년에도 이와 거의 같은 57 : 18 : 25였다. 또한 마르크스적 의미의 부가가치(v+s)의 크기는 통상적인 GDP 측정치와 크게 다르지 않았다. 즉 마르크스적 의미의 부가가치에 대한 통상적인 GDP의 비율은 1995년까지는 거의 1에 가까웠다. 이는 앞의 <그림 2-6>에서 도해했듯이 마르크스적 의미의 부가가치의 관점에서 봤을 때 통상적인 GDP에서 이중계산돼 과대평가된 부분(W_{RY}+P_{RY})과 누락돼 과소평가된 부분(RY_P+M_{PT}+M_{TT}+RY_T)이 서로를 거의 정확하게 상쇄했기 때문인 것으로 생각된다. 앞의 <그림 2-8>에서 보았듯이 《산업연관표》를 이용하든지, 《국민계정》을 이용하든지, 잉여가치율 계산 결과에 큰 차이가 없었던 까닭도 마르크스적 의미의 부가가치

가 통상적 의미의 GDP와 양적으로 거의 같다는 사실과 관련돼 있는 것
으로 보인다.

4. 비농업민간부문의 이윤율 : 1970~2002

1) 자료와 방법

이 절에서는 1970~2002년의 한국 경제 전체에 대해 이윤율을 계산할
것이다. 따라서 이 절은 1970~2000년의 한국 제조업 부문에 대해 이윤율
을 계산한 나의 선행연구인 정성진(2004b)을 비농업민간부문으로 확장하
고 업데이트한 것이라고 할 수 있다.

이윤율을 계산하기 위해서는 생산/비생산 노동의 구별은 필요하지 않
다. 잉여가치율이 "자본일반"의 "은폐된 본질"에 대한 높은 추상수준에 속
하는 것이라면, 이윤율은 자본주의 사회에서 "생산 주체들 자신의 일상 의
식"의 낮은 추상 수준에 속한다. 따라서 이윤율은 그것이 "사회의 표면에
나타나는 형태"[마르크스(Marx, 1990 : 30)]에 가능한 가깝게 "접근"할 수
있도록 계산돼야 의미가 있다. 이를 위해서는 생산/비생산 노동의 구별은
도움이 되지 않는다. 이윤율 계산에서도 잉여가치율 계산과 마찬가지로,
생산/비생산 노동을 구별하고, 비생산노동자에게 지불된 임금을 잉여가
치, 따라서 이윤으로 분류한다면, 이는 자본가들의 "일상 의식"과는 부합
하지 않는 것으로 나타날 것이다. 자본가들의 "일상 의식"에서는 생산노
동자들에게 지불된 임금과 마찬가지로 비생산노동자들에게 지불된 임금
도 이윤이 아니라 비용으로 나타난다. 그래서 잉여가치율 계산에서는 매
우 정교한 방식으로 생산/비생산 노동을 구별했던 울프(Wolff, 1987), 모
훈(Mohun, 2004c)도 이윤율 계산에서는 울프(Wolff, 2003), 모훈(Mohun,
2004a)에서 보듯이 생산/비생산 노동을 구별하지 않고 있다. 샤이크도 샤

이크·토낙(Shaikh and Tonak, 1994)에서는 생산/비생산노동을 구별해 이윤율을 계산했지만, 자본축적의 동향을 구체적으로 분석한 논문인 샤이크(Shaikh, 1992, 1999)에서는 생산/비생산 노동을 구별하지 않고 이윤율을 계산했다. 또한 마르크스주의 '이윤율의 경제학'에서 신기원을 개척한 것으로 평가되는 브레너(Brenner, 1998)와 뒤메닐·레비(Duménil and Lévy, 2002, 2004a)도 이윤율 분석에서 생산/비생산 노동을 구별하지 않는다. 하지만 모슬리(Moseley, 1991, 1997, 2004)는 잉여가치율 계산뿐만 아니라, 이윤율 계산에서도 생산/비생산 노동의 구별을 고수하고 있다.

나는 이윤율은 잉여가치율과의 추상수준의 차이를 고려해서 정의해야 하며, 또 자본가계급이 "일상 의식"에서 실제로 의식하고 투자의 기준으로 삼는 것으로 정의해야 한다고 생각한다. 그렇다면 이윤율은 <그림 2-6>에서 보듯이, 모슬리(Moseley, 1991)처럼 생산적 자본(K_P)에 대한 잉여가치(s)의 비율, 즉 s/K_P이 아니라, 샤이크(Shaikh, 1999), 브레너(Brenner, 1998), 뒤메닐·레비(Duménil and Lévy, 2004a, 2004b)가 정의하듯이, 투하 총자본스톡($K=K_P+K_T+K_{RY}$)에 대한 이윤 총액($P=P_P+P_T+P_{RY}$)의 비율, 즉 P/K로 정의돼야 한다. 즉 아래 (2-1)식에서 보듯이 이윤율의 분자에는 잉여가치(s)가 아니라 경제 전체의 산업 부문에서 실현된 이윤의 총합이 들어가야 하고, 분모에는 생산부문의 자본스톡(K_P)만이 아니라 경제 전체의 산업부문에서 투하된 자본스톡 총액, 즉 $K=K_P+K_T+K_{RY}$가 들어가야 한다.

$$\frac{P}{K} = \frac{P_P + P_T + P_{RY}}{K_P + K_T + K_{RY}} = \frac{s - s_U + P_{RY}}{K_P + K_U} \text{--------(2-1)}$$

(2-1)식에서 s_U는 비생산적 부문으로 분배되는 잉여가치 중 상업이윤(P_T)을 제외한 부분으로서, <그림 2-6>에서 $s_U=W_{UP}+RY_P+(GO_T-P_T)$, 즉

비생산적 부문의 존재로 인해 발생하는 인적·물적 비용에 해당한다. 또 K_U는 비생산적 부문의 투하 자본스톡으로서 상업부문 투하 자본스톡 K_T와 '2차 부문' 투하 자본스톡 K_{RY}의 합, 즉 $K_U = K_T + K_{RY}$이다. 위 (2-1)식에서 다른 모든 조건이 불변이라면, 비생산적 부문의 증대가 비생산 부문으로 이전되는 잉여가치 부분(s_U)이나 비생산적 부문 투하 자본스톡(K_U)의 증대로 나타날 경우 이윤율을 저하시키며, 상업이윤이나 '2차 부문' 이윤(P_{RY})의 증대로 나타날 경우 이윤율을 상승시킴을 알 수 있다. 하지만 경험적으로는 비생산적 부문의 비중 증가는 일반적으로 이윤율을 저하시키는 것으로 확인되고 있다.[9]

경제 전체의 이윤율 계산에서 또 하나의 실증적 쟁점은 이윤율의 계산 범위다. 우선 이윤율은 투하 자본의 수익성을 정확하게 표현할 수 있어야 하기 때문에 자본주의 부문에 제한해 계산하는 것이 타당하다. 따라서 자본주의화가 가장 진전돼 있으며 자본주의 경제의 역동성을 대표하는 핵심 부분인 제조업 부문에 한정해 이윤율을 계산하는 것이 가장 정확할 수 있다. 또 제조업 부문은 오랜 기간에 걸쳐 정확한 데이터를 제공하고 있기 때문에 이윤율의 장기 시계열 분석이 가능하다는 이점도 있다. 하지만 이윤율 계산을 제조업 부문에 한정할 경우, 비제조업 부문, 비생산부문으로 이전된 이윤을 고려할 수 없는 문제가 있다. 또 제조업 부문의 비중이 축소되고 서비스 부문의 비중이 증대할 경우 제조업 부문에 한정해 계산한 이윤율은 경제 전체의 평균이윤율을 점점 잘 대표할 수 없게 된다. 사실 자본의 이윤극대화 충동은 제조업/비제조업 혹은 생산/비생산 부문을 가리지 않고 작용한다. 따라서 제조업과 생산적 산업부문에 제한하지 않고, 비제조업, 비생산적 산업부문까지 확장해 경제 전체의 이윤율을 계산하는 것이, 마르크스가 말한 "다수자본"의 경쟁에 매개되는 자본주의 경제 전체의 평균이윤율에 가깝게 접근하는 것이라고 할 수 있다.

하지만 경제 전체의 평균이윤율을 계산한다고 해도, 어떤 범위까지 산업 부문을 포함시킬 것인가 하는 문제가 남는다. 이 문제를 해결하기 위해 우선 경제 전체의 산업 부문을 다음과 같이 10개 부문으로 대분류하여 몇 가지 조합들을 검토해 보자. (1) 농림수산업, (2) 광업, (3) 제조업, (4) 전기가스수도업, (5) 건설업, (6) 운수보관통신업, (7) 서비스업, (8) 음식숙박업, (9) 금융보험부동산업, (10) 정부 부문. 이로부터 다음과 같은 조합들의 '경제 전체'를 생각해 볼 수 있다.

민간부문 : (1)+(2)+(3)+(4)+(5)+(6)+(7)+(8)+(9)
비농업민간부문 : (2)+(3)+(4)+(5)+(6)+(7)+(8)+(9)
생산부문 : (1)+(2)+(3)+(4)+(5)+(6)+(7)+(8)
비농업생산부문 : (2)+(3)+(4)+(5)+(6)+(7)+(8)
비농업물적생산부문 : (2)+(3)+(4)+(5)+(6)

위의 조합들 중 국민경제 전체에서 자본의 수익성을 평가하기에 가장 적합한 조합은 비농업민간부문이라고 할 수 있다. 왜냐하면 비농업민간부문은 제조업/비제조업, 혹은 생산/비생산 부문 구별 없이 경제 전체의 산업부문을 포함하면서도, 비자본주의적·쁘띠부르주아적 생산이 대부분을 구성하고 있는 농림수산업과 명백한 비자본주의 부문인 정부 부문을 제외하고 있기 때문이다.

비농업민간부문에서 금융보험부동산업을 제외하면 비농업생산부문이 된다. 그런데 이미 논의했듯이 생산/비생산 노동의 구별이 이윤율 계산에서 필요하지 않듯이, 생산/비생산 부문 구별 역시 이윤율 계산에서 필요하지 않다. 다시 말해서 예컨대 김숙경(2005)처럼 이윤율 계산에서 생산/비생산 노동의 구별을 고려하지 않으면서, 이윤율 계산 범위 선택에서 다시 생산/비생산 부문의 구별을 고려하는 것은 일관되지 않다. 비농업민간부문에서 금융보험부동산업뿐만 아니라 서비스업과 음식숙박업까지 제외한 비농업물적생산부문에 대해서 이윤율 계산을 하는 경우에 관해서도 마찬가지 이야기를 할 수 있다. 자본은 생산/비생산 부문의 구별 혹은 물적/비물적(서비스) 부문의 구별과 관계없이 이윤을 획득한다. 따라서 생산 부문이 아니라는 이유로 혹은 물적 생산부문이 아니라는 이유로 이들을 국민경제 전체의 이윤율을 계산할 때 이윤율 계산 범위에서 제외하는 것은 자본가들의 "일상 의식"과는 부합하지 않는다.

비농업민간부문의 이윤율 및 이윤율의 결정요인들을 계산하는 방법은 아래와 같다.

(1) 이윤율은 경상가격으로의 순고정자본스톡(K)에 대한 이윤(P)의 비율, 즉 P/K로 정의한다.

(2) K는 표학길(2000)에서 취한 각 산업의 순고정자본스톡(Ki)을 비농업민간부문에 대해 합한 값이다. 즉 K=∑Ki.

(3) 이윤은 각 산업의 이윤(Pi)을 비농업민간부문에 대해 합한 값이다. 즉 P=∑Pi.

(4) 각 산업의 이윤, Pi는 각 산업의 부가가치 Yi로부터 각 산업의 임금 Wi를 빼서 구한다. 즉 Pi=Yi-Wi.

(5) 각 산업의 부가가치 Yi는 《국민계정》의 '경제활동별 국내총생산과 요소소득'표 중 각 산업부문의 '국내요소소득'(domestic factor incomes)이다. '국내요소소득'은 '총산출'(gross output)에서 '중간소비'(intermediate consumption)와 '간접세'를 빼고 '보조금'을 더한 값에서 다시 '고정자본소모'(consumption of fixed capital)를 뺀 값이다.

(6) 각 산업의 임금 Wi는 《국민계정》의 '경제활동별 국내총생산과 요소소득'표 중 각 산업의 '피용자보수'(Wi*)에 비임금근로자 소득 중 '임금등가'(Wei)를 더하여 구한다. 즉 Wi=Wi*+Wei. 각 산업의 '임금등가'(Wei)는 3절 3항에서 설명한 방법과 같은 방법으로 구한다. 즉 각 산업 쁘띠부르주

아지수(Ai, 자영업자 및 무급가족종사자)에 각 산업의 피용자 1인당 '피용자보수'(Wi^*/Li)를 곱하여 계산한다. 즉 Wei=(Wi^*/Li)×Ai. 각 산업의 피용자 1인당 '피용자보수'는 각 산업의 '피용자보수'(Wi^*)를 각 산업의 피용자수(Li)로 나누어 계산한다. 각 산업의 피용자수(Li)와 쁘띠부르주아지수(Ai)는 《산업연관표》의 '고용표'(1970, 1975, 1980, 1985, 1990, 1995, 2000)를 통계청의 《경제활동인구연보》 자료를 이용하여 직선보간 및 외삽하여 산출한다.

(7) 비농업민간부문의 연간총노동시간(H)은 각 산업의 연간총노동시간(Hi)을 합하여 구한다. 즉 H=$\sum$Hi. 각 산업의 연간총노동시간(Hi)은 각 산업의 취업자수[L^*i, 이는 각 산업의 피용자수(Li)와 쁘띠부르주아지수(Ai)의 합이다. 즉 L^*i=Li+Ai]에 각 산업의 피용자 1인당 연간총노동시간(hi)을 곱하여 구한다. 즉 Hi=L^*i×hi. 여기에서 L^*i와 Ai는 《산업연관표》의 '고용표'로부터, hi는 《임금구조기본통계조사보고서》로부터 취한다.

(8) 비농업민간부문 GDP 디플레이터 Py는 경상가격 비농업민간부문 GDP를 불변가격(2000년 기준) 비농업민간부문 GDP로 나누어 구한다. 경상가격 비농업민간부문 GDP와 불변가격 비농업민간부문 GDP는 모두 《국민계정》의 '경제활동별 국내총생산과 요소소득'표로부터 취한다.

(9) 비농업민간부문의 순고정자본스톡 디플레이터 Pk는 경상가격 순고정자본스톡을 불변가격(2000년 기준) 순고정자본스톡으로 나누어 계산한다. 비농업민간부문 순고정자본스톡의 경상가격 및 불변가격 시리즈는 표학길(2000)로부터 구한다.[10]

2) 결과와 함축

<그림 2-11>은 순고정자본스톡에 대한 세금공제 전 이윤의 비율로 계산한 비농업민간부문의 이윤율이 1970~1986년에는 12~16퍼센트로 상대

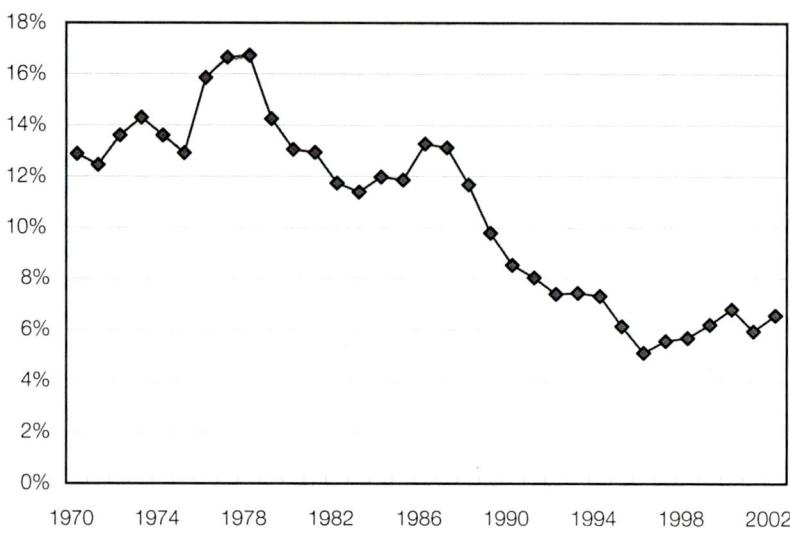

〈그림 2-11〉 비농업민간부문의 이윤율 : 1970~2002

〈표 2-2〉 비농업민간부문의 이윤율, 이윤몫과 산출-자본 비율의 변화율 : 1970~2002

	(1) (P/K)	(2) (P/Y)	(3) (Y/K)	(4)=(2)/(1) (P/Y)	(5)=(3)/(1) (Y/K)
1970~2002	-1.47%	-0.61%	-0.86%	41.33%	58.67%
1970~1986	-0.33%	0.75%	-1.09%	-226.32%	326.32%
1986~2002	-2.17%	-1.03%	-1.14%	47.54%	52.46%
1986~1996	-3.92%	-2.52%	-1.40%	64.32%	35.68%
1996~2002	1.66%	1.63%	0.02%	98.53%	1.47%

주 : 1) 수치는 각 변수의 연평균 지수성장률(annual exponential rate of growth)을 표시한다. 각
변수의 기간별 연평균 지수성장률은 해당 기간의 각 변수 수치의 지수값을 취한 것을 종속변
수로 하고 해당 기간의 연도를 독립변수로 둔 다음 단순회귀분석하여 추정한 독립변수 계수
의 추정치다.
　　2) (1)=(2)+(3) [1장 (1-2)식 참조]

적으로 높은 수준을 유지했지만, 1987년 이후 지속적으로 저하해 1996년
에는 5.1퍼센트로 저점에 도달했으며, 그 후 약간 회복됐음을 보여 준다.
또 비농업민간부문의 이윤율은 1970~2002년의 전 기간에 대해서 <표
2-2>의 회귀분석 결과가 보여 주듯이 분명한 저하 추세를 보였다. 특히
1997년 경제위기로 이어지는 시기인 1986~1996년 동안의 비농업민간부
문 이윤율은 1986년의 13.3퍼센트에서 1996년에는 5.1퍼센트로 급락했다.
1986년부터 저하하기 시작한 비농업민간부문의 이윤율은 1997년 경제위
기 직전까지 계속 저하했다. 그리하여 1997년 경제위기 발발 한 해 전인
1996년 비농업민간부문의 이윤율은 1970년 이래 최저 수준으로 내려갔다.
이러한 사실들은 1997년 경제위기가 이윤율의 장기적 저하와 밀접하게 연
관돼 있었음을 보여 준다.

비농업민간부문의 이윤율은 1996년 바닥을 친 후 1997년 위기 이후 회
복되기 시작했다. 하지만 2002년에도 비농업민간부문의 이윤율은 6.6퍼센
트로, 1970~2000년 동안 고점인 1978년 16.7퍼센트의 3분의 1 정도밖에
되지 않았다. 이는 1997년 경제위기 이후 5년이 지나도록 한국 자본주의가
여전히 이윤율의 장기 하강 국면에서 벗어나고 있지 못함을 보여 준다.

그리고 이윤율을 제조업부문, 비농업물적생산부문, 생산부문 혹은 민
간부문 등 어떤 조합으로 계산하든지, 이윤율의 추이는 <그림 2-11>에서
확인한 비농업민간부문의 이윤율의 추이와 유사했다. 즉 1970~2002년의
전 기간에 걸친 저하 경향, 1970~1980년대까지 '고원 상태' 유지, 1980년
대 말 이후 1997년 경제위기 직전까지의 저하 경향과 1997년 경제위기 이
후 회복이 그것이며, 이는 이제 한국 자본주의에서 '정형화된' 이윤율의 장
기 추세라고 말할 수 있을 것이다.[11] 그리고 이와 같은 이윤율의 장기 추세
는 1970년 이후 장기호황이 1980년대 말을 경계로 종식됐으며, 구조적 위
기의 단초는 1980년대 말경으로 소급될 수 있고, 1997년 경제위기는 이미
10년 전부터 시작된 구조적 위기의 연장선상에서 폭발한 것이며, 1997년

경제위기 이후 현재에 이르기까지 한국 자본주의는 순환적 회복에도 불구하고 1980년대 말 이후의 구조적 위기에서 벗어나고 있지 못하다는 필자 (Jeong, 1997)의 가설을 지지해 주는 듯하다.

<표 2-2>의 회귀분석은 비농업민간부문의 이윤율이 전 기간에 걸쳐 저하했으며, 이 전 기간에 걸친 이윤율 저하는 이윤몫의 저하보다는 산출 -자본 비율의 저하에 더 크게 기인했음을 보여 준다. 즉 산출-자본 비율의 저하는 1970~1986년 이윤율 저하의 326퍼센트를 설명하며, 1986~2002년 이윤율 저하의 52퍼센트를 설명한다. 이는 자본의 유기적 구성의 고도화가 이윤율의 저하를 가져온다는 마르크스의 이윤율의 저하 경향 법칙이 1970~2002년 한국 경제에서도 관철됐음을 보여 준다.

하지만 1997년 경제위기 직전의 기간인 1986~1996의 이윤율 저하는 산출-자본 비율의 저하보다는 이윤몫의 저하에 더 크게 기인했다. 또 1997년 경제위기 이후 이윤율의 상승은 거의 전적으로(98.5퍼센트!) 이윤몫의 상승에 기인했다. 이윤몫은 1996년 15.3퍼센트에서 2002년 19.9퍼센트로 상승했다. 이는 1997년 경제위기 이후 이윤율 회복이 노동자계급에 대한 착취 강화에 기초한 것이었음을 잘 보여 준다.

한편 <그림 2-11>에서 보듯이 1970~1986년 이윤율이 '고원 상태'를 유지할 수 있었던 까닭은 이 시기 이윤몫이 크게 상승해서 같은 기간 산출 -자본 비율의 저하를 상쇄하고도 남았기 때문이다. 실제로 <그림 2-14>에서 보듯이 이윤몫은 1970년의 23.6퍼센트에서 1980년에는 33퍼센트로 상승했으며, 1986년에도 30.4퍼센트로 1970년보다 1.3배나 됐다. 이는 이른바 '박정희 시대'의 고도성장의 기초 역시 노동자계급에 대한 착취 강화였음을 보여 주는 증거다.

<표 2-2>는 1970~2002년 비농업민간부문의 산출-자본 비율이 장기적으로 저하하면서도 상당한 순환적 기복이 있었음을 보여 준다. 비농업민간부문 산출-자본 비율은 1970년 54.5퍼센트에서 1980년 39.5퍼센트로

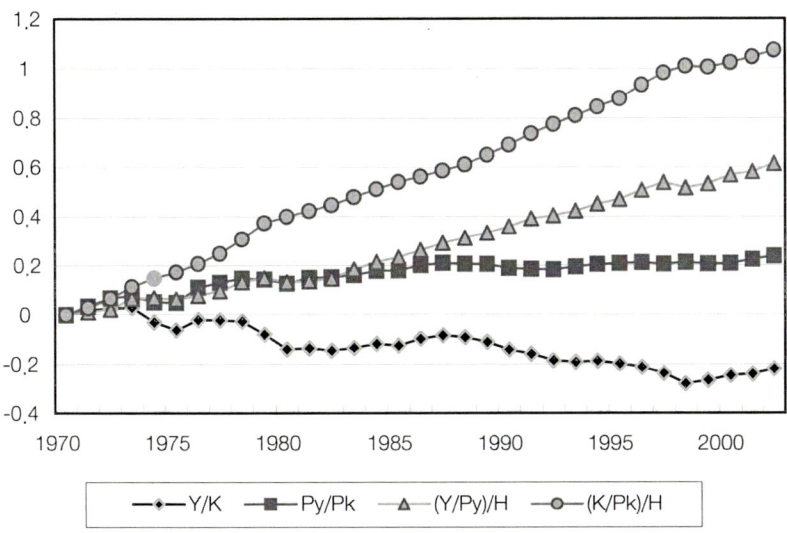

〈그림 2-12〉 비농업민간부문 산출-자본 비율의 결정요인 추이 : 1970~2002

〈표 2-3〉 비농업민간부문의 이윤몫과 산출-자본 비율의 구성요소 변화율 : 1970~2002

	(1) $(\overset{\cdot}{Y/K})$	(2) $(\overset{\cdot}{Py/Pk})$	(3) $[(\overset{\cdot}{Y/Py})/H]$	(4) $[(\overset{\cdot}{K/Pk})/H]$	(5) $[(\overset{\cdot}{W/Py})/H]$
1970~2002	-0.86%	0.58%	1.98%	3.42%	2.17%
1970~1986	-1.09%	1.10%	1.50%	3.68%	1.22%
1986~2002	-1.14%	0.16%	2.13%	3.42%	2.44%
1986~1996	-1.40%	0.02%	2.34%	3.75%	3.08%
1996~2002	0.02%	0.40%	1.64%	2.01%	1.28%

주: 1) 수치에 대한 설명은 〈표 2-2〉 주 1)과 동일함.
   2) (1)=(2)+(3)-(4) [1장 (1-4)식 참조]

저하했다가, 1987년에는 45퍼센트로 상승하고, 그 후에는 계속 저하해 1998년 28.6퍼센트까지 떨어졌다. 하지만 이와 같은 비농업민간부문 산출-자본 비율의 저하 추세는 1997년 경제위기 이후 중단됐으며, 2002년에는 32.9퍼센트로 회복됐다.

<그림 2-12>와 <표 2-3>은 1970~2002년 비농업민간부문 산출-자본 비율의 결정요인의 추이를 보여 준다. 1996~2002년 시기를 제외하면 1970~2002년 산출-자본 비율의 저하는 압도적으로 '자본집약도'(자본의 기술적 구성), 즉 $(K/Pk)/H$의 상승에 기인했다. 즉 이 시기 '자본집약도'의 상승은 실질노동생산성$((Y/Py)/H)$의 상승을 압도해 산출-자본 비율을 저하시키는 결과를 낳았다.

<그림 2-12>와 <표 2-2>, <표 2-3>은 또 1997년 경제위기 이후 비농업민간부문의 이윤율 회복에는 이윤몫의 상승과 함께 산출-자본 비율의 상승도 기여했음을 보여 준다. 또 1997년 경제위기 이후 비농업민간부문의 산출-자본 비율 상승은 실질노동생산성$((Y/Py)H)$의 상승과 함께 순고정자본스톡의 가격지수(Pk)에 대한 GDP 디플레이터(Py)의 비율, 즉 Py/Pk의 상승에 기인한 것이었다. 그런데 <그림 2-13>은 2000년 이후 Py/Pk 상승이 비농업민간부문 생산물 가격, 즉 Py의 상승이 아니라 순고정자본스톡의 가격, 즉 Pk의 저하에 기인했음을 보여 준다. 2000년 이후 Pk의 저하는 1970년 이후 처음 나타난 현상으로 주목된다. 이 시기 Pk의 저하는 1997년 경제위기 이후 신자유주의적 구조조정 과정에서 진행된 자본의 가치 감소와 관련한 현상으로 보인다.

<그림 2-14>와 <표 2-3>은 1970~2002년 비농업민간부문 이윤몫의 결정요인의 추이를 보인 것이다. 이들은 1971~1980년의 이윤몫이 증가했던 시기 동안 단 두 해, 즉 1971년과 1979년을 제외하고는, 시간당 생산물임금$((W/Py)/H)$의 연평균증가율이 실질노동생산성$((Y/Py)/H)$의 연평균증가율을 하회했음을 보여 준다. 이는 이른바 '박정희 시대'에 노동

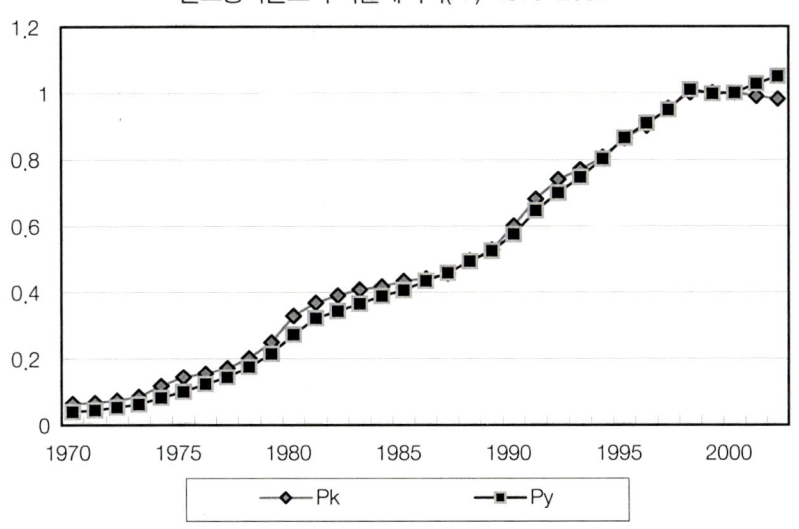

〈그림 2-13〉비농업민간부문 GDP 디플레이터(Py)와
순고정자본스톡 디플레이터(Pk) : 1970~2002

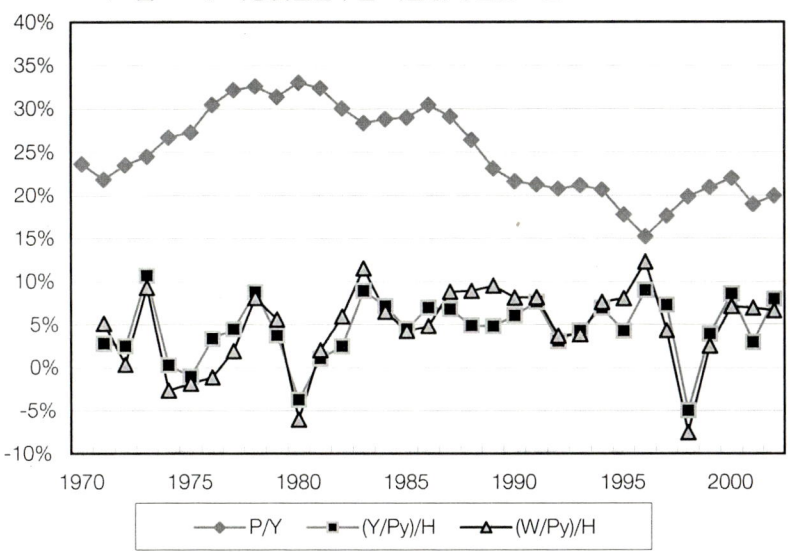

〈그림 2-14〉비농업민간부문 이윤몫의 결정요인 : 1970~2002

주 : P/Y는 절대값, (Y/Py)/H와 (W/Py)/H는 연평균 증가율

자들은 생산성만큼 임금을 지불받았으며, 착취는 없었다는, 최근 이영훈, 박기성 등 이른바 '뉴라이트' 경제학자들의 주장이 아무런 근거가 없음을 보여 준다.

한편 1980년대 말 이전의 '고원 상태'의 높은 이윤율과 1980년대 말 이후 이윤율의 장기적 하강은 2절에서 확인한 사실, 즉 1980년대 말 이후 비생산노동의 비중 증대와 밀접하게 연관돼 있는 것으로 보인다. 앞서 (2-1) 식에서 보듯이, 다른 모든 조건이 불변일 경우 비생산노동의 비중 증대는 잉여가치로부터 충당되는 비생산적 부문의 인적·물적 비용을 증대시켜 자본의 수익성을 악화시킨다. 이를 감안한다면 1980년대 말까지 한국 자본주의에서 생산노동의 비중이 특이하게 높은 수준을 유지했던 것이 같은 기간 이윤율이 '고원 상태'를 구가할 수 있는 기초를 제공했으며, 1980년대 말 이후 비생산노동의 비중이 증대하면서 이윤율의 장기적 하강이 시작됐다고 해석할 수 있을 것이다.[12]

5. 결론

1970~2003년 한국에서 마르크스 비율 추계 결과와 함축은 다음과 같이 요약된다.

첫째, 한국에서 비생산노동의 비중 증대 추세는 1980년대 말부터 시작됐다. 그 이전까지 한국에서 생산노동 비중은 매우 높은 비중을 유지했으며, 이는 1980년대 말까지 한국 자본주의의 고도 축적의 주요한 요인 중 하나로 작용했다.

둘째, 1980~2000년 한국의 잉여가치율은 140퍼센트 내외의 높은 수준에서 대체로 안정돼 있었으며, 1990년대에는 소폭 상승한 것으로 추계됐다. 아울러 생산/비생산 노동의 구별 방식 차이가 잉여가치율 추계 결과에 상당한 편차를 야기하는 것으로 판명됐다.

셋째, 1970~2002년 비농업민간부문의 이윤율은 장기적 저하 추세를 보였다. 2002년의 이윤율은 6.6퍼센트로서 고점인 1978년 16.7퍼센트의 3분의 1 수준밖에 되지 않았다. 하지만 이른바 '박정희 시대' 즉 1970~1987년 동안 이윤율은 상당히 높은 '고원 상태'를 유지했는데, 이는 이 시기 높은 생산노동 비중과 함께 이윤몫의 상승, 즉 착취율 상승의 결과였다. 1970~2002년 비농업민간부문의 이윤율은 1980년대 말을 경계로 하여 분명하게 하강하기 시작하는데, 이는 산출-자본 비율의 저하와 함께 비생산노동의 비중이 증대한 결과였다. 1997년 경제위기의 배후에 있었던 것은 이와 같은 이윤율의 장기적 저하였다. 1997년 경제위기 이후 이윤율은 부분적으로 회복되는데, 이 과정을 주도한 것은 착취율의 상승과 함께 고정자본의 가치 감소였다.

이 장에서 추계하고 분석한 1970~2003년 한국 경제의 생산/비생산 노동의 구성 및 잉여가치율과 이윤율의 추이는 정성진(Jeong, 1997)이 제시한 가설, 즉 1970~1980년대의 고도성장을 지탱해 왔던 축적체제가 1980년대 말부터 해체되면서 구조적 위기가 시작됐으며 1997년 경제위기는 그 연장선상에서 폭발했고, 현재도 한국 자본주의는 1987년 이후의 구조적 위기에서 벗어나고 있지 못하다는 가설과 부합하는 것으로 보인다.

주

1 하트 · 네그리(Hardt and Negri, 2004)는 다음과 같이 주장한다. "모든 형태의 노동은 오늘날 사회적으로 생산적이다. 그것들은 공동으로 생산하고 자본의 지배에 저항하기 위한 공동의 잠재력을 공유한다. …… 이제 생산노동과 비생산노동의 구분에 관한 오랜 마르크스주의적 구별은 완전히 기각돼야 한다. …… 가치법칙은 스미드, 리카아도, 마르크스가 생각하던 것과 같은 형태로는 오늘날 더 이상 유지될 수 없다"(106~107, 135, 145).

2 이와 같은 생산/비생산 노동의 구별 방식은 모슬리(Moseley, 1991, 2004), 모훈(Mohun, 1998, 2002, 2003, 2004b), 사브란 · 토낙(Savran and Tonak, 1999) 등도 채택하고 있는 데서 보듯이, 오늘날 마르크스주의 경제학계에서 일반적으로 받아들여지고 있다.

3 성낙선(1996)은 전문가와 기술공 및 준전문가 범주도 생산직종으로 분류했다. 그러나 전문가와 기술공 및 준전문가 범주 중 상당 부분은 감독노동, 즉 비생산노동으로 분류하는 것이 타당하다. 이는 제조업 부문의 경우 특히 그렇다. 실제로 전문가, 기술공과 준전문가 범주를 생산노동에 포함시켜 생산/비생산 노동을 구별할 경우, 1990년대 이후 생산노동 비중의 저하 현상이 잘 나타나지 않는 납득할 수 없는 결과가 나온다.

4 따라서 책자로 간행되는 ≪임금구조기본통계조사보고서≫에 의거해서는 '산업별 · 직종별' 노동자 비중이나 평균임금을 구할 수 없다. 이 문제를 해결하기 위해서는 ≪임금구조기본통계조사보고서≫의 원시자료를 이용해야 한다. 이를 위해 ≪임금구조기본통계조사보고서≫의 원시자료를 입수해 1980년 이후 산업별 생산직종 노동자수 비중을 산출해 봤다. 하지만 그 결과는 ≪경제활동인구연보≫의 '산업별 · 직종별' 취업자수표(≪경제활동인구연보≫는 이와 같은 양식의 표를 1985년 이후부터 공표하고 있다)를 이용해 계산한 산업별 생산직종 노동자수 비중과 절대 수준에서뿐만

아니라 추이에서도 상당한 차이를 보였다. 이는 《임금구조기본통계조사보고서》를 이용해 '산업별·직종별' 노동자 비중과 평균 임금을 구하는 방법 자체에 근본적 의문을 제기하게 한다. 실제로 필자가 노동부 담당자에게 문의한 바에 따르면, 《임금구조기본통계조사보고서》 공간 책자에서 '산업별·직종별' 근로자수와 임금표를 더는 공표하지 않게 된 이유 중 하나는 표본오차가 너무 크기 때문이라고 한다.

5 산업부문별 잉여가치율의 노동시간 단위 계산은 보통 각 산업에서 생산노동자가 지출한 총노동시간(v+s)에서 각 산업의 생산노동자에게 지불된 임금의 노동시간 등가(v)를 빼는 방식으로 이뤄진다. 이때 산업부문별 생산노동자에게 지불된 임금의 노동시간 등가는 《산업연관표》의 투입계수 행렬을 이용한 '역전형'(inverse transformation)에 의거하거나 'E'(노동시간의 화폐적 표현)를 이용해 계산된다. 이와 관련한 산업부문별 잉여가치율 계산의 쟁점에 대한 논의로는 이덕재(1998), 류동민(Rieu, 2005)을 참조할 수 있다.

6 물론 국민경제 수준으로 잉여가치율 계산 범위를 확장한다 하더라도 국제적 부등가교환이나 이윤 송금 등을 통한 국제적 가치 이전 부분을 적절하게 고려하지 못한다면 마르크스적 의미에서의 잉여가치율과 차이가 발생한다. 이 부분을 고려한 잉여가치율 계산은 차후의 연구과제다.

7 우리나라에서는 성낙선(1996)이 처음으로 샤이크·토낙(Shaikh and Tonak, 1994)을 적용해 잉여가치율을 계산했다. 하지만 성낙선(1996)은 잉여가치율 계산의 기초 작업이라고 할 수 있는 생산/비생산 노동의 구별에서 이 장과 같은 '산업별·직급별' 자료가 아니라 '산업별·직종별' 자료를 이용했다는 점에서 2절 1항에서 논의한 문제점들을 갖고 있다. 한편 류동민(Rieu, 2005)의 경우 생산/비생산 노동의 구별을 고려하지 않았다는 점에서 마르크스적 의미의 잉여가치율 계산이라고는 보기 힘들다.

8 잉여가치율과 이윤율 계산에서 쁘띠부르주아지의 부가가치 중 임금등가 계산 등의 작업을 위해 필수적인 데이터인 각 산업의 피고용자수(L_i)는 김숙경(2005)처럼 《경제활동인구연보》를 이용할 것이 아니라 《산업연관표》의 '고용표'에서 취하는 것이 적절하다. 왜냐하면 후자는 전자와

달리 《산업연관표》의 부가가치와 정합되도록 조정돼 있으며, 피고용자 수를 '상시고용자수 등가'(full-time equivalent)로 전환했다는 장점이 있기 때문이다.

9 이윤율의 저하 요인으로 비생산 노동의 증대를 중시한 실증 연구로는 메이즈(Mage, 1963)가 효시이며, 모슬리(Moseley, 1991, 1997, 1999, 2004)에서 더 진전됐다. 하지만 논리적으로만 본다면 (2-1)식에서 보듯이 비생산적 부문의 증대는 상업이윤(P_T)과 '2차 부문' 이윤(P_{RY})을 증가시켜 이윤율을 상승시키는 측면도 있다.

10 표학길(2000)에는 자본스톡 시리즈가 2000년까지만 추계 공표돼 있다. 이 장의 분석에서는 표학길 교수가 이 시리즈를 2003년까지 업데이트한 자료를 이용했다. 이 미공간 업데이트 자료를 제공해 준 표학길 교수께 감사드린다.

11 이 장에서 확인된 한국 자본주의에서 이윤율의 장기 추세의 '정형화된 사실들'(stylized facts), 특히 1980년대 말 이후 이윤율의 장기 하강은, 장하원(Jang, 1999), 윤소영(2001), 이덕재(2004b), 김숙경(2005)에서도 몇 가지 차이에도 불구하고 대체로 공통적으로 확인된다.

12 물론 이 가설의 검증은 더 구체적인 분석을 요구한다. 이를 위해 이윤율(P/K)에 영향을 미치는 요인으로서 앞서 (1-1)식처럼 이윤몫(P/Y)과 산출-자본 비율(Y/K)뿐만 아니라 (2-1)식처럼 생산/비생산 노동 비중 변수, 즉 s_U라든지 K_U 등까지 통합해 분석하는 것 ― 즉 (1-1)식과 (2-1)식을 통합하는 것 ―, 나아가 마르크스 자신이 고려했던 자본의 회전이 이윤율에 미치는 영향까지 고려해 이윤율의 결정요인을 일관되게 통일적으로 실증 분석하는 것이 필요하며, 이는 차후의 연구 과제다.

제2부

고도성장과 위기의 사회적 구조

· 한국 경제의 고도성장과 영구군비경제
· 한국 경제의 사회적 축적구조와 그 붕괴

3장
한국 경제의 고도성장과 영구군비경제

1. 문제제기

2000년은 한국전쟁 개전 50주년이 되는 해인 동시에, 베트남전쟁 종전 25주년이 되는 해다. 한국전쟁은 1945년 8월 15일 해방 이후 전개된 한반도에서의 계급투쟁, 즉 내전에서 기원한다. 한국전쟁이 내전에서 출발했다는 사실은 누가 전쟁에 주된 책임이 있고 누가 먼저 도발했는지 다투는 것을 별로 의미 없게 한다. 예컨대 내전의 전형인 미국 남북전쟁에 대해 오늘날 어느 누구도 남북 어느 쪽에 전쟁 책임이 있는가 하는 식으로 문제를 제기하지 않는다. 한국전쟁 50주년인 오늘 한국전쟁은 그 기원의 정확한 구명이라는 관점보다는, 그것이 이후 반세기에 걸친 한국 사회의 전개에 어떤 영향을 미쳤는가 하는 관점에서 생각해 볼 필요가 있다. 나는 한국전쟁이 대내적으로는 자본주의적 계급 관계를 확정하고, 대외적으로는 영구군비경제를 내용으로 하는 냉전 체제를 성립시킴으로써 향후 한국 자본주의 발전의 '사회적 축적구조'의 한 요소를 제공했다고 생각한다.[1] 이는 미국에서 남북전쟁이 남부 노예제 플랜테이션의 폐지와 북부 산업자본의 헤게모니 확립을 통해 미국 자본주의 발전의 계기가 된 것과 유사한 맥락이다.

이 장에서는 한국전쟁이 한국 자본주의 발전에 미친 효과를 영구군비경제론[2]의 입장에서 분석할 것이다. 먼저 2절에서는 한국전쟁이 한국 자본주의 발전에 미친 영향에 관한 기존의 견해들을 비판적으로 검토한다. 3절에서는 '황금시대'라고 불리는 전후 자본주의의 장기호황이 영구군비경제의 효과임을 구명한다. 4절에서는 한국전쟁을 계기로 확립된 아시아 지역 통합구도의 일환으로 이뤄진 한국의 베트남전 참전을 기점으로 한국 경제의 '이륙'이 이뤄졌다는 사실을 밝힐 것이다. 즉, 이 장에서 나는 그동안 한국 자본주의 연구에서 그다지 주목받지 못하던 고도 축적 요인으로서 한미일 영구군비경제에 주목하고 그 기원이 한국전쟁으로 소급될 수 있음을 강조할 것이다.

2. 한국전쟁과 한국 자본주의 발전 : 기존 연구의 검토

한국전쟁의 경제적 결과에 대한 기존 연구들은 보통 한국전쟁의 효과가 민족자본의 입장에서 부정적이었다고 주장한다. 한국전쟁으로 인한 물적·인적 생산요소의 파괴는 분단에 기인한 재생산 구조의 파행성을 더욱 심화시켜 미국 원조에 의존하지 않고서는 지탱될 수 없는 종속적이고 파행적인 경제구조를 낳았다는 것이 한국전쟁의 경제적 효과에 관한 통설이다. 한국전쟁의 경제적 '순기능'을 인정하는 일부 연구[예컨대 육지수(1959), 이대근(1987)]도 그러한 '순기능'의 수혜국은 일본을 중심으로 한 선진국이었다고 주장한다. 즉, 일본을 비롯한 선진국은 한반도를 잿더미로 만듦으로써 '황금시대'를 맞이할 수 있었다는 것이다.

한국전쟁이 한국 자본주의 발전에 미친 효과에 관한 이러한 통설의 가장 큰 취약점은 분석 시각이 일국적이라는 데 있다. 그러나 나는 한국 자본주의의 성격은 세계 자본주의와의 연계 속에서, 특히 동아시아 지역

구도 속에서만 이해될 수 있다고 생각한다. 일국적 시각에서 볼 때 한국 전쟁이 한국 경제에 심각한 타격을 가한 것은 분명하지만, 국제적 관점에서 볼 때 한국전쟁은 미국을 비롯한 전후 자본주의의 장기호황의 기초, 특히 일본 자본주의 부흥의 결정적 계기를 제공하고 동아시아 냉전 체제와 한미일 영구군비경제의 구도를 확립함으로써 한국 자본주의의 고도 축적의 원점이 됐다.

이 점에서 커밍스(Cumings, 1984), 박현채(1990), 이병천(1996), 정진상(1995), 장상환(1999)은 예외라고 할 수 있다. 이들 연구는 한국전쟁이 한국 자본주의 발전에 미친 긍정적 측면을 부분적이지만 정확하게 포착하고 있다. 커밍스(Cumings, 1984)는 한국전쟁 과정에서 수행된 농지개혁이 한국 자본주의 발전에 긍정적으로 작용했음을 강조하면서, 제2차세계대전 후 정치적 독립을 쟁취한 제3세계 나라 중 라틴아메리카의 경제 정체와는 대조적인 대만과 한국의 고도성장의 비밀을, 이 두 나라가 제2차세계대전 후 농지개혁을 실시해 자본주의 발전의 장애물인 전자본주의적 사회관계를 해체했다는 사실에서 찾았다. 또 정진상(1995)은 한국전쟁 시기 사회의 대격변 속에서 구래의 봉건적 신분제의 유제와 반상의식이 단기간에 결정적으로 와해되고 시민적 평등의식이 형성됐다는 사실을 확인했다. 또 손호철(1991)이 지적했듯이, 해방 후 분출했던 남한의 노동운동과 농민운동, 진보정치 세력이 한국전쟁 시기 동안 결정적으로 분쇄되고 과대 성장한 억압적 국가기구와 극우 반공 지배체제가 성립됐는데, 이는 향후 한국 자본주의의 고도 축적의 원천이 된 저임금·장시간·고강도의 초과 착취로 특징지어진 억압적·종속적 노자 관계의 사회적 기초를 제공했다.

그런데 커밍스(Cumings, 1984)는 한국 자본주의 발전이 일국적 현상이 아니라 동아시아 지역적 현상의 일부임을 정당하게 지적하면서도,[3] 한국 전쟁이 영구군비경제 효과를 통해 한국 자본주의 발전에 미친 효과는 분석에서 빠뜨리고 있다. 또 박현채(1990)는 한국전쟁의 시민혁명적 성격,

즉 반봉건적 지주소작 관계를 청산한 반봉건 민주주의 실현이라는 점을 인정하면서도, 한국전쟁이 한국 자본주의의 종속성과 파행성을 심화하는 계기가 됐다는 기존의 파국론·종속론을 되풀이하고 있다.[4]

요컨대, 기존의 비판적 한국 경제론들은 한국전쟁이 영구군비경제 효과를 통해 한국 자본주의의 고도 축적에 미친 영향은 거의 분석하지 않고 있다. 이 점에서 한국전쟁 특수가 일본 자본주의에 미친 영향과 베트남전쟁 특수가 한국 자본주의 발전에 미친 영향을 각각 분석한 이무라 키요코(井村喜代子, 1987, 1988a, 1988b, 1989), 박근호(朴根好, 1995)는 주목할 만하다.

이하에서는 한국전쟁의 경제적 효과에 관한 기존 연구를 영구군비경제론의 입장에서 재구성하는 방식으로 한국전쟁이 한국 자본주의 고도 축적에 미친 효과를 분석할 것이다.

3. 한국전쟁과 전후 세계 자본주의의 장기호황

1) 영구군비경제와 '황금시대' 자본주의

제2차세계대전 자체가 전후 자본주의의 '황금시대'의 토대가 된 것은 아니다. 물론 제2차세계대전은 1930년대 대공황을 영구군비경제를 통해서 극복할 수 있다는 희망을 보여 준 과정이었지만, 제2차세계대전의 종전은 이러한 영구군비경제의 작동을 중단시켰다. 뿐만 아니라 종전과 함께 전 세계적으로 분출한 대중 투쟁은 세계 도처에서 자본주의적 사회관계의 존속 그 자체를 위협했다.[5]

자본주의의 '황금시대'는 종전과 함께 곧바로 시작된 것이 아니라, 제2차 세계대전 직후 전 세계적으로 분출한 대중 투쟁을 분쇄하고 영구군비경제를 다시 작동시킴으로써만 가능했다. 전후 '황금시대'는 결코 예정된 과정이 아니었다. 전 세계적 규모에서 대중 투쟁의 분쇄와 영구군비경제의 작동은 동서방 국가자본주의의 대결 구도 창출, 즉 냉전 체제의 성립을 통해서 가능했다. 냉전의 개시는 1947년 3월 트루먼 독트린으로 공식 선언되고, 유럽에 대한 마셜원조의 제공과 함께 본격화하지만, 전 세계적 규모에서 냉전 체제가 성립한 것은 1950년 한국전쟁 이후다. 이 점에서 한국전쟁은 전후 자본주의 '황금시대'의 기초를 제공했다고 할 수 있다.

트루먼 독트린과 함께 시작된 냉전 체제는 동방과 서방의 국가자본주의 지배 계급에게 혁명적 노동운동을 억압하는 데 유리한 환경을 조성했다. 마셜원조 계획이 발표된 1947년 6월 미국 의회는 노동조합의 권리를 큰 폭으로 축소하는 태프트-하틀리 법안을 통과시켰다. 냉전이 개시되면서 세계적 규모에서 자본과 노동의 세력 관계는 급속하게 자본 우위로 굳어지기 시작했는데, 이는 한국전쟁 이후 더 결정적으로 됐다. 요컨대 전후 자본주의 '황금시대'의 시발을 위한 사회적 조건이 한국전쟁과 함께 정비됐다고 할 수 있다.

전후 영구군비경제를 주도한 것은 물론 미국의 군비지출이다. 미국의 군비지출은 1939년까지는 GNP의 1퍼센트 이하 수준이었는데, 제2차세계대전 중에 이 수치는 1943년과 1944년 4.5퍼센트까지 급격하게 상승했다. 종전 직후에는 평화 경제가 재개됐지만 군비지출은 1939년 이전 수준으로 낮아지지 않았다. 1948년 미국의 군비지출은 GNP의 4.6퍼센트였다. 미국의 군비지출은 냉전의 도래와 함께 다시 증대해 한국전쟁 시기인 1951년 GNP의 14.4퍼센트에 이르렀다. 군비지출은 한국전쟁 기간 동안 치솟았다가 한국전쟁 종전 후 1948년의 2배 내지 3배 수준(1939년의 6배 내지 7배 수준)으로 떨어졌다.

이러한 군비지출은 자본의 유기적 구성의 상승 경향을 억제해 이윤율의 저하 경향에 상쇄 요인으로 작용했다. 제2차세계대전 후 '황금시대' 동안 이윤율은 매우 제한된 저하 경향을 보였다. 세금공제 전 이윤율은 1950년대 초반 약 16퍼센트 수준이었고 1960년대 초반에도 12~14퍼센트 수준이었다. 생산수단이 아니라 파괴수단의 축적이 이윤율 저하를 저지하는 데 기여했다는 사실은 얼핏 보기에는 불합리한 것처럼 보이지만 이러한 불합리는 자본주의 체제 전체의 더 큰 불합리, 즉 그 모순적 성격의 일부일 뿐이다.

소련·동유럽 블록의 군비지출 역시 생산적인 산업에 대한 세계 전체의 투자를 감소시켜 자본의 유기적 구성의 고도화를 억제하고 이윤율 저하 경향을 상쇄하는 데 기여했다. 제2차세계대전 후 동방과 서방의 국가자본주의의 '황금시대'는 영구군비경제 없이는 상상할 수 없다. 케인스주의 정책이 아니라 영구군비경제가 전후 '황금시대'의 기본 과정이었다.

영구군비경제론을 비판하는 논자들은 군비지출이 경제발전이 아니라 경쟁력 약화의 요인이라고 주장하면서, 전후 군비지출을 주도한 미국경제의 쇠퇴와 군비지출 부담에서 면제된 독일과 일본의 고도성장을 그 예로 든다. 그러나 독일과 일본의 고도성장은 자국 국민생산의 커다란 부분을 군비에 지출할 필요 없이 전승국들이 유지하는 세계적 영구군비경제에 무임승차하는 이점을 누릴 수 있기 때문에 가능했다. 예컨대 일본은 GNP의 1퍼센트 이하만을 군비에 지출했는데, 이는 다른 어느 서방 국가보다 생산적 축적에 더 많은 자원을 투입할 수 있게 했으며, 미국의 군비지출로 창출된 세계시장에서 이득을 볼 수 있게 했다. 즉, 독일·일본과 같은 비군사적 국가자본주의의 성장 전략은 미국의 막대한 군비지출을 전제로 해서만 성공할 수 있었다. 만일 미국도 독일과 일본처럼 비군사적 국가자본주의였다면 세계적 과잉생산과 과잉축적, 즉 자본의 유기적 구성의 고도화에 따른 이윤율 저하와 공황의 발발이 훨씬 앞당겨졌을 것이다. 따라서 독일과 일본의 경제 기적은 결코 영구군비경제론을 반박하는 사례가 될 수 없다.

그러나 일본과 독일의 고도성장은 그 자체로 세계적 군비지출의 감소를 의미했으며, 또 군사적 국가자본주의로 하여금 군비지출에서 자원을 빼내 생산적 투자로 돌리도록 압력을 가함으로써 영구군비경제를 장기적으로 약화시켜 결국 전후 '황금시대'를 종식시키는 요인이 됐다.

2) 한국전쟁과 미국 경제의 부흥

전후 미국에서 폭발적으로 표출된 '지연된'(pent-up) 소비자 수요는 1947년 말에 이르러 거의 소진됐다. 전체 산업에서 총 투자의 증가율은 1948년 초부터 정체하기 시작했다. 이윤도 이때가 정점이었다. 1948년 중반까지 수출은 유럽에 긴급 원조를 했음에도 전년에 비해 20퍼센트 줄었다. 1949년 기업투자는 내리막길을 걸어 GDP의 약 4퍼센트만큼 감소했다. 실업률은 다시 두 배로 높아져 7.6퍼센트에 달했다. 그러나 미국 경제는 1950년 들어 한국에서 전쟁이 일어날 것이라는 예상 때문에 활기를 띠기 시작했다. 미국 GNP의 성장률은 1945년 0.9퍼센트, 1946년 -0.5퍼센트에서 1947년 10.8퍼센트, 1948년 11.2퍼센트로 급등했다가, 1949년 다시 -0.5퍼센트로 급락했지만, 한국전쟁이 발발한 1950년 단번에 10.7퍼센트로 반등하고 1951년에는 무려 15.7퍼센트를 기록했다.[6] 군비지출의 엄청난 증대는 많은 물자를 흡수한다는 사실만으로도 생산을 상당히 촉진했다. 한국전쟁은 극적인 1차 산품 호황을 낳았다. 양모, 가죽, 주석, 면화 등 1차 산품의 가격은 약 세 배나 올랐다. 한국전쟁 후 미국에서는 호황이 지속되면서 실업률은 1950년 6.1퍼센트에서 1952년 3.2퍼센트로 떨어졌다[암스트롱 등(Armstrong et al., 1993 : 174)].

3) 한국전쟁과 일본 경제의 부흥

한국전쟁은 '도지(Dodge) 라인'[7] 이후 심각한 불황에 빠져 있던 일본 경제가 특수와 수출 증가로써 1천억~1천5백억 엔 정도의 재고를 일소하게 만들어 이른바 한국전쟁 붐이 도래할 수 있게 했다. <표 3-1>에서 보듯이 한국전쟁 시기 일본의 수출 규모는 약 13억 달러였는데, 특수(special

〈표 3-1〉 일본의 무역수지와 한국전쟁 특수(단위 : 백만 달러)

	1950	1951	1952	1953	1954	1955
수출	829.3	1353.5	1288.6	1257.8	1611.2	2006.4
수입	885.9	1645.3	1701.3	2049.6	2040.5	2060.8
무역수지	−56.6	−291.7	−412.6	−791.8	−429.2	−54.4
특수	153.6	624.2	787.7	803.2	602.3	505.1

자료 : 이무라 키요코(井村喜代子, 1987 : 317)

procurement)[8]가 약 8억 달러를 차지했다. 일본의 수출은 한국전쟁에 의한 세계적 경기상승, 군비확장에 따른 물자매입과 함께 급증해 1950년에는 전년대비 61퍼센트가 증가해 비약적으로 성장했다.

특수는 미군 관계기관이 한국전쟁 수행에 필요한 물자 서비스를 일본에서 조달한 것에서 시작된다. 원래 미군의 점령 비용은 모두 일본측이 부담하고 미군은 일본의 종전(終戰) 처리비로 일본의 조달청을 통해 물자와 서비스를 조달했지만, 한국전쟁 발발과 동시에 미군 관계기관이 한국전쟁 수행을 위해 필요한 물자와 서비스를 일본 국내에서 직접, 즉 조달청을 경유하지 않고 달러를 지불해 조달하게 됐다.

<표 3-1>에서 보듯이 특수는 1950년부터 급증했다가 1953년을 정점으로 감소하지만, 한국전쟁의 휴전협정 조인 후인 1954년에도 6억 2백30만 달러였다. 그래서 5개년 총계 29억 7천1백만 달러였다. 5년간 합계로 볼 때 물자의 순위는 무기, 석탄, 마대, 자동차부품, 면포이고, 서비스의 순위는 건물 건설, 자동차 수리, 하역 창고, 전신 전화, 기계 수리의 순이었다. 무기 생산도 인가돼 증대했다. 당시 생산된 무기는 화약, 탄약이 중심이었고 첨단무기는 없었다. 미국이 일본을 한국전쟁 수행을 위한 출격기지, 후방 보급기지로 이용했기 때문에 수리나 건설, 하역 등 서비스 비중이 높고, 물자에서는 화약, 탄약, 석탄, 자동차 부품이 많았다. 휴전협정 조인 후에

도 아시아 방위관계 특수가 증가했기 때문에 특수 총액은 높은 수준을 계속 유지했다.

한국전쟁 발발 후 1년간 특수는 1950년 GNP의 3.7퍼센트였는데 이는 이 시기 일본 경제를 활성화하는 데 중요한 구실을 했다. 외화수입 중 특수 수입이 차지하는 비중은 1951년 26.4퍼센트, 1953년 38.2퍼센트로 매우 높아 외화부족에 시달리던 당시 일본에서 주요한 외화수입원 구실을 했다. 외환보유고는 1949년 말에 겨우 2억 3천8백만 달러이던 것이 1952년 말에는 11억 2천2백만 달러로 급팽창했다.

이 시기 특수는 확대되는 무역적자를 메워 줌으로써 일본의 무역규모와 생산규모의 지속적 확대를 가능하게 했다. 일본은 패전 후부터 '도지 라인'까지는 미국의 대일 원조로 무역수지 적자를 메워 대일 원조분만큼 수입초과가 가능했지만, '도지 라인' 이후 대일 원조가 삭감되고 폐지되면서 특수가 수입초과분을 메우는 구실을 했다.

특수와 수출증대는 재고를 일소하고 생산의 급속한 확대를 촉진했다. 한국전쟁시 1950년 10월 광공업 생산지수는 전전 수준(1934~1936년 평균 100)을 돌파하고 1950년 104.6, 1952년 140.0으로 비약적으로 상승했다. 한국전쟁 발발 후 현저하게 증가한 수출품목은 섬유제품과 철강을 중심으로 한 금속제품, 기계 기기였지만 1952년까지는 섬유제품보다 금속제품, 기계 기기의 증가율이 높았다. 특히 철강 수출은 1949년 3천2백만 달러에서 1950년 7천2백만 달러, 1953년 2억 5천9백만 달러로 급증했다.

특수 수출과 관련한 생산 확대 속에서 이윤율도 급격하게 상승했다. 한국전쟁 발발 후 수출품 가격은 등귀했으며, 국내의 공업제품 가격도 특수 수출관련 품목을 중심으로 상승했다. 이것에 비해 기초원료의 수입 가격 상승은 억제됐다. 또 수출 가격, 국내판매 가격의 등귀에 비해 임금상승도 억제됐다. 그리하여 1948년 9퍼센트였던 일본의 법인 부문 이윤몫은 1949년 15퍼센트로 상승하고 한국전쟁이 발발한 1950년에는 22퍼센트, 1951년에는 26퍼센트로 급상승했다[암스트롱 등(Armstrong et al., 1993 : 139)]. 전쟁은 일본 경제에 '가미가제'(神風)라고 불릴 정도의 호경기를 가져왔다.[9] 이 시기 대폭 증가한 기업이윤은 1950년대 합리화 투자의 중요한 기초가 됐다. 일본은 미국의 아시아 전략, 미일안보체제에 전면적으로 협력하고 미국에 대한 일본의 중요성, 미국의 일본 경제력 강화 요구를 이용하면서 한국전쟁 붐에서 획득한 달러와 기업이윤을 이용해 중화학공업의 합리화를 실현한 것이다.

4) 한국전쟁과 독일 경제의 부흥

한국전쟁의 경제적 파급 효과는 미국과 일본에 한정되지 않았으며 한국과 직접적 경제 관계가 별로 없던 지구 반대쪽에 있는 독일에까지 확산됐다. 1950년 초여름부터 전 세계적으로 한국전쟁 호황이 시작됐는데, 1950년 3월부터 12월까지 독일의 공업생산지수는 32.3퍼센트라는 경이적 상승세를 보였다. 그리하여 연성장률이 45.3퍼센트에 달했는데 이 기록은 아직도 경신되지 않고 있다. 한국전쟁 직후 수개월 동안 수출과 국내 수요의 급증은 자본스톡을 완전 가동하게 하고 독일 경제에서 전통적으로 강한 부문인 투자재 산업에 신규 주문이 쇄도하게 했다. "한국 붐은 서독 경제에 케인스주의적 수요 자극을 그것이 가장 요청됐고 또 가장 인기 있었을 때 제공했다. 수요 진작이 정부 지출에서 유래하지 않았기 때문에 공공 지출의 증가가 국내투자에 미치는 모든 종류의 부정적인 구축 효과는 회피될 수 있었다"[기어쉬 등(Giersch et al., 1992 : 62)]. "독일은 전후 실질임금이 낮았기 때문에 한국전쟁이라는 호황의 조건에서 수출을 급속히 증가시킬 수 있었다. 수출량은 1949년과 1951년 사이에 약 6배 가량 증가해 전전 수준을 회복했으며 이로 인해 팽창은 지속적으로 유지됐고 이윤이 재투자될 수 있었다. …… 1952년에는 축적률이 거의 6퍼센트에 달했는데 이 숫자는 유럽의 독일 경쟁국들의 세 배이며 미국의 두 배에 달하는 것이었다"[암스트롱 등(Armstrong et al., 1993 : 160)]. "한국 붐은 독일 기적의 제2단계의 개시를 알리는 것이었다. 그 다음 10년의 실질 GDP는 두 배가 됐으며 노동자 1인당 생산은 75퍼센트나 증가했다. …… 국민계정의 지출 측면에서 봤을 때, 1950~1955년 경제 확장의 주요 요인은 수출과 민간투자였다. 이들은 실질 단위로 각각 연평균 17.5퍼센트, 12.4퍼센트 상승해서 민간소비의 증가율(8.6퍼센트)이나 정부 지출의 증가율(7.0퍼센트)을 능가했다. 세계시장에서 서독 재화에 대한 활기찬 수요가 기업의 자본스톡 가동률을 크게 높였으며, 신규자본 설비에 대한 수요의 급증이 경제 확장을 지지해 경제의 호순환을 낳았다. …… 한국 붐은 서독 경제에 예상하지 못했던 강력한 시동력을 제공했으며, 지속적인 수출주도적 확장과 투자재 산업의 확장을 가능하게 했다"[기어쉬 등(Giersch et al., 1992 : 63, 273)].

브레너(Brenner, 1998)에 따르면, 전후 '황금시대'의 기본 과정은 미국의 호황이라기보다 독일과 일본의 미국경제 추격 과정, 불균등 결합발전의 과정이었다. 한국전쟁은 이러한 독일과 일본의 미국 경제 추격에 시동을 걸었다는 점에서 전후 자본주의의 '황금시대'를 정초했다고 이야기할 수 있다.

5) 미국 원조와 1950년대 한국 경제의 성장

1950년대 한국 경제를 종속과 정체의 시대로만 묘사한 기존의 민족경제론은 정정돼야 한다. 1950년대 한국 경제의 성장률은 1960년대 후반 이후와 비교하면 낮았지만 1960년대 전반과는 비슷했다. <표 3-2>에서 보듯이 1954~1959년 GNP의 연평균 성장률은 5.35퍼센트로 1960~1964년 5.5퍼센트와 거의 같은 수준이었다. 그리고 1954~1959년 2차 산업의 연평균 성장률은 13.3퍼센트로서 1960~1964년 9.4퍼센트보다 훨씬 높았다. 그리고 이와 같은 성장률은 다른 제3세계와 비교해도 결코 낮지 않다. 1960년대 후반 한국 경제의 고도성장은 갑자기 시작된 과정이 아니라 한국전쟁 이후 1950년대의 성장을 배경으로 이뤄진 것이다.

또 이종원(李鍾元, 1996)이 입증했듯이 한국 경제에서 국가자본주의적 발전의 시도는 이미 이승만 정권 시기부터 이뤄졌다. 이승만 정권이 1953년 한국전쟁 휴전 수락을 대가로 미국한테서 끌어낸 막대한 원조는 전후 복구와 재건에서 결정적인 역할을 했다. 미국의 마셜플랜이 전후 유럽 자본주의 재건의 기초가 된 것과 마찬가지 맥락에서 미국의 대한원조는 한국 자본주의의 고도 축적의 한 요인으로 작용했다. 1945년 이래 한국은 1백30억 달러에 달하는 미국의 군사경제 원조를 받았다. 경제 원조와 차관만으로 60억 달러였는데 이는 미국의 아프리카 전체 원조 68억 달러에 근접하며 소련의 제3세계 경제원조 총액 76억 달러에 약간 못 미치는 규모다. 1950년에서 1975년까지 미국의 대한 군사원조 65억 달러는 남미와 아프리카 두 대륙이 받은 원조 총액 32억 달러의 2배에 달하는 막대한 것이었다.

〈표 3-2〉 1950년대 한국의 산업별 국민총생산의 성장률(단위 : %)

	전 산업	1차 산업	2차 산업	3차 산업
1954	6.0	7.7	16.0	1.2
1955	6.1	2.3	18.0	7.1
1956	1.3	−5.3	13.5	4.9
1957	8.8	8.6	14.8	6.8
1958	5.5	6.8	6.9	3.5
1959	4.4	−1.1	10.8	8.0
1960	2.3	−0.9	7.4	2.5
1961	4.2	16.2	4.2	−8.3
1962	3.5	−11.0	15.8	15.8
1954~1959 평균	5.35	3.17	13.3	5.25

자료 : 한국은행, 《한국의 국민소득 1953~1963》, 1965.

4. 베트남전쟁과 한국 경제의 '이륙'

1) 베트남전쟁과 미국 호황의 지속

베트남전쟁은 1965년 2월 개시된 미군의 북폭을 기점으로 장기화하고 대규모 전투로 발전했다. 미국의 베트남 파병은 1965년 2월 2만 3천 명에서 급증해 1969년 4월 절정기에는 54만 3천 명에 달했다. <표 3-3>에서 보듯이 미국 국방비는 1965년 4백96억 달러에서 1968년 8백5억 달러로 급증했고, 그중 '동남아시아 특별작전비', 즉 베트남전쟁 직접 지출 비용은 1965년 1억 달러에서 1968년 2백65억 달러, 1969년 2백88억 달러로 매년

〈표 3-3〉 미국의 국방 지출(단위 : 십억 달러)

회계년도	연방세출(A)	국방비(B)	동남아시아 특별작전비	B/A (%)
1949	40.6	13.1		32.3
1950	43.1	13.1		30.4
1951	45.8	22.5		49.1
1952	68.0	44.0		64.7
1953	76.8	50.4		65.6
1955	68.5	40.2		58.7
1960	92.2	45.9		49.8
1964	118.6	53.6		45.2
1965	118.4	49.6	0.1	41.9
1966	134.7	56.8	5.8	42.2
1967	158.3	70.1	20.1	44.3
1968	178.8	80.5	26.5	45.0
1969	184.6	81.2	28.8	44.0
1970	196.6	80.3	23.1	40.8
1965~1970 계	971.4	418.5	104.4	43.1

자료 : 이무라 키요코(井村喜代子, 1988a : 381)

격증해 1965~1970년 합계 1천44억 달러에 달했다.

1960년대 후반 미국 정부는 이른바 '바이 아메리칸(Buy American)' 정책으로 전환해 국방비에 의한 구매를 가능한 한 미국 내에서 하고, 달러의 해외 유출을 억제하는 방침을 취했다. 미국은 대외 군사 지출에 의한 달러 유출을 억제하기 위해 군사 지출 상대국에게 미국 무기의 구입을 요구하고 대외 군사지출액을 미국으로 환류하는 것을 도모했다. 그래서 미국 국방비 증대액 중 해외 유출 부분의 비율은 1967년 이후 낮아졌다. 그리하여 베트남전쟁 시기에는 국방비 증대의 대부분은 미국 국내에서 지출돼 군수 관련을 중심으로 국내 수요가 급속하게 증대했다. 수요의 가장 극적인 증가는 탄약, 섬유제품, 차량, 식품 등에서 생겨났다. 이들 재래식 군수산업은 핵미사일 등 첨단 군수산업과 달리 민수산업에 대한 수요유발 효과가 커서 각종 산업용 기계, 공작 기계와 철강, 화학제품 등 원자재 수요를 급증시키는 요인으로 작용했다.

베이커 등(Baker et al., 1996)에 따르면, 베트남전쟁이 가져다준 호황은 미국 노동시장에서 완전고용을 낳아 임금상승, 노동조건 개선, 여성과 흑인에 대한 고용 차별 감소를 가능하게 했다. 1960년대 미국의 연평균 GDP 성장률은 4.1퍼센트로 1970년대 2.8퍼센트, 1980년대 2.6퍼센트보다 훨씬 높았으며, 1960년대의 실업률도 4.6퍼센트로 1970년대 6.1퍼센트, 1980년대 7.2퍼센트보다 훨씬 낮았다. 그리고 미국의 비감독 노동자의 평균 실질임금은 1960년대 연평균 1.4퍼센트씩 상승했지만, 1970년대는 연평균 0.3퍼센트씩 감소했고 1980년대에는 연평균 1퍼센트씩 감소했다.[10]

2) 베트남전쟁과 일본의 고도성장 지속

베트남전쟁 시기인 1965~1970년 일본 경제는 4년 9개월에 걸친 장기 대호황을 이뤘다. 1965~1970년 일본의 GNP는 연평균 성장률이 명목으로는 16.7퍼센트, 실질로는 11.8퍼센트를 기록해, 1965년 세계 제5위에서

1967년 세계 제2위로 부상했다. 1965~1970년의 고도성장은 1955~1961년 고도성장 제1기에 후속되는 제2기 고도성장이라 불린다. 일본에서 1955~1961년 제1기 고도성장의 기초가 한국전쟁 특수였다면, 1965~1970년 제2기 고도성장은 베트남 특수의 효과였다.

베트남전쟁 시기 일본의 수출은 1961년 42억 달러에서 1965년 85억 달러, 1967년 이후 1백억 달러를 넘었고, 1970년 1백93억 달러로 급증해 1965~1970년 연평균 증가율 19.6퍼센트라는 경이적인 확대를 장기간 지속했다. 패전 후 계속 적자였던 일본의 무역수지는 1965년을 경계로 흑자로 돌아섰다. 이러한 수출의 지속적 확대가 1965~1970년 제2기 고도성장에서 결정적으로 중요한 구실을 했다. 베트남전쟁이 일본 경제에 미친 직접적인 영향은 한국전쟁 시기의 그것에는 미치지 못하지만, 1966년 이후 제2기 일본의 고도성장의 원동력이었던 최신 중화학공업의 대형 설비 투자 증가는 베트남전쟁에 수반된 수출의 지속적 확대 전망하에서 이뤄졌다.

<표 3-4>에서 보듯이, 일본의 수출을 수출 대상국별로 보면 대미 수출이 1965년 이후 현저해졌으며, 베트남전쟁 시 미국의 군사 지출이 증대

〈표 3-4〉 일본의 주요 국별 수출입 추이(단위 : 백만 달러)

	미국			한국			베트남 주변 지역 전체		
	수출	수입	수지	수출	수입	수지	수출	수입	수지
1960	1102	1554	-452	100	19	81	785	368	417
1964	1842	2336	-495	109	42	67	1116	637	479
1965	2479	2366	113	180	41	139	1353	707	646
1968	4087	3527	560	603	102	501	2784	943	1841
1969	4958	4090	868	767	134	633	3433	1115	2318
1970	5940	5560	380	818	229	589	3636	1402	2234

자료 : 이무라 키요코(井村喜代子, 1988a : 389, 396)

했던 '베트남 주변 지역'[11]에 대한 수출이 현저하게 증대했다. '베트남 주변 지역'에서 일본의 무역흑자 폭은 1965년 이후 급증해 1968년 18억 4천 1백만 달러, 1970년 22억 3천4백만 달러라는 방대한 흑자를 기록했다. 또 패전 후 계속 거액의 적자였던 대미 무역도 1965년 처음 흑자로 돌아서고 흑자액은 1969년 8억 6천8백만 달러에 달했다. 이렇게 수출이 경이적으로 신장하고 방대한 수출 초과가 지속된 것은 베트남전쟁 없이는 불가능했을 것이다.

특수는 일본 주둔 미군의 일본에서의 물자 서비스 조달과 일본 주둔 군인 군속 등의 지출로 구성되는데, 이는 <표 3-5>에서 보듯이, 1960년대 전반에 약간 감소하다가 베트남전쟁이 본격화한 1965년 다시 증가해 1965년 3억 4천5백만 달러에서 1970년 6억 6천1백만 달러가 됐다. 베트남전쟁 특수는 경제적으로는 한국전쟁 특수 같은 결정적 의의는 갖지 않지만 중요한 외화 수입원의 역할을 했다. 즉, 1955~1961년 제1기 고도성장에서 일본의 대미 무역은 상당한 수입 초과였는데 이 수입 초과액은 특수 수입으로 메워졌다. 즉, 이 시기 미국은 일본에 지출한 특수에 해당하는 금액을 다시 대일 수출 초과를 통해 취득했다. 그러나 1965~1970년 제2기 고도성장 시기에 베트남 특수, 즉 미국의 일본에 대한 달러 지출은 일본의 외환보유고의 순증가 요인이었다.

<표 3-5> 일본의 무역수지와 베트남전쟁 특수(단위 : 백만 달러)

	1962	1963	1964	1965	1966	1967	1968	1969	1970
수출(A)	4861	5391	6704	8332	9641	10231	12751	15679	18969
수입(B)	4460	5557	6327	6431	7366	9071	10222	11980	15006
수지(A)-(B)	401	-166	377	1901	2275	1160	2529	3699	3963
특수	377	356	329	345	476	524	589	642	661

자료 : 이무라 키요코(井村嘉代子, 1988a : 394)

또 베트남전쟁 시기 미국의 대외 군사 지출은 1960년대 전반 외화가 부족했던 한국을 비롯한 '베트남 주변 지역'에 달러를 공급하는 구실을 했다. 1965년 이후 '베트남 주변 지역'에 대한 일본의 무역수지 흑자가 급증했다. '베트남 주변 지역' 대부분은 이 시기에 대폭 적자를 기록했는데, 그 대부분은 대일 적자였다. 이와 같은 '베트남 주변 지역'의 무역수지 적자, 대일 무역 적자를 메워 주고, 일본의 수출의 대폭 확대를 지속할 수 있게 한 것이 미국의 군사지출이었다. 일본의 '베트남 주변 지역'에 대한 수출 확대, 무역수지 흑자는 '베트남 주변 지역'에 대한 미국의 대외 군사 지출, 즉 달러 살포에 기초한 것이며 일본은 수출 확대, 수출 초과를 통해 미국의 대외 군사 지출의 상당액을 흡수했다. 한국을 비롯한 '베트남 주변 지역'은 베트남전쟁에서 미국의 군사 활동에 협력함으로써 획득한 달러로 일본에서 기계와 원자재를 수입해 공업화에 착수했다. 이러한 점에서 베트남전쟁은 1970년대 이후 동아시아 신흥공업국의 고도성장의 기초가 됐다고 할 수 있다.

3) 베트남전쟁과 한국 경제의 '이륙'

<표 3-6>에서 보듯이, 1960년대 한국 경제를 전반과 후반으로 나눠 보면 후반(1965~1969년)의 연평균 성장률은 11.8퍼센트로서 1960년대 전반(1960~1964년)의 실질성장률 5.5퍼센트의 두 배가 넘는다. 한국 경제의 '기적'은 1960년대 초가 아니라 1960년대 후반부터 시작됐다.

〈표 3-6〉 1960년대 한국의 연평균 경제성장률(단위 : %)

	1960~1969	1960~1964	1965~1969	1970~1975
GNP	8.6	5.5	11.8	8.8
제조업 생산	16.0	9.4	22.5	18.3

자료 : 한국은행, ≪경제통계연보≫, 1971, 1978.

박정희 정권의 초기 발전 전략은 성공하지 못했다. 제1차 경제개발 5개년계획(1962~1966년)은 장면 정권기의 계획을 답습한 것이었고, 기간산업의 수입 대체와 1차 산품의 수출에 중점을 뒀다. 그러나 박정권의 초기 발전 전략은 인플레이션과 외환 부족으로 곧 어려움에 직면했다. 한국 경제가 초기 발전 전략의 어려움을 타개하고 1960년대 중반 이후 '이륙'할 수 있게 된 계기는 다름 아닌 베트남 특수와 한일국교 재개다.

그러나 한국 경제발전에 대한 시장주의적 해석은 박정권의 초기 수입 대체 발전 전략의 실패가 1964~1966년 미국의 개입(AID 구조조정 프로그램)에 의해 이른바 '왜곡된 가격'을 정정함으로써 극복될 수 있었다고 주장한다. 즉, 평가절하, 수입자유화 같은 자유주의적 경제 개혁에 의해서 국내 가격이 상대적으로 왜곡되지 않게 됐으며, 수출 유인이 수입 유인과 동일해졌다는 의미에서 중립적 무역 체제가 성립함으로써 고도성장의 기초가 마련됐다는 것이다. 반면 기존의 국가주의적 해석은 초기 발전 전략의 실패와 미국의 개입을 통한 발전 전략의 수정에 별 다른 의미를 부여하지 않고 1961년 5.16 쿠데타 이후 박정권의 국가주도적 발전 전략의 기본적 연속성과 유효성을 주장한다. 그러나 박정권의 초기 발전 전략의 실패는 부인할 수 없는 명백한 사실이다. 하지만 시장주의적 해석이 주장하듯이 초기 발전 전략의 실패가 '가격의 왜곡'을 정정하는 평가절하와 같은 시장 개혁을 통해 극복됐다고 볼 수는 없다. 고도성장에 시동을 건 것은 한국전쟁이 주춧돌을 놓고 베트남전쟁이 확립한 영구군비경제였다.[12]

한국군의 베트남 파병은 1965년 2월 의료반 등 비전투부대 파병으로 시작돼 그 수는 연간 약 5만 명이었으며 1964~1975년 연 31만여 명에 달했다. 1966년 이동원 외무장관과 브라운 미대사가 교환한 이른바 '브라운 각서'에 따라 미국은 한국이 전투부대를 파병하는 조건으로 군사 원조 외에 ① 베트남 주둔 병력 유지에 필요한 비용을 '원'화로 한국측 예산에 방출하고, ② 주한미군용 물자의 상당 부분을 한국에서 조달하는 한편, ③ 베트남 주둔 한국군 소요 물자와 베트남 주둔 외국군과 베트남군 소요 물자 중 일정 품목도 한국에서 구매하며, ④ 베트남 건설 사업에 한국 건설업체에도 응찰할 자격을 부여하기로 했다.

베트남전쟁은 다음과 같은 측면에서 1960년대 중반 이후 한국 경제의 '이륙' 요인을 제공했다. 첫째, 미국의 베트남전 개입에 수반된 군사비 확대는 베트남 특수를 발생시켜 이것을 주요 계기로 급속한 공업화가 시작될 수 있게 했다. <표 3-7>에서 보듯이 한국은 베트남전 참전국으로서 파병 군인의 송금, 미군의 물자 조달 등을 중심으로 연간 2억 달러, 1965~1972년 누계 10억 2천2백만 달러에 달하는 특수를 얻었다.

한국의 베트남 수출은 물품군납의 증가에 힘입어 1965년 1천7백70만 달러에서 1970년 7천만 달러로 증가했다. 그 결과 베트남은 미국, 일본 다

〈표 3-7〉 한국의 무역수지와 베트남전쟁 특수(단위 : 백만 달러)

	1965	1966	1967	1968	1969	1970	1971	1972	누계	비중(%)
경상수입	17.7	23.8	23.2	38.0	47.1	70.1	35.7	27.5	283.1	27.7
수출	14.8	13.9	7.3	5.6	12.9	12.8	14.5	12.5	94.3	9.2
군납	2.8	9.9	15.9	32.4	34.2	57.3	21.2	15.0	188.8	18.5
무역외수입	1.8	37.3	128.1	130.6	153.3	134.5	97.6	55.7	738.9	72.3
용역군납		8.3	35.5	46.1	55.3	52.3	26.5	9.2	233.2	22.8
건설군납		3.3	14.5	10.3	6.4	7.4	8.3	3.1	53.3	5.2
군인송금	1.8	15.5	31.4	31.4	33.9	30.6	32.3	26.8	201.5	19.7
기술자송금		9.1	33.6	33.6	43.1	26.9	15.3	3.9	166.2	16.3
특별보상지원			4.6	4.6	10.8	15.2	13.9	12.0	65.3	6.4
보험금		1.1	4.6	4.6	3.8	2.1	1.3	0.7	19.4	1.9
합계	19.5	61.1	151.3	168.6	200.4	204.6	133.3	83.2	1022.0	100.0

자료 : 박근호(朴根好, 1993 : 19)

음 가는 한국의 수출시장이 됐다. 한국 수출 총액에서 베트남이 차지하는 비중은 1965년 10.1퍼센트, 1968년 8.3퍼센트, 1970년 8.4퍼센트였으며 연평균 8.5퍼센트였다. 한국의 베트남 특수를 분야별로 보면 <표 3-7>에서 보듯이, 장병과 기술자의 송금이 전체의 36퍼센트로 가장 많다.[13]

베트남 특수는 매년 증대해 <표 3-8>에서 보듯이 특수가 GNP에서 차지하는 비중은 1965년 0.6퍼센트에서 1967년 3.5퍼센트, 1969년 3.0퍼센트로 증가했다. 베트남 특수가 한국 경제에 미친 영향은 한국전쟁 특수가 일본 경제에 미친 영향과 거의 같았다. (한국전쟁 특수는 당시 일본 GNP의 3.8퍼센트였다.) 또 베트남 특수는 1965년부터 1972년까지 8년간 10억 2천 2백만 달러에 달해, 같은 기간 일본으로부터의 외자도입총액, 즉 청구권자금(무상·유상 원조), 상업차관, 직접투자 등 총계 10억 8천9백만 달러와 거의 같은 규모의 금액이었다.

베트남 특수에 의한 외화 수입은 외화 부족이 심각하던 당시 한국 경제

〈표 3-8〉 베트남전쟁 특수와 한국의 경제성장(단위 : 백만 달러)

	특수 총액 (A)	GNP (B)	수출 총액 (C)	외환 보유고 (D)	무역외 수지 (E)	A/B (%)	A/C (%)	A/D (%)	A/E (%)
1965	19.5	3006	175	138	125.8	0.6	11.1	14.1	15.5
1966	61.1	3671	250	236	238.4	1.7	24.4	25.9	25.6
1967	151.3	4274	320	347	375.2	3.5	47.3	43.6	40.3
1968	168.6	5226	455	388	424.5	3.2	37.0	43.5	39.7
1969	200.4	6625	623	550	497.1	3.0	32.2	36.5	40.3
1970	204.6	7834	835	584	490.7	2.6	24.5	35.1	41.7
1971	133.3	9145	1068	535	486.6	1.5	12.5	24.9	27.4
1972	83.2	10254	1624	694	579.2	0.8	5.1	12.0	14.4

자료 : 박근호(朴根好, 1993 : 39)

에 '가뭄의 단비'였다. 1961년 말 외환보유고는 2억 5백만 달러였는데, 1964년 말에는 1억 2천9백만 달러로 계속 감소해서 1964년 말에는 외환위기설까지 나돌았다. 그러나 1965년 한국군의 베트남 파병과 관련한 특수의 증가로 1965년 말 외환보유고는 1억 3천8백만 달러로 증가하고 1966년에는 2억 3천6백만 달러, 1968년에는 3억 8천8백만 달러, 1970년에는 5억 8천4백만 달러로 급증했다. 한국의 베트남 특수의 중심은 상품수출보다 무역외수입에 의한 것이었으며 특수 총액 10억 2천2백만 달러 중 7억 4천만 달러가 무역외수입이었다. 베트남 특수에 따른 무역외수입의 증가는 외환보유고를 증대시켜 수입 능력을 대폭 증대시켰다. 1960년대 들어 미국 원조의 감소에 따라 경제성장이 둔화되고 있던 상황에서 거액의 베트남 특수의 유입은 외환보유고 확충에 기여하고 1960년대 후반 고도성장이 시작되는 데 중요한 구실을 했다.

둘째, 베트남전쟁의 확대와 함께 한국 경제 '기적'의 견인차 역할을 했던 수출이 본격적으로 확대되기 시작했다. 실제로 수출은 대미수출의 급증에 힘입어 1964년 1억 2천만 달러에서 1972년 16억 2천4백만 달러로 증대했다. 한국의 수출총액에서 일본이 차지하는 비중은 1960년대 초반 40퍼센트대였지만 1965년 이후는 20퍼센트대로 감소한 반면, 미국이 차지하는 비중은 1960년대 초반 20퍼센트대에서 1965년 이후 매년 증가해 1969년에는 50.1퍼센트에 달했다. 한국의 대미수출의 급속한 증대는 의류, 합판, 전자제품 등 공업제품의 수출 증가 때문이었다.

<표 3-3>에서 보듯이, 연간 2백50억 달러를 넘은 미국의 베트남 관계 군사지출은 군사수요를 급속히 확대시켰고 이것이 한국에 수출시장을 제공했다. 미국의 수입은 베트남전 확대와 함께 급증하기 시작해 1957~1964년 8년간 5.6퍼센트이던 연평균 수입증가율이 1965~1972년 8년간 14.8퍼센트로 크게 상승하면서, 수입액은 1964년 1백87억 달러에서 1972년 5백56억 달러로 약 3배 증가했다. 그중 한국으로부터의 수입은 1965~

1972년 연평균 47.5퍼센트라는 경이적인 증가율을 보여 1964년에 겨우 3천5백60만 달러에 불과하던 것이 1972년에는 7억 6천만 달러로 21배나 증가했다.

그런데 1960년대 미국 시장이 모든 발전도상국에 열려 있던 것은 아니었다. 앞서 말했듯이, 1960년대 후반 미국은 '바이 아메리칸' 정책으로 대외 군사 지출에 의한 달러 유출을 억제하기 위해 군사 지출 상대국에게 미국에서 무기를 구입할 것을 요구하고 대외 군사 지출액이 미국으로 환류되는 것을 도모했다. 미국은 한국에 대해서도 1960년 이후 면직물과 의류 등을 수입하는 것을 제한하는 조치를 취했다. 그러나 미국은 한국군의 베트남 파병 이후 한국에 '바이 아메리칸' 정책을 적용하지 않았다. 즉, 1965년 5월 이뤄진 박-존슨 정상회담에서 한국군의 전투부대 파병 결정에 대한 보답으로 미국은 대한수입과 대한경제군사원조의 확대를 약속했다. 이 때문에 한국은 다른 발전도상국보다 용이하게 미국 시장에 진출할 수 있었다.

셋째, 한국군의 베트남 파병에 대한 대가로 주어진 미국의 차관은 1960년대 중반 한국 경제가 직면한 외자 도입의 곤란을 극복할 수 있게 했다. 한국군의 베트남 파병에 따라 미국은 '브라운 각서'에 기초해 차관공여를 약속하고 일본에게 한일국교 정상화 압력을 넣고 유럽에게는 대한경제협력을 호소했다. 실제로 외자 도입이 본격화한 것은 1965년 이후다. 1950년대부터 1960년대 초까지 한국의 외자 도입은 무상 원조가 대부분이었고 차관이나 직접투자의 비중은 낮았다. 그러나 1960년대 후반부터 차관 도입이 급증해 1960년대 말에는 외자도입액의 4분의 3을 차지하게 됐다. 차관 도입은 1959~1965년 누계액이 1억 4천2백만 달러에 불과했는데 1966년부터 급증해 1967년 2억 1천8백만 달러, 1970년 4억 3천만 달러, 1972년 7억 3천7백만 달러로, 1966~1972년 차관총액은 30억 8천만 달러에 달했다. 미국에서 도입한 차관은 1959~1965년까지 7년간 7천4백만 달러에 불과했지만, 1960년대 후반 이후부터 급속하게 증가해 1966~1972년까지 13억 달러에 달했는데, 이는 차관 도입 총액의 43퍼센트에 달했다. 또 미국에서 도입한 차관의 절반은 장기 저리의 공공차관이었고 사회 간접자본의 정비와 기간산업의 육성에 사용됐다.

넷째, 한국군의 베트남 파병과 함께 급증한 미국의 대한군사원조는 한국의 국방비 부담을 경감함으로써 고도성장의 재원 조달을 용이하게 했다. 미국은 1964년 군사원조 삭감을 통고했으나 1960년대 후반 한국군 전투부대의 베트남 파병을 계기로 군사원조는 다시 급속하게 증가했다. 미국의 대한군사원조는 1961~1965년 약 8억 2천만 달러였지만, <표 3-9>에서 보듯이 전투부대를 베트남에 파견한 1966~1970년 약 16억 8천만 달러로 비약적으로 증가했다. 미국의 한국에 대한 군사원조 증대는 한국의 국방비 지출을 억제하는 효과가 있었다. 즉, 1966~1972년 7년간 미국의 군사원조액은 한국 재정지출의 36.3퍼센트에 해당하며 국방비를 상회했다. 이를 통해 한국 정부는 1968년 북한 무장게릴라의 서울 침투, 푸에블로호 납치 사건 등으로 남북 긴장이 극도로 고조됐음에도 군비지출을 증대하지 않을 수 있었다. 따라서 한국 경제가 고도성장하는 데 견인차였던 정부의 재정투융자는 단지 국가자본주의적 정책수단으로만 볼 것이 아니라 베트남전 참전

〈표 3-9〉 한국의 국방비와 미국의 군사원조(단위 : 억 원)

	1966	1967	1968	1969	1970	1971	1972
세출총액(A)	1409	1809	2621	3705	4413	5463	7011
국방비(B)	405	496	647	844	1023	1347	1739
미국군사원조(C)	569	729	1095	1461	1044	2076	2122
B/A (%)	28.7	27.4	24.7	22.8	23.2	24.7	24.8
C/A (%)	40.4	40.3	41.8	39.4	23.7	38.0	30.3

자료 : 경제기획원, ≪한국통계연감≫, 1970, 1971.

에 수반된 대량의 미국 군사원조가 가능하게 한 국방비 지출의 감소와 이에 따른 재정적 여유를 바탕으로 한 것이었다고 봐야 한다.

다섯째, 한국의 베트남 참전을 계기로, 일본에서 수입한 원자재와 자본재를 한국의 싼 노동력을 이용해 조립·가공한 것을 미국 시장에 수출한다는 삼각 무역구조, 즉 '성장의 트라이앵글 구조'가 성립했다. 즉, 베트남참전 이후 한국의 수입 시장 구성에서 미국에서 수입하는 비중이 감소하고 일본에서 수입하는 비중이 높아졌다. 1960년대 초까지는 미국에서 수입하는 비중이 50퍼센트대로 압도적으로 컸지만, 1970년대에 들어서면 20퍼센트대로 감소했다. 반면 일본에서 수입하는 비중은 1960년대 초 20퍼센트대에서 1960년대 후반 40퍼센트대로 상승했다. 주요 수입국이 미국에서 일본으로 바뀐 까닭은 수출 증가에 따라 수출산업에서 사용하는 원자재와 중간재를 주로 일본에서 수입했기 때문이다. 한국의 대일 수입에서 자본재가 차지하는 비중은 1963~1965년 26퍼센트에서 1966~1969년 43퍼센트로 급증했다.

5. 맺음말

이 장에서 내가 제시한 자본주의적 계급 관계와 냉전 체제의 형성을 매개로 한국전쟁과 한국 자본주의의 역사를 연관 짓는 접근은 한국 자본주의 연구에서 새로운 지평을 열어 준다. 이른바 한국 경제 기적의 원인에 관한 시장주의와 국가주의 간의 논쟁에서, 시장주의자들은 한국 경제의 고도성장을 아담 스미드가 '보이지 않는 손'이라고 명명한 시장기구의 자유로운 작동의 결과라고 주장한다. 이에 대해 국가주의자들은 한국 경제의 기적은 '보이는 손', 즉 국가가 산업정책, 정책금융, 수출보조금 등의 수단으로 시장기구에 개입하고 그것을 인위적으로 조작한 결과라고 주장한다.

이들은 'IMF 위기'의 원인에 대해서도 상반된 해석을 제시한다. 시장주의자들은 1997~1998년 'IMF 위기'의 원인을 시장기구에 경제운용을 맡기지 않고 국가가 과도하게 개입한 결과로 나타난 재벌체제나 '정실자본주의' 같은 구조적 병폐에서 찾는다. 이에 반해 국가주의자들은 1990년대 이후 신자유주의와 세계화 추세 속에서 국가의 역할이 축소되고 특히 초국적 금융자본에 대한 국가의 규제를 푼 것이 1997~1998년 'IMF 위기'의 결정적 원인이라고 주장한다. 그런데 시장주의적 해석이 1960년대 이후 한국 경제의 국가주도적 발전의 현실과 상치된다면, 국가주의적 해석은 한국 자본주의의 발전에 내재한 계급적 모순을 경시하고 어떤 경우에는 박정희식 국가주도 경제 개발을 미화하는 문제점이 있다. 강조해야 할 점은 시장주의와 국가주의 모두 한국 자본주의의 계급적 기초와 세계 체제 환경에 대한 인식을 결여하고 있다는 사실이다.

이 장에서 나는 한국 자본주의의 고도 축적 메커니즘을 이해하기 위해서는 시장과 국가의 이분법을 넘어 계급 관계와 세계 체제 환경에 주목해야 하며, 이 경우 한국전쟁은 현대 한국 자본주의 발전에서 원점의 의의를 갖는다고 주장했다. 한국전쟁 과정에서 형성된 자본의 절대적 우위하의 억압적·종속적 노자 관계는 이후 고도 축적의 기초가 됐다. 또한 한국전쟁은 전후 냉전 체제 확립과 동북아시아의 한미일 삼각 군사안보동맹체제 형성의 계기가 돼, 한국 자본주의 발전의 세계 체제 환경을 제공했다. 한국전쟁 특수는 제2차세계대전이 끝난 후 '지연된 수요'의 고갈과 함께 엄습한 전후 불황을 종식시키고 선진 자본주의 세계의 '황금시대'를 열어 준 주요 요인 중 하나였다. 냉전 체제하에서 미소 양대 제국주의의 군비경쟁은 영구군비경제를 작동시켜 추가적 유효 수요를 창출하고 이윤율 저하 경향에 대한 상쇄 요인을 제공함으로써 전후 자본주의가 장기호황을 유지할 수 있게 했다. 자본주의에서는 대량 살육과 파괴가 도리어 발전의 요인이 될 수도 있다. 한국전쟁 특수는 패전한 일본이 재기할 수 있었던 결정적 기회가 됐으며, 전후 미국의 일본 점령 정책 방향을 민주주의 개혁에서 동아시아 반공기지 육성으로 전환할 것을 강제함으로써 일본 자본주의가 발전할 수 있는 계기가 됐다. 또 냉전 체제하에서 체제 경쟁이 낳은 총력적 경제성장 경쟁과 이에 대한 미국의 '관대한 무시'는 일본과 한국 그리고 동아시아 신흥공업국의 수출지향적 고도성장 정책이 성공할 수 있는 대외 환경을 제공했다. 종속적 노자 관계의 형성과 냉전 체제의 구축으로 요약되는 한국전쟁의 영구군비경제 효과는 1960년대 후반 베트남전쟁을 계기로 본격적으로 나타나기 시작해 1980년대 말까지 약 30년에 걸친 한국 자본주의의 장기호황을 가능하게 한 '사회적 축적구조'의 한 요소였다. 한국의 국가자본주의적 고도 축적은 미국과 일본을 주축으로 하는 동아시아 지역차원의 영구군비경제의 일환으로 전개됐다. 즉, 1960년대 이후 한국 경제가 고도로 성장한 것이 자유시장이 작동해서 자동적으로 생긴 결과가 아니라면 국가주도적 성장 전략의 산물만도 아니다. 1960년대 후반 이후 한국 경제의 고도성장은 한국전쟁과 함께 시작되고 베트남전쟁에서 본격화된 영구군비경제의 효과였다.

그런데 이러한 한미일 영구군비경제는, 1987년 6월 민주항쟁과 7~9월 노동자 대투쟁 이후에 종속적 노자 관계가 이완되고 1989~1991년 소련·동유럽 블록이 붕괴한 후 냉전 체제가 종식되면서 붕괴하고 있다. 1987년 노동자 대투쟁 이후 조직화된 민주노조 운동의 등장은 종속적 노자 관계에 기초한 초과 착취 체제의 기초를 흔들었으며, 냉전 체제의 종식에 따라 미국을 비롯한 제국주의 국가에게 한국은 더는 '관대한 무시'의 대상이 아니게 됐다. 1997~1998년 'IMF 위기'는 영구군비경제 효과가 소진됨에 따라 1990년대 초부터 시작된 구조적 위기의 연장선상에서 폭발한 사건으로 이해해야 한다.

세계 경제위기가 2000년 이후에도 계속될 경우, 미국의 군산복합체와 'IMF-재무성-월스트리트' 복합체는 영구군비경제의 부활을 기도할 수 있으며 '제2의 한국전쟁'을 그 하나의 카드로 고려할 수 있다. 따라서 초국적 금융자본의 영구군비경제 재현 책동을 저지하고 영구 평화를 정착시키는 것이 2000년대 진보진영의 주요한 과제 중 하나다.

주

1 한국 자본주의의 사회적 축적구조에 대해서는 정성진(Jeong, 1997) 참조.

2 영구군비경제론에 대해서는 하먼(Harman, 1984) 참조.

3 "만약 동아시아에 기적이 있었다면, 그것은 1960년 이후에 일어난 것이 아니다. 그렇다고 생각하는 것은 아주 비역사적인 것이다. …… 국가별 접근은 한국과 대만의 놀랍도록 유사한 발전 궤적을 설명할 수 없다. 특히 중요한 것은 이러한 배열의 삼각 구조다. 즉 미국(핵심), 일본(반주변부), 동남아시아(주변부). 이런 구조는 1949년 12월 말 NSC 48/1(이는 아시아의 NSC 68이라고 불릴 정도로 매우 중요한 문건이다)의 채택에 이르게 된 심의에 명료하게 나타나 있다. …… 즉, 이 문건 초안은 미국·일본·동남아시아 간의 삼각 무역의 장점을 주장하고 있다. …… 일본·한국·대만에서 공업 발전은 개별 국가적 현상이라고 생각해서는 안 된다. 그것은 지역적 현상이었다"[커밍스(Cumings, 1984 : 3, 19, 38)].

4 "전쟁의 큰 피해 속에 주어진 전시경제의 운용은 한국 자본주의에서 상업 자본주의적 성격의 강화, 산업구조에서 생산적 측면의 경시와 대외의존의 강화, 그리고 토착공업의 소멸로 됐다. …… 한국전쟁의 과정과 결과에서 주어지는 한국 경제의 구조와 상황에의 파급은 큰 것이었고 전체적인 평가에서 파괴적이고 부정적이었다. 그리하여 그것이 귀결한 것은 매판적이고 전근대적인 관료독점자본의 급속한 형성과 종속적인 경제구조의 심화를 계기지었다고 말할 수 있다"(박현채, 1990 : 57, 61).

5 "1947년 초까지 유럽과 일본에서 자본주의의 재건이 성공적으로 달성된 정도를 생산이나 투자의 지표에서 읽을 수는 없다. …… 전쟁 직후 자본주의 체제를 휩싸고 있던 심각한 위기는 여전히 미해결인 채로 있었다. 1947년 봄에 자본가 계급은 여전히 거대한 곤란에 직면하고 있었다"[암스트롱 등(Armstrong et al., 1993 : 114)].

6 *Economic Report of the President*(1986 : 253). "미국은 아마도 1950년

중반의 한국전쟁 발발로 비로소 경기침체에서 구조될 수 있었다"[암스트롱 등(Armstrong et al., 1993 : 171)].

7 '도지(Dodge) 라인'은 1949년 일본 예산 편성 시기에 미점령군 사령부의 특별고문으로 일본에 온 미국의 은행가 도지(Dodge)의 입안 권고로 실시된 일본 경제의 '안정과 자립' 정책을 가리킨다. 미국 원조 없이도 자립적 발전을 할 수 있도록 재정의 건전화와 단일환율 '1달러＝3백60엔'의 설정을 통해 인플레를 수습하고 기업 합리화를 강행하는 것을 주요 내용으로 한다.

8 이무라 키요코(井村喜代子, 1987)에 따르면, 특수의 포괄 범위는 다음과 같이 정리할 수 있다. (a) 한국전쟁 수행을 위해 미군 UN군 관계기관이 일본 국내에서 재화 서비스를 구매한 것. 이것은 좁은 의미의 특수이며 한국특수라고도 불린다. (b) 미국의 방위분담금＝달러 지불(미군 예금계정에 불입)에 의해 구매된 것. 일본 안보조약 후, 그때까지 일본이 부담해오던 미군주둔 비용＝종전처리비의 약 절반을 미국이 부담하게 됨으로써 생겨난 것. (c) 미군 UN군의 장병과 가족이 일본에서 개인 소비한 부분. (d) 한국전쟁과 직접 관계는 없지만, 극동 관계의 군사원조와 경제원조를 위해 미국 국방성, MSA자금 등에 의해 일본 국내에서 구매된 것. 한국전쟁의 휴전에 따라 (a)가 감소하는 것을 대신해 증가했으며 '신특수'라고도 불린다. 하지만 이 중 ICA(국제협력국) 자금에 의한 조달처럼 국제수지표에 수출로 계상(計上)되는 것이 있기 때문에 주의할 필요가 있다. 일반적으로 특수는 좁은 의미로는 (a)만을, 넓은 의미로는 (b), (c)까지 포함하는 것으로 이해된다.

9 와다 하루키(和田春樹, 1999)에 따르면, 당시의 일본은행 총재 이치마다 히사토는 "우리 재계는 구원받았다"고 회상하고 있으며, "인플레이션 퇴치를 위한 도지 플랜이 시행되면서 자금 부족, 도산, 실업에 허덕이고 있던 일본 경제는 한국전쟁의 발발과 함께 미군 특수와 수출 신장으로 반전해 봄을 맞이하게 됐다. 섬유와 금속이 황금 알을 낳는 거위였다. 한국전쟁 발발 후 약 반년 사이에 이 두 부문 제품의 가격은 레이온사 3배, 면사 2배, 생사 1.8배, 박강판과 봉강이 각각 2.2배로 급상승했다. …… 도

요타(豊田) 자동차도 이때 트럭 주문으로 숨 돌릴 새도 없이 바쁜 기업 중 하나였다. …… 도요타의 발전은 만일 한국전쟁이 없었다면 있을 수 없었다고 할 수 있을 정도다. …… 일본은 한반도의 비극을 통해 이익을 얻어 전전의 경제 수준으로 부활할 수 있었고 1955년부터의 고도 경제성장의 기초를 만들었다고 할 수 있다"[와다 하루키(和田春樹, 1999 : 241, 242, 243)].

10 그런데 마키넨(Makinen, 1971)에 따르면, 한국전쟁 때 미국의 국방비 증대는 기타 재정 지출의 삭감과 증세로 상쇄됐지만, 베트남전쟁 때 존슨 대통령은 국방비 증대와 함께 사회보장, 공적부조, 교육 지출을 중심으로 한 복지 지출의 대폭 증대를 도모하는 한편 증세를 회피해 국방비 증대가 재정적자에 기초해 이뤄졌으며, 그 결과 재정적자는 누적적으로 증대해 구조적 문제가 됐다.

11 '베트남 주변 지역'이란 한국, 오키나와, 홍콩, 대만, 필리핀, 타이, 베트남 등의 지역으로 미국이 베트남전쟁을 통해 달러를 살포하고 이것에 기초해 일본의 수출이 대폭 확대된 지역을 말한다.

12 1990년대 초 'PD'의 한국 경제론 교과서로 읽히던 서울사회과학연구소 경제분과(1991)에서 베트남전쟁이란 용어를 찾아볼 수 없는 것은 'PD', 신식 국독자론에 고질적인 일국적 문제설정의 한계를 잘 보여 준다.

13 그러나 한국군의 전투 수당은 미군의 6분의 1, 필리핀군과 타이군의 5분의 1에 불과했고 한국군의 대부분을 차지한 병사, 즉 상병·일병·이병 등의 경우는 같은 계급의 베트남군 병사의 급료보다 낮고 참전 각국 장병 중에서 최저액이었다.

4장
한국 경제의 사회적 축적구조와 그 붕괴

1. 머리말

한국 자본주의는 현재 구조적 위기의 와중에 있다. 그런데 이와 같은 구조적 위기는 1987년 6월 항쟁과 7·8·9월 노동자 대투쟁이 하나의 계기로 된 사회적 축적구조의 붕괴를 그 사회적 배경으로 하고 있다. 이 장에서는 '사회적 축적구조의 성립과 붕괴'라는 관점과 '장기호황의 장기불황으로의 반전'이라는 시각에서 1980년대 한국 자본주의의 역사상을 재구성해 볼 것이다. 사회적 축적구조(social structure of accumulation)라는 개념은 그 창안자인 고든(D. M. Gordon)에 따르면 "자본축적을 위한 개별 자본가의 선택가능성에 영향을 미치는 정치경제적 환경" 혹은 자본축적에 "외부적인 환경"으로 정의되며, 이 환경이 안정적이고 우호적일 때 자본가는 생산적 투자를 늘리고 그 결과 호황이 도래한다.[1] 즉 자본축적이 이뤄지는 제도적 환경이 사회적 축적구조이며, 이 사회적 축적구조가 순조롭게 기능할 동안은 호황이 지속되고 사회적 축적구조가 붕괴하면 불황이 발생한다. 사회적 축적구조의 성립과 붕괴에 대응하는 경기순환은 7~8년 주기의 통상적인 주기적 산업순환이 아니라 50~60년 주기의 이른바 '콘드라티에프 순환'으로 알려진 장기파동이다. 즉 사회적 축적구조가 견실하게 구축돼야 장기호황이 시동될 수 있으며, 그와 같은 사회적 축적구조가 붕괴하기 시작하면 장기불황이 초래된다는 것이다. 나는 이와 같은 장기파동 및 사회적 축적구조 개념이 1960년대 이후 한국 자본주의 역사를 서술하는 개념으로 유용하다고 생각하며, 따라서 그 개념을 특정 학파의 이론 구조 및 정치와 분리해 선택적으로 수용하고자 한다.[2] 무엇보다 장기파동 및 사회적 축적구조의 개념은 자본주의 붕괴론 아니면 승리론으로 귀결되고 만 1980년대 한국 사회 성격 논쟁과 그것이 기반한 '독점과 종속의 문제설정'의 한계를 극복할 수 있는 실마리를 제공해 줄 것이다.[3]

우선 1960년대 이후 한국 경제의 고도성장을 '30년 호황'이라는 시각에서 재조명하고 이 장기호황을 가능하게 한 사회적 축적구조를 소묘할 것이다. 그리고 1987년 이후 이 사회적 축적구조가 붕괴하면서 한국 경제가 장기불황으로 돌입하는 과정을 알아볼 것이다. 이와 관련해 지난 1989~1992년의 불황[4]이 단순히 순환성 불황이 아니라 장기불황, 즉 구조적 위기의 초입국면의 불황이며, 1993~1995년의 호황은 지난 30년 장기호황의 연속이 아니라 이미 개시된 구조적 위기, 장기불황 속에서의 순환적 반전에 지나지 않음을 입증할 것이다. 끝으로 구조적 위기에 대응해 1980년대 말 이후 노태우-김영삼 정권이 시행해 온 각종 신자유주의적 정책들은 새로운 사회적 축적구조의 수립으로 이어지지 못했다고 주장할 것이다.

2. 사회적 축적구조의 성립과 특징

사회적 축적구조 학파는 제2차세계대전 이후 1960년대 말까지 약 20년에 걸친 미국 경제의 장기호황을 가능하게 한 사회적 축적구조는 다음 네 수준에서 확립된 제도적 권력구조에 근거하고 있으며, 1960년대 말 이 권력구조가 붕괴하면서 미국경제의 구조적 위기가 시작됐다고 주장한다. 이들의 주장은 다음 <표 4-1>처럼 도식화할 수 있다.

첫째, 팍스 아메리카나는 미국의 자본이 외국의 구매자 및 판매자들과 거래하는 데 유리한 조건을 제공해 줬으며 국제적인 경제적 안정을 보장해 줬다. 둘째, 자본-노동 간의 협약(capital-labor accord)은 노동자들에게 임금 인상과 사회복지 혜택을 제공하는 대가로 기업의 의사결정에 있어 경영자의 통제력을 보장해 줬다. 셋째, 자본-시민 간의 협약(capital-citizen accord)은 시민들에게 약간의 기본적 필요를 만족시켜 주는 대신에 자본가들의 이윤추구를 보장해 줬다. 넷째 전후 일본과 주요 유럽경제의 파괴에 기인한 국제적 경쟁의 봉쇄는 미국 기업에 대한 외국 기업으로부터의 경쟁을 제한했다. 사회적 축적구조 이론은 제2차대전 후 1960년대 말까지 미국 기업이 위와 같은 제도화된 권력관계에 힘입어 잠재적 도전자들에 대해 압도적 우위를 확보했다고 주장한다. 사회적 축적구조 이론은 또 1960년대 말 이후부터 이러한 제도적 권력관계들이 와해되기 시작하면서 미국경제의 구조적 위기가 현재화한다고 주장한다.

사회적 축적구조 이론은 원래 미국경제를 분석하기 위해 개발된 것이며, 그 창안자들도 이 이론의 특정 부분들은 다른 나라에 적용하는 데 한계

〈표 4-1〉 미국의 사회적 축적구조의 성립과 붕괴 : 1948~현재

권력관계	1948~1968	1968~현재
국제정치	팍스 아메리카나	팍스 아메리카나의 쇠퇴
자본 대 노동	자본-노동간 협약	자본-노동간 대결
자본 대 시민	자본-시민간 협약	자본-시민간 대결
국제경제	국제적 경쟁의 제한	국제적 경쟁의 격화

자료 : 보울즈 등(Bowles et al., 1990 : 47~79).

가 있을 것이라고 말한다[고든 등(Gordon et al., 1987 : 57)]. 하지만 나는 경제의 장기성과를 제도적 권력구조의 성립과 붕괴라는 맥락으로 설명할 수 있다는 사회적 축적구조 이론의 기본 가설은 대부분의 자본주의 경제의 장기적 동학 분석에 적용될 수 있다고 생각한다.[5] 사회적 축적구조 이론을 다른 나라에 적용하기 위해서는 물론 약간의 수정이 필요하다. 사회적 축적구조 이론을 한국 경제에 적용하기 위해서는 주로 정부의 구실과 관련한 다음과 같은 수정이 필요하다. 국가-자본 간의 권력관계는 미국의 경우 결정적인 제도적 권력관계로 명시적으로 고려되지 않았지만, 한국 경제의 사회적 축적구조 분석에서는 필수적으로 포함해야 한다. 한국에서 국가는 1960년대 이래 경제계획, 공기업 창설, 은행국유화와 산업정책 등을 통해 자본주의 발전에서 결정적 구실을 했다. 1960년대 이래 한국 경제의 동태적 변동의 많은 부분이 국가와 자본 간의 권력관계의 변화와 관련돼 있다. 그리고 1960년대 이후 한국 자본주의의 역사는 국민에게 기본적인 시민적 권리조차 거부한 억압적인 권위주의적 군부독재로 점철돼 있다. 한국에서는 이와 같은 초억압적 국가기구 때문에 자본과 시민 간의 권력관계가 미국처럼 독자적으로 전개되지 못하고 국가와 시민 간의 권력관계로 흡수돼 나타났다. 그동안 한국에서 시민의 직접적 대립물은 자본이라기보다 국가였다. 따라서 한국 경제의 사회적 축적구조의 분석을 위해서는 미국경제와 같은 자본-시민간 권력관계를 국가-시민간 권력관계로 바꾸는 것이 필요할 것이다. 이러한 수정을 감안하여 한국의 사회적 축적구조의 골격과 붕괴과정을 도식화하면 다음 <표 4-2>와 같다.

<표 4-2>에서 보듯이, 지난 30년 호황을 지탱해 줬던 사회적 축적구조는 대체로 1960년대 초에 그 골격이 완성돼 1980년대 말까지 지속됐으며, 이는 다섯 가지 수준의 권력관계로 구성돼 있다.

첫째, 냉전기에 미국은 군대주둔, 경제원조와 한국의 대미수출을 묵인하는 것을 통해 한국의 부르주아 정권을 지지해 왔다. 미국 정부는 한국의

권력관계	1961~1987	1987~현재
국제정치	미국의 반공요새	탈냉전
자본 대 노동	병영적 노사관계	대립적 노사관계
국가 대 자본	국가의 자본 규율 육성	재벌의 자율성 증대
국가 대 시민	권위주의적 군부독재	민주화
국제경제	한미일 삼각무역	무역수지 적자의 구조화

안정된 반공체제가 미국의 전략적 이해관계에 매우 중요한 것으로 간주했다. 이 때문에 미국 정부는 쿠데타를 통해 집권한 군부정권도 지지했다. 한국의 반동적 정권에 대한 미국의 강력한 정치적·경제적 지지는 상당기간 억압된 정치적 안정을 가능하게 했으며 이것은 한국자본의 성장에 기여했다. 물론 미국은 이미 1945년 분단 이후부터 줄곧 한국에 대해 결정적인 정치·경제·군사적 영향력을 행사해 왔으며, 1961년 쿠데타 이후 박정권의 경제개발계획은 미국원조의 감소를 그 한 배경으로 했고, 또 미국 정부의 권고에 거슬러 강행된 것은 사실이지만, 동북아시아에서 미국의 반공요새로서의 한국의 지정학적 위상을 고려하지 않고는 1960년대 이후 한국 자본주의 발전을 이해할 수 없다.[6]

둘째, 한국의 자본-노동간의 권력관계는 미국처럼 자본-노동 간의 협약이 아니라 자본에 대한 노동의 일방적 종속관계로 특징지어진다. 억압적·종속적 노사관계의 기초는 한국전쟁을 전후해 노동운동을 비롯한 한국의 진보운동이 괴멸당한 데서 주어졌다. 그리고 억압적 노사관계는 1960년 4월 혁명과정에서 분출한 노동운동을 금압한 1961년 군부 쿠데타 이후 거의 병영화됐다. 박정권이 애용한 각종 초헌법적 긴급조치는 서구 수준의 노동법을 유명무실한 것으로 만들었고 노동조합의 활동은 극도로 억압됐

〈표 4-3〉 제조업 부문의 자본축적 : 1971~1995(단위 : %)

연도	(1) 장비율	(2) 투자효율	(3) 투자효율	(4) 생산성	(5) 착취율	(6) 이윤율	(7) 이윤율	(8) 축적률	(9) 성장률
1971	8	21.5	91	17.9	479	1.20	1.00	29.0	18.6
1972	7	24.4	117	16.6	497	3.90	3.80	−23.1	14.0
1973	9	28.1	134	42.0	502	7.50	7.90	84.0	29.5
1974	10	25.7	131	9.5	457	4.80	5.70	11.8	17.2
1975	11	25.0	130	15.0	492	3.40	3.90	32.5	12.4
1976	13	26.5	144	25.1	452	3.90	4.60	35.1	23.5
1977	15	28.1	140	14.0	425	3.50	4.50	41.7	15.3
1978	15	30.8	181	27.8	403	4.00	5.00	34.8	22.2
1979	21	31.2	164	27.2	330	2.70	3.40	8.7	10.1
1980	29	26.3	140	19.3	373	−0.20	−0.20	−28.4	−1.6
1981	38	25.8	136	28.2	413	0.01	0.02	−7.5	10.1
1982	44	25.0	131	12.2	406	0.87	1.03	3.9	6.9
1983	47	26.0	139	13.4	424	2.68	3.27	3.0	15.3
1984	45	26.0	159	9.5	424	2.72	3.41	35.8	16.9
1985	46	25.6	172	9.3	414	2.47	2.97	19.4	6.2
1986	46	26.7	193	13.4	431	3.63	4.47	23.5	19.5
1987	59	27.7	181	17.7	410	3.58	4.44	39.2	19.5
1988	69	29.8	187	21.1	384	4.05	4.92	14.0	13.8
1989	86	27.9	183	19.4	354	2.50	2.72	13.2	4.2
1990	100	27.1	175	18.8	408	2.32	2.42	16.0	9.7
1991	116	25.8	182	15.2	437	1.75	1.75	5.1	9.1
1992	140	24.4	171	12.6	446	1.48	1.40	−11.5	5.1
1993	169	24.4	157	14.0	448	1.70	1.59	−5.7	5.0
1994	181	25.4	175	18.1	466	2.74	2.64	32.4	10.5
1995	199	26.4	195	19.2	497	3.66	3.59	26.3	10.8

정의 : (1) 기계장비율(= 기계장치/종업원수)의 지수 (1990=100)
　　　(2) 총자본투자효율 = (부가가치/총자본)×100
　　　(3) 기계투자효율 = (부가가치/기계장치)×100
　　　(4) 노동생산성(= 부가가치/종업원수)의 성장률
　　　(5) 잉여가치율 = [(부가가치-생산직 노동자 임금)/생산직 노동자 임금]×100
　　　(6) 매출액경상이익률 = (경상이익/매출액)×100
　　　(7) 총자본경상이익률 = (경상이익/총자본)×100
　　　(8) 총자본형성의 성장률(1990년 불변가격)
　　　(9) 제조업생산의 성장률(1990년 불변가격)
자료 : (1)~(4), (6)~(7) 한국은행, ≪기업경영분석≫, 각 연도.
　　　(5) 통계청, ≪광공업통계조사보고서≫, 각 연도.
　　　(8)~(9) 한국은행, ≪국민계정≫, 각 연도.

다. 1979년 박정희 피살 후 노동운동은 다시 한 번 분출했지만 1980년 전두환 정권의 광주민중항쟁 유혈진압 이후 다시 폭력적으로 억압됐다. 전두환 정권은 이른바 제3자 개입금지 조항을 도입하고 노동조합 조직을 기업별 노동조합으로 재편함으로써 노동운동을 제도적으로 무력화하려 했다. 이와 같은 억압하에서 노동자들은 가혹하게 착취당했다. <표 4-3>에서 보듯이, 1970~1980년대 제조업 부문의 착취율은 대체로 400퍼센트를 상회했는데, 이는 미국, 인도의 그것에 비해 거의 두 배 가까운 수준이었다. 이 시기 한국은 장시간 노동과 높은 산업재해율로 세계적 악명을 떨쳤다. 한국 경제 기적의 비밀은 바로 병영적 노사관계에 기초한 고율의 착취에 있다.

셋째, 1960년대 이후 한국의 사회적 축적구조에서 또 하나의 중요한 특징은 정부의 자본에 대한 지원과 통제에서 찾을 수 있다. 박정희는 집권 후 은행을 국유화하고 광범한 경제계획과 산업정책을 실시하면서 강력한 국가주도적 공업화를 추진했다. 1950년대 이승만 정권하에서 정부 관료와 재벌의 부정부패와 비효율에 분개하고 당시 북한과 일부 제3세계 국가자본주의 체제에서 이뤄진 인상적인 경제성장에 위협을 느낀 박정희는 반공과 자립경제의 건설을 국시로 내걸었다. 이는 1950년대 이승만 정권의 미국원조에 의존한 자유시장지향 경제와의 결별을 의미했다.[7] 박정권은 주로 정책금융을 무기로 한 산업정책을 통해 재벌을 통제하고 육성했다. 박정권은 수출할당량과 같은 특정한 성과기준을 달성하고 뇌물 공여와 같은 충성 서약을 한 재벌에 대해서 특혜금융을 제공했다. 이 과정에서 재벌은 엄청난 자본을 축적했다. 1917년 이전 러시아와 마찬가지로 한국에서도 "자본주의는 국가의 자식인 것처럼 보였다"[트로츠키(Trotsky, 2003 : 68)]. 한국의 고도 경제성장은 이와 같은 강력한 국가자본주의적 사회적 축적구조[8] 없이는 불가능했다. 따라서 한국의 '기적'이 자유시장경제의 논리를 충실히 따른 결과라는 세계은행(World Bank, 1993)을 비롯한 신자유주의적 부르주아 경제학자들의 주장은 잘못된 것이다. 암스덴(Amsden, 1989)의 말

대로, 한국의 '기적'은 오히려 강력한 국가에 의한 "가격 왜곡"(getting prices wrong)에 기인한 것이다.[9]

넷째, 장기호황기 사회적 축적구조의 또 하나의 버팀목은 군부독재에 의한 시민의 민주적 제 권리의 억압이다. 권위주의적 군부독재는 무엇보다 병영적 노사관계와 국가의 자본에 대한 지원과 통제 메커니즘의 작동을 위한 정치사회적 환경을 제공함으로써 자본축적에 기여했다.

다섯째, 1960~1980년대 수출지향적 개방경제는 이른바 "성장의 트라이앵글 구조"(이대근, 1995 : 220)라고도 불리는 한미일 삼각무역구조에 기초하고 있었다. 1960~1980년대 한국 경제가 다른 제3세계 경제들과 구별되는 점은 단지 그것이 수출지향적 경제라는 사실이라기보다 미국, 일본과의 국제정치경제관계와 특수한 방식으로 접합돼 있었다는 사실이다. 박정권은 1960년대 초 수입 대체 공업화 정책이 실패한 후 수출지향 공업화 정책으로 선회하면서 일본과의 국교정상화와 미국 요구에 따른 베트남 파병을 강행했다. 그때부터 일본에서 생산설비와 원자재를 수입 가공해 미국에 수출하는 한미일 삼각무역 구조가 전개되기 시작했다. 한미일 삼각무역 구조는 장기호황기 한국 자본주의 재생산구조의 불가결한 고리의 하나였다. 그런데 한미일 삼각무역 구조가 제대로 기능하기 위해서는 일본이 자본재와 기술을 한국에 제공하고 미국은 한국의 수출을 받아 준다는 조건이 지켜져야 한다. 다시 말해서 대일 무역수지 적자가 대미 무역수지 흑자로 상쇄돼야 한다는 것이다. 이러한 조건은 <표 4-4>에서 보듯이 1980년대 말까지는 대체로 지켜졌다.

3. 사회적 축적구조의 붕괴

한국 자본주의의 사회적 축적구조는 1980년대 말부터 붕괴하기 시작한

〈표 4-4〉 한국의 대미·대일 무역수지 : 1981~1996(단위 : 십억 달러)

연도	전체			대미국			대일본		
	수출	수입	수지	수출	수입	수지	수출	수입	수지
1981	21.3	26.1	-4.9	5.7	6.0	-0.4	3.5	6.4	-2.9
1982	21.9	24.3	-2.4	6.2	6.0	0.3	3.4	5.3	-1.9
1983	24.5	26.2	-1.7	8.3	6.3	2.05	3.4	6.2	-2.8
1984	29.2	30.6	-1.4	10.5	6.9	3.6	4.6	7.6	-3.0
1985	30.3	31.1	-0.9	10.8	6.5	4.3	4.5	7.6	-3.0
1986	34.7	31.6	3.1	13.9	6.5	7.3	5.4	10.9	-5.4
1987	47.3	41.0	6.3	18.3	8.8	9.6	8.4	13.7	-5.2
1988	60.7	51.8	8.9	21.4	12.8	8.7	12.0	15.9	-3.9
1989	62.4	61.5	0.9	20.6	15.9	4.7	13.5	17.4	-4.0
1990	65.0	69.8	-4.4	19.4	16.9	2.4	12.6	18.6	-5.9
1991	71.9	81.5	-9.7	18.6	18.9	-0.3	12.4	21.1	-8.8
1992	76.6	81.8	-5.2	18.1	18.3	-0.2	11.6	19.5	-7.9
1993	82.2	83.8	-1.6	18.1	17.9	0.2	11.6	20.0	-8.5
1994	96.0	102.3	-6.3	20.6	21.6	-1.0	13.5	25.4	-9.9
1995	125.1	135.1	-10.1	24.1	30.4	-6.3	17.1	32.6	-15.6
1996	129.7	150.3	-20.6	21.7	33.3	-11.6	15.8	31.4	-15.7

자료 : 한국은행, ≪경제통계연보≫, 각 연도.

다. 사회적 축적구조가 이 시기부터 붕괴하고 있음을 보여 주는 징후들은 위에서 소묘한 다섯 가지 제도적 권력관계의 수준에서 모두 발견된다.

첫째, 1989년 이후 소련·동유럽 블록의 붕괴와 함께 이른바 '탈냉전' 시대가 도래했으며, 이에 따라 한국 자본주의의 국제적 환경은 크게 변화했다. 물론 북한체제가 아직 존속하고 있기 때문에 미국의 동북아시아 반공요새로서의 한국의 전략적 가치는 여전히 존재하지만, 미소 냉전시대에 비하여 그것이 감소한 것은 사실이다. 한국전쟁 이후 한국을 지배해 온 반공이데올로기는 물론 여전히 지배이데올로기의 핵심적 요소이지만 종전에 비해 그 효력이 감소했다. 냉전 대신 국민국가들 간의 경제전쟁이 격화되면서, 한국·미국·일본 간에 무역마찰이 발생하기 시작했다. 한국의 대선진국 수출은 더는 '관대한 묵인'의 대상이 아니게 됐다.

둘째 1987년 6월 항쟁에 잇따른 노동자 대투쟁은 고율의 착취체제에 중대한 타격을 가했다. 1987년 7·8·9월 사이에 3천 건 이상의 파업이 발생했으며 전국에서 1백만 명 이상의 노동자들이 이에 참가했다. 7·8·9월의 대중파업은 그때까지의 사회적 축적구조를 뿌리째 뒤흔든 지배체제에 대한 완전히 새로운 종류의 도전이었다. 민주노조의 폭발적 확산과 이에 따른 노동조합의 단체교섭 역량의 증대는 실질임금의 급속한 상승과 노동시간의 단축을 낳았으며,[10] 기존의 병영적 노사관계를 대립적 노사관계로 변모시켰다. 그 결과 착취율은 <표 4-3>에서 보듯이 1986년 431퍼센트에서 1989년 354퍼센트로 크게 저하했다. 1987년 7·8·9월 노동자 대투쟁은 30년 호황의 물질적 기초였던 병영적 노사관계에 기초한 고율의 착취체제를 더는 감내할 수 없다는 노동자계급의 분노의 집단적 표출이었다. 노동자계급의 투쟁력의 성장은 '30년 호황'의 지속에 따른 산업예비군의 고갈(실업률의 감소)과 이에 따른 '실직비용'(cost of job loss)의 저하를 그 하나의 객관적 배경으로 한다.[11]

셋째, 국가주도적 축적 과정에서 재벌이 비대화됐다. 예컨대 1987년 30대 재벌은 제조업 부문 유형고정자산의 34.4퍼센트를 소유하고 부가가치의 36.5퍼센트를 생산하고 있었다(정병휴·양영식, 1992 : 43, 40).[12] 비대한 재벌은 과거처럼 정부의 지시에 순응하지 않게 됐으며, 1980년대 은행의 민영화 이후 정책금융의 위력이 감소하면서 재벌을 통제할 수 있는 정부의 수단도 줄어들었다. 재벌은 각종 명목의 '준조세'뿐만 아니라 그동안 자신들을 육성하는 데 기여했던 보호와 규제 조치도 거추장스럽게 여기게 됐다. 그리하여 1980년대로 들어서면서 이미 민간주도형 경제로의 이행이 주장되기 시작했으며, 1980년대 말 이후 '규제완화'는 재벌의 제1의 슬로건이 된다. 그리하여 암스덴(Amsden, 1989)이 한국 경제의 예외적 성공의 비밀이라고 강조한 '국가의 자본에 대한 통제와 지원의 메카니즘'이 자본의 성장 결과 도리어 진부화되는 역설이 초래됐다.

넷째, 1987년 6월 항쟁은 이른바 민주화 과정을 진전시킴으로써 국가-시민 간의 권력관계를 크게 교정했다. 물론 국가보안법과 노동악법이 아직 엄존하고 있지만, 시민의 민주적 제 권리는 특히 1987년 말 대통령 직선, 1993년 문민정부의 출범과 1995년 지방자치의 개막과 더불어 이전에 비해 신장됐다. 국가가 시민의 기본적 제 권리를 유린하는 것은 이전에 비해 힘들게 됐다. 경실련운동, 환경운동과 같은 각종 신사회운동과 자율적 '시민사회' 영역이 출현·확대되면서, 기존의 초억압적 국가-시민 관계는 상당히 이완됐다. 그런데 1987년 6월 항쟁의 주관적·객관적 조건은 권위주의적 군부독재하에서 이뤄진 고도성장 과정에서 이미 준비되고 있었다. 6월 항쟁은 '발전하는 경제에 비한 정치의 전근대성'이라는 그 당시의 화두와 함께 경제적 토대와 상부구조의 부정합이 '사회혁명'의 도래를 준비한다는 (물론 그 '사회혁명'의 내용을 채우는 것은 주체의 몫이지만) 역사유물론의 기본정식의 타당성을 일상적 실천에서 입증했다.

다섯째, 그동안 한국 경제 "성장의 트라이앵글 구조"였던 한미일 삼각무역 구조가 미국경제의 쇠퇴에 따른 보호주의 공세, 아세안 제국 등 후발발전도상제국의 추격, 경제구조 고도화 지연 등의 요인들 때문에 1980년대 후반 이후 사실상 해체되고 있다. 그간의 중화학공업화에도 불구하고 수출에 필요한 생산수단을 일본으로부터의 수입에 의존할 수밖에 없는 상황에서, <표 4-4>에서 보듯이, 가장 큰 수출시장이던 미국에 대한 수출증가율이 급격히 둔화되고 오히려 미국으로부터 수입이 급증해 대미수지가 적자기조로 반전됐다. 그에 따라 대미수지흑자로 대일수지적자를 보전하는 고도성장기 국제수지구조가 근본적으로 와해되고 있다.

자본재와 기술에 대한 수입의존의 지속은 한국 경제의 구조고도화에 여전히 중대한 걸림돌이다.[13] 차입한 기술의 학습을 통해 생산요소의 투입을 증대시켜 이뤄지는 경제성장 방식은 세계체제의 주변부에서 반주변부로의 상승 전략으로는 유효했을지라도 반주변부에서 중심부로의 진입 전략이 되지는 못한다. 기술혁신이 아닌 기술차입, 생산성 향상이 아닌 생산요소의 투입에 기초한 성장방식은 정의상 한계를 가지고 있다[암스덴·히노키(Amsden and Hikino, 1993 : 259)].

1980년대 말 국가자본주의적 사회적 축적구조의 붕괴는 외부로부터의 충격이 아니라 기존의 사회적 축적구조 그 자체의 모순의 심화로부터 비롯했다.[14] 병영적 노사관계와 국가의 자본 규율 및 육성, 반민주적 정치체제를 골간으로 하는 사회적 축적구조는 1960년대 이후 약 30년 동안 기술 차입과 생산요소 투입의 증대에 기초한 고도성장을 촉진하는 사회적 환경으로 작용했다. 그러나 1980년대 말이 되면 그 결과 이뤄진 생산력 발전과 자본주의적 사회관계의 발전이 기존의 사회적 축적구조와 충돌하는 징후들이 나타났다. 급속한 자본주의 발전에 따라 자본주의 사회의 양대 계급인 자본가계급과 노동자계급이 성장하고 이들 간의 대립, 투쟁이 격화됐으며, 자본과 국가 간의 갈등도 증대했다. 기술 차입과 생산요소 투입에 기초한 생산력 발전 단계에서는 순기능적으로 작용하던 구래의 사회적 축적구조가 이제는 생산력의 더 이상의 발전(장기호황의 지속 및 기술혁신과 생산성의 향상에 기초한 생산력 발전구조의 고도화)을 저해하는 질곡으로 전화했다. 1987년 6월 항쟁과 7·8·9월 노동자 대투쟁은 이와 같은 국가자본주의적인 사회적 축적구조와 생산력 발전 간의 모순의 폭발인 동시에, 기존의 사회적 축적구조의 해체를 결정적인 것으로 만든 계기였다.

1987년은 양우진(1994), 김형기(1996) 등이 주장하듯이, 한국 자본주의의 "자립화 사명의 완수", "독점자본주의의 확립" 또는 "예속적 포드주의의 본래적 의미의 포드주의로의 구조전환"이 이뤄진 한국 자본주의 발전의 고도화의 "전환점"이 아니라, '30년 고도성장'을 지탱해 온 사회적 축적구조가 붕괴하면서 장기불황으로의 반전이 시작된 해다. 마르크스주의적 사회분석의 임무는 자본주의의 발전을 일면적으로 부각하는 것이 아니라 그 파동성, 즉 주기적 공황과 장기변동으로 점철된 축적의 사회적 구조를 분석하고 자본주의의 모순과 적대, 따라서 그 궁극적 한계를 분석하는 것이다.

4. 한국 자본주의의 장기파동

사회적 축적구조의 붕괴가 시작되면서 1989~1992년 경기침체가 발생했다. 그런데 곧이어 1993~1995년 호황이 비교적 큰 규모로 전개됐기 때문에, 1989~1992년 불황은 통상적인 순환적 침체 국면의 하나라는 견해도 있다. 하지만 1989~1992년 불황은 '30년 장기호황'이 장기불황으로 반전되기 시작했음을 알리는 불황이며, 1993~1995년 호황은 이미 개시된 장기불황 속에서의 순환적 반전으로 파악하는 것이 타당하다. 1990년을 전후하여 노태우 정권이 남발했던 "총체적 위기", "총체적 난국" 같은 표현은 노동자운동에 대한 이데올로기 공세라는 측면도 있지만 다른 한편에서는 1987년 이후 현재화되는 구조적 위기를 지배계급이 본능적으로 감지했음을 보여 주는 것이다. 1990년대 이후 한국 자본주의가 장기불황 국면으로 돌입했음은 다음 몇 가지 수량적 지표들에서도 확인할 수 있다.

첫째, <표 4-5>에서 보듯이 생산의 장기적 성장 추세가 1987년 이후 둔화하고 있다. 특히 주목되는 것은 경기순환의 정점을 연결한 각 순환주기의 연평균성장률이 1983~1987년에 정점에 도달하고 그 이후 순환주기에서는 점차 둔화하고 있다는 사실이다. 이 사실로부터 장기호황에서 장기불황으로의 반전이 이뤄지는 장기호황의 정점이 1987년경에 위치한다고 잠정적으로 추론할 수 있다. 1990년대 연평균 GDP 성장률은 물론 아직 높은 수준을 유지하고 있음에도 불구하고 1960년대, 1970년대, 1980년대에 비하면 현저하게 둔화한 것이다. GDP 성장률의 둔화는 특히 제조업 부문에서 두드러졌는데, 1990~1995년 연평균성장률 7.9퍼센트는 1960~1980년대에 비해 절반에도 미치지 못하는 수치다. 이와 같은 1990년대 이후 제조업 생산 성장률의 급격한 저하에 따라 <표 4-5>에서 보듯이 경제 전체의 GDP 성장률과 제조업 생산의 성장률 간의 격차가 갑자기 소멸했는데, 이는 지난 30년 장기호황의 견인차였던 제조업 생산의 불균등발전이 종식했음을 의미한다.

둘째, 앞의 <표 4-3>에서 보듯이 1989년 이후 제조업 부문의 효율성 지표들(총자본투자효율, 기계투자효율, 노동생산성)이 악화되고 있다. 효율성 지표들은 1993~1995년 호황기에 다시 호전됐지만, 1996년 불황과

〈표 4-5〉 국내총생산의 연평균성장률(단위 : %)

기간	경제 전체	제조업
1962~1970	8.7	18.4
1970~1973	8.7	20.5
1973~1978	9.8	20.0
1978~1983	6.5	10.5
1983~1987	10.0	15.5
1987~1990	9.7	11.8
1990~1995	7.6	7.9

주 : (1) 1990년 불변가격 GDP의 연평균성장률임.
      (2) 각 기간의 시점과 종점은 기준순환일의 정점에 해당되는 연도임.
자료 : 한국은행, 《국민계정》, 각 연도.

함께 다시 반전됐음에 틀림없다. 크루그만(Krugman, 1994) 등은 요소투입의 증가에 기초한 한국 경제의 성장효율이 1990년대 이후 저하하고 있음을 지적한다. 이들에 따르면, "자본과 노동의 급속한 축적이 동아시아 성장의 기적을 상당 부분 설명"[영(Young, 1994 : 973)]하며, "아시아의 성장은 고도성장기 소련의 성장과 마찬가지로 효율의 향상보다는 노동과 자본 같은 투입재의 예외적 성장에 추동"[크루그만(Krugman, 1994 : 70)]된 것이었다. 하지만 이러한 종류의 성장은 조만간 근본적 한계에 직면할 수밖에 없는데, 그 이유는 "투입 단위당 산출의 성장이 아니라 투입의 증대에 기초한 경제성장은 불가피하게 수확체감에 직면할 수밖에 없기 때문이다"[크루그만(Krugman, 1994 : 63)].

셋째, 앞의 <표 4-3>에서 보듯이 1989년 이후 제조업 부문의 수익성 지표(매출액경상이익률, 총자본경상이익률)가 상당히 저하했다. 수익성 지표는 1993~1995년 호황기에 다시 호전되지만, 이전의 정점을 회복하지는 못했으며, 1996년 불황과 함께 다시 저하했음에 틀림없다. 제조업 부문의 수익성 추이는 마르크스의 이윤율의 경향적 저하법칙을 입증하는 듯하다. 1990~1992년 수익성의 저하는 착취율의 저하가 아니라 자본의 유기적 구성의 고도화와 관련된 것이었다. 실제로 착취율은 <표 4-3>에서 보듯이 1987~1989년 저하한 후 1989~1995년 사이에 354퍼센트에서 497퍼센트로 가파르게 상승했다. 아울러 <표 4-3>은 1990년대 이후 기계장비율은 급속히 증대하는 반면 자본의 효율성은 정체하고 있음을 보여 주는데, 이는 자본의 유기적 구성의 고도화를 간접적으로 입증하는 것이다. 따라서 1990년대 이후 수익성 감소의 원인을 과다한 임금인상에서 찾는 것은 잘못이다. 이윤율의 저하에 따라 <표 4-3>에서 보듯이 축적률(총자본형성의 성장률)도 1987년을 정점으로 급속하게 둔화됐다(1987년 39.2퍼센트, 1990년 16퍼센트, 1993년 -5.7퍼센트). 물론 축적률 역시 1994~1995년 호황과 함께 잠시 호전됐지만 1987년 수준을 회복하지 못하고 1996년 이후 다시 급격히 둔화되고 있다.

1993~1995년 경기가 다시 과열됐지만, 이는 1995년 말 곧 종식됐으며, 1996년 들어 경기침체가 가속화되면서 한국 경제의 "총체적 위기"가 다시 운운되고 있다. 1993~1995년의 순환적 호황은 부분적으로는 김영삼 정권의 신경제정책하에서 이뤄진 착취율의 상승을 배경으로 하지만, 주로 '엔고'와 반도체 등 일부 품목의 수출급증에 기인한 것이었다. 1993~1995년 호황의 취약성은 <표 4-4>에서 보듯이, 이 시기 수출 증가에도 불구하고 무역적자, 특히 대미무역적자가 오히려 증가했다는 사실에서도 드러난다. 이 점에서 1993~1995년의 호황은 최초의 국제수지 흑자와 외채 감소를 가능하게 했던 1986~1988년 '3저 호황'과 질적으로 구별된다. 1993~1995년 호황은 도리어 진부화된 사회적 축적구조와 축적체제가 거듭나야 할 절박성을 지배계급이 잠시 잊게 함으로써 이후 불황을 더 심화시키는 역효과를 낳았다.

한국에서 사회적 축적구조는 누적되는 모순과 수차 엄습한 정치경제적 위기에도 불구하고 대체로 1980년대 말까지는 순조롭게 작동해 '30년 고도성장'을 가능하게 했다. 1986~1988년 '3저 호황'은 '30년 호황'의 절정이자 그 최종 국면이다. 1960년대 초에 시작해 1980년대 말까지 지속된 한국의 장기호황은 선진자본주의 제국의 '황금시대'가 종식된 1968~1973년 이후에도, 다시 말해 선진자본주의 제국이 구조적 위기로 돌입한 후에도 무려 약 20년 이상 더 계속됐다. 또 한국에서 장기불황은 선진자본주의 제국에서 1968~1973년 이후 시작된 장기불황이 약 20여년을 경과한 후(따라서 콘드라티에프에 따르면 새로운 장기호황으로 반전될 조짐이 보여야 할 시점)인 1990년대 들어 현재화되고 있다. 이와 같은 한국의 장기파동의 특수성, 특히 그 국제적 비동시성의 문제는 향후 더 연구해야 할 과제이지만, 분명한 것은 한국에서도 1987년을 획기로 한 사회적 축적구조의 붕괴와 함께 장기호황이 장기불황으로 반전됐다는 사실이다.

5. 신자유주의 : 새로운 사회적 축적구조의 출현?

　순전히 형식논리적으로 말한다면, 한국 자본주의가 1980년대 말 붕괴한 사회적 축적구조를 새로운 사회적 축적구조로 대체하는 데 성공할 경우, 오는 21세기에 고도성장을 재개할 수 있다고도 말할 수 있을 것이다. 그러나 가까운 장래에 한국에서 새로운 사회적 축적구조가 수립될 수 있을지, 그리고 그렇게 구축된 사회적 축적구조가 21세기라는 조건에서 장기호황을 시동하는 메커니즘으로 작용할 수 있을지는 매우 불확실하다. 분명한 것은 구래의 국가자본주의적인 사회적 축적구조가 붕괴했으며 구조적 위기, 장기불황이 현재화하고 있다는 사실이다. 구래의 국가주도적 발전 전략이 진부화했으며 기존의 사회적 축적구조를 혁신할 필요가 있음은 김영삼 정권도 인정한다. 다음과 같은 김영삼 정권의 언설은 마치 사회적 축적구조 이론처럼 들린다.

　"지난 30년간은 권위주의 체제 속에서 정부의 지시와 통제로 국내외의 가용자원을 정책적으로 필요한 분야에 동원시킬 수 있었던 것이 경제발전의 기본적인 원동력으로 작용하였다. …… (그러나) 과거 개발년대에 우리 경제의 발전원동력이 됐던 정부의 지시와 통제에 의한 경제운용은 우리 경제의 규모가 커지고 구조가 다양해짐에 따라 점차 그 한계를 보이게 됐으며, 특히 정치민주화가 진전되면서 자주적 시민의식이 성숙돼 국민들로부터도 더 이상 수용될 수 없게 됐다"(대한민국정부, 1993 : 9, 14).

　위에서 보듯이 김영삼 정권은 기존의 성장방식이 더는 유효하지 않게 됐으며 향후 고도성장이 지속되기 위해서는 구조 변화와 개혁이 필요하다는 것을 인정했다. 그런데 주지하듯이 그 개혁이라는 것이 용두사미로 중단됐으며, 구조 변화라는 것도 구래의 국가주도적 발전 전략의 모순은 그

대로 둔 채 신자유주의적 네오-아메리카화 전략으로 단순 이행하는 것으로 귀결되고 말았다. 김영삼 정권이 처음 내걸었던 재정개혁, 금융개혁, 행정규제개혁, 각종 규제완화, 국영기업의 민영화 조치는 말할 것도 없고, 재벌정책, 금융실명제, 사법개혁, 교육개혁 등 일련의 이른바 개혁조치들조차도 모두 미국의 자유시장 경쟁제도를 그대로 이식하는 것으로, 한국사회를 아메리카화하는 방식으로 이뤄졌다. 김영삼 정권의 경제정책은 1980년의 정치경제적 위기 후 민간주도경제로의 이행을 내걸었던 전두환-노태우 정권의 경제정책의 연속선상에 있다. "신한국", "신경제정책", "국가경쟁력 강화" 또는 "세계화" 따위의 수사와는 관계없이 김영삼 정권의 경제정책은 재벌 규제의 완화로 귀착됐다.[15] 따라서 김영삼 정권은 자신들의 경제정책을 전-노정권의 경제정책과 차별화하려고 애썼지만, 이들은 모두 신자유주의적 네오-아메리카화 전략에 입각한 산업구조조정 정책이라는 공통점을 갖는다.

그러나 김영삼 정권의 앵글로-아메리카적 신자유주의 경제정책은 21세기 한국 경제의 새로운 도약을 담보할 수 있는 사회적 축적구조의 재구성을 촉진하기는커녕, 이미 붕괴하고 있는 사회적 축적구조를 봉합·온존시킬 뿐이며 경제의 비효율과 모순을 증폭시킴으로써 이미 시작된 장기불황을 더욱 심화시킬 것이다. 그 이유는 다음과 같다.

첫째, 그간 한국 경제의 고도성장은 암스덴(Amsden, 1994)이 주장한대로 앵글로-아메리카화 경향을 답습 추종한 결과이긴커녕, 그러한 경향에 대한 완강한 투쟁에 힘입은 것이었다는 사실에 주목할 필요가 있다. 한국과 대만의 성공은 국제시장이 승자를 뽑는 게임 속에서 획득된 것은 아니었다. 또 비교우위가 발전유형을 지시하지도 않았다. 대신 정부가 가격을 조작했으며 경제를 좌지우지했다. 고도성장기 한국의 자본주의 발전은, 앨버트(Albert, 1993)에 따라 분류한다면, 네오-아메리카형이 아닌, 독일-일본형, 이른바 '라인'(Rhine) 형을 따라 이뤄진 것이었다. 현재 한국 자본주의의 발전수준이 독일-일본에 훨씬 미치지 못할 뿐만 아니라, 라인형 자본주의에 필수적인 민주적 노사관계와 복지국가를 결여하고 있는 것은 사실이지만, 발전의 유형 또는 '발전의 길'로 본다면 '라인형'에 가깝다고 할 수 있다. 실제로 1960년대 이후 박정권의 국가자본주의적 경제계획 수립과정에서 미국식 신고전파 경제학의 영향은 거의 없었다.[16] '라인형' 모델이 오늘 그 효율성을 상실한 것은 사실이지만 네오-아메리카형으로 전환하는 것이 그 해결책이 될 수는 없다. 라인형의 불확실한 미래가 신자유주의의 채택을 정당화하지는 못한다.

둘째, 1980년대 외채위기 이후 IMF와 세계은행의 구조조정 계획의 강제가 초래한 라틴아메리카 제국의 '잃어버린 10년,' 최근에는 '충격요법'과 같은 시장경제의 무매개적 도입이 초래한 구소련과 동유럽의 경제파탄 경험이 입증하듯이, 앵글로-아메리카화 전략은 그것이 발전도상제국에 관철될 경우 경제발전이 아니라, 경제파탄이라는 결과를 낳았다. 한국에서 신자유주의의 실험이 이와 같은 결과를 회피할 수 있다는 보장은 없다. 능력에 따른 불평등을 크게 문제 삼지 않는 개인주의적인 문화가 특징인 미국사회에서는 적자생존과 불평등, 양극화의 심화를 필연적으로 동반하는 네오-아메리카형 신자유주의적 자본주의가 아직까지는 그런대로 전개될 수 있었지만, 한국처럼 역사적으로 평등주의 심성이 뿌리 깊은 사회에서, 게다가 이미 공룡화된 재벌이 존재하는 조건에서, 네오-아메리카형을 위로부터 강제할 경우 얼마 전 노동법의 신자유주의적 개악이 야기한 총파업에서 보듯이 계급갈등의 폭발적 분출은 필연적일 것이다.[17]

셋째, '자유시장의 사회적 기반'(social embedness of free market)이라는 개념을 부정하는 신자유주의에 새로운 사회적 축적구조를 기대한다는 것 자체가 어불성설일 것이다. 신자유주의가 몽상하는 모든 사회적 규제로부터 해방된 '자기조절적 시장'(self-regulating market)은 1930년대 대공황과 파시즘, 전쟁과 같은 대격변과 혼란을 초래할 수밖에 없다는 점은 폴라니(Polanyi, 1944)가 갈파한 대로다. 노동력, 토지, 화폐와 같은 "의제상품"이 존재하기 때문에 오로지 시장에 의해 조절되는 시장경제체제 같은 것은 있을 수 없으며, "시장경제(market economy)는 시장사회(market society) 속에서만 존재"할 수 있고, 자기조절적 시장의 "자기파괴적 작용을 저지하는 보호 조치가 없었다면 인류사회는 절멸했을 것이다"[폴라니(Polanyi, 1944 : 71, 76)]. 따라서 신자유주의 전략하에서 계급갈등의 조절을 필수적 요소로 하는 새로운 사회적 축적구조가 형성될 가능성은 거의 없다. 또 김영삼 정권의 신자유주의 전략은 재벌의 노동자 착취에 대한 규제완화(노동시장의 유연화), 노동운동에 대한 탄압, 노동자계급의 고통전담[18]을 통해 구조적 위기로부터의 탈출을 도모한다는 점에서, 저임금·저가격이 아니라, 고기술·고품질이 국제경쟁력의 기본적 요소가 되고 있는 21세기 세계 자본주의의 흐름에도 역행하는 시대착오적·반동적 정책이라고 할 수 있다. 요컨대 김영삼 정권의 신자유주의 전략은 국가의 자본에 대한 규율과 지원이라는 이전의 국가-자본의 권력관계를 규제완화와 지원의 존속으로 조정하고 1987년 이후의 대립적 노사관계를 개별적 노사관계의 유연화를 통해 순치함으로써 새로운 축적체제를 정립해 보려는 시도이지만, 이것은 자본의 무규율적 축적과 계급갈등의 격화를 조장해 도리어 한국 자본주의의 불안정과 위기를 증폭시키고 있다.

6. 결론

1960년대 이래 장기호황을 지탱해 온 한국의 사회적 축적구조는 1987년 6월 항쟁과 7·8·9월 노동자 대투쟁 이후 붕괴하고 있다. 사회적 축적구조의 붕괴와 함께 한국 자본주의는 1990년대 이후 장기불황 국면으로 반전됐다. 한국의 경제성장률이 다른 선진국과 비교해 여전히 높은 것은 사실이지만, 한국에서도 자본주의의 '황금시대'가 끝난 것은 분명하다. 현재 한국 자본주의는 기로에 놓여 있다. 한국 자본주의가 세계체제의 주변부적 위치에서 벗어나는 데 성공한 것은 사실이지만, 세계체제 중심부로의 진입 전망은 여전히 불투명하다.

김영삼 정권은 진부화된 국가주도적 발전 전략을 신자유주의적 혹은 네오-아메리카적 자유시장경제로 대체함으로써 구조적 위기로부터 탈출하려고 시도하고 있다. 이와 같은 신자유주의적 자유시장경제로의 전환은 노동자계급의 이해관계를 심각하게 침해할 수밖에 없으며 21세기 장기호황을 보장할 수도 없다. 선진국, 발전도상국 및 구소련 동유럽에서 신자유주의 실험의 반복된 실패가 이를 입증한다. 요컨대 신자유주의적 자유시장의 숭배는 21세기 한국의 번영을 담보할 수 있는 새로운 사회적 축적구조로 연결되기보다 구조적 위기의 심화와 사회의 '야만화'만을 초래할 것이다. 그렇다면 신자유주의에 대한 대안으로 일부 진보진영이 아직도 집착하고 있는 사회민주주의적 '사회적 합의'(자본-노동간 협약과 자본-시민간 협약)가 21세기 장기호황을 시동시킬 수 있는 새로운 사회적 축적구조의 기초가 될 수 있을까? 그럴 것 같지 않다. 새로운 사회적 축적구조는 '일국사회주의'나 '사회적 시장경제'와 같은 일국개량주의의 재판일 수밖에 없을 것인데, 그와 같은 사회민주주의적 일국개량주의가 21세기 세계화와 신자유주의의 조건에서 더는 자본축적에 유리한 사회적 환경을 제공할 수 없게 됐다는 사실은 각종 사회적 시장경제 실험의 파산이 입증한다.[19] 일국개량주의는 '황금시대' 자본주의의 짧은 추억일 뿐이다. 게다가 새로운 사회적 축적구조는 여전히 자본축적의 새로운 사회적 환경, 즉 변형된 자본주의적 착취체제에 지나지 않기 때문에 그 수립을 모색하는 것은 지배계급의 고민거리이지 진보진영의 과제일 수 없다. 21세기 진보진영은 20세기 초와 마찬가지로, 아니 오히려 그때보다 더 절실하게 변혁적 대안을 선택해야 한다. 1987년 6월 항쟁 및 7·8·9월 노동자 대투쟁과 함께 시작됐으나 '의사 민주화'로 중단된 영속혁명의 동학을 완수하는 것[20]은 21세기 세계를 신자유주의의 '야만화'로부터 막아 내기 위해서도 필요하다.

주

1 고든 등(Gordon et al., 1982 : 23). 사회적 축적구조라는 개념은 고든 (Gordon, 1978)이 처음 제안했으며 고든 등(Gordon et al., 1982)에서 발전되고 보울즈 등(Bowles et al., 1989, 1990), 고든 등(Gordon et al., 1987)과 고든(Gordon, 1991)에서 체계화됐다. 사회적 축적구조 학파의 최근 성과는 코츠 등(Kotz et al., 1994)에 수록돼 있다. 우리나라에서 이를 소개하고 평가한 것으로는 정운영(1995) 등이 있다.

2 나는 사회적 축적구조 학파처럼 마르크스의 노동가치론을 부정하지 않으면서도, 또 그들과 같은 개량주의 정치에 동의하지 않으면서도, 사회적 축적구조라는 개념을 사용할 수 있으며, 또 이 개념을 콘드라티에프의 장기순환 이론이 아니라 만델(Mandel, 1980)의 마르크스주의적인 비대칭적 장기파동 이론과 결합시키는 것이 가능하다고 생각한다. 사회적 축적구조 이론의 개량주의적 성격에 대한 마르크스주의적 비판으로는 디바인(Devine, 1985)을 참조할 수 있으며, 마르크스주의적 장기파동 이론의 최근의 전개에 대해서는 만델(Mandel, 1992), 샤이크(Shaikh, 1992) 등을 참조할 수 있다. 사회적 축적구조 이론과 장기파동 이론의 공통점과 차이 및 관계에 대해서는 고든 등(Gordon et al., 1982 : 18~47), 고든(Gordon, 1991)과 코츠 (Kotz, 1994)를 참조할 수 있다.

3 1990년대 들어 한국의 진보진영이 널리 수용하고 있는 조절이론은 이른바 '주변부 포드주의'에서 '본래적 포드주의'(또는 '포스트포드주의')로의 이행의 전망 분석에 일면적으로 치중해, 축적체제와 조절양식 상호간의 모순 및 그에 기초한 한국 자본주의의 장기파동의 문제를 분석하지 못했다.

4 통계청에 따르면 1989~1992년 중 1989년 7월(제5순환의 저점)에서 1991년 1월(제5순환의 정점)에 이르는 확장 국면이 개재돼 있기 때문에, '1989, 1992년 불황'이라고 표현해야 정확할 것이다. 그러나 제5순환의 확

장 지속기간(18개월)은 1970년대 이후 가장 짧았으며 확장의 규모도 그리 큰 것이 아니었기 때문에, '1989~1992년 불황'이라고 표현해도 큰 무리는 없을 것이다. 한편 제6순환의 저점과 정점은 각각 1993년 1월과 1995년 4/4분기이므로 '1993~1995년 호황'이라는 표현은 통계청이 공표하는 기준순환일과 부합한다. 우리나라 경기순환의 역사에 대해서는 백웅기(1993) 참조.

5 코츠 등(Kotz et al., 1994)에는 사회적 축적구조 이론을 푸에르토리코, 남아프리카공화국과 일본에 적용한 사례연구들이 수록돼 있다.

6 이 점에서 커밍스(Cumings, 1984)의 통찰은 여전히 유효하다. 냉전분단체제의 형성과정에 대해서는 이병천·윤소영(1988) 참조.

7 이에 대해서는 박동철(1993) 참조.

8 "한국에서는 대기업 중심 성장과 능동적 국가개입이 동시에 이뤄졌고, 기업과 정부가 모두 기업가적이었으며, 양자가 모두 계획을 집행하기 위해 경영자들의 위계에 크게 의존했기 때문에 나는 한국의 기업체제를 국가기업가적 자본주의(state entrepreneurial capitalism)라고 부른다"[암스덴(Amsden, 1995 : 6)].

9 하지만 암스덴의 주장은 이 장과 같은 사회적 축적구조 분석과 비교하면 불충분하며 일면적이다. 우선 그녀는 한국 경제의 사회적 축적구조를 형성하는 권력관계 중 단지 하나에만, 즉 국가-자본 관계에만 초점을 맞추고 다른 수준의 권력관계들의 분석은 빠뜨리거나 무시한다. 암스덴의 주장에서 행위자는 정부와 재벌뿐이며 노동자와 세계시장은 어떤 의미 있는 구실도 하지 못한다. 하지만 한국자본의 경제적 성공의 결정적 특수성은 자본에 대한 국가의 규율 정도의 차별성이 아니라, 커밍스(Cumings, 1984)가 지적한 동북아시아의 특정한 역사적·지정학적 맥락(한미일 안보체제)과 세계사상 유례없는 고율의 착취에서 찾아야 할 것이다. 암스덴(Amsden, 1989)에 대한 비판으로는 하트-랜즈버그(Hart-Landsberg, 1990)를 참조할 수 있다.

10 제조업 부문 주당 평균근로시간은 1986년 54.7시간으로 정점에 도달한 후 1987년부터 감소하기 시작해 1988년 52.6시간, 1990년 49.8시간, 1995년

49.2시간으로 저하했다(통계청, ≪한국의 사회지표≫, 1996).

11 실업률은 1980년 5.2퍼센트에서 1985년 4퍼센트, 1986년 3.8퍼센트, 1987년 3.1퍼센트로 지속적으로 저하했는데(통계청, ≪한국주요경제지표≫, 각 연호), 이로부터 1980년대 장기호황의 말기 국면에서 실직비용이 저하했을 것이라고 추측할 수 있다. 사회적 축적구조 이론가들은 장기호황의 말기 국면에서 완전고용 수준에 근접하면 산업예비군이 고갈돼 실직비용이 저하하고 이는 노동조합의 교섭력 증대와 노동강도의 저하 및 노동생산성 상승의 둔화를 초래해 수익성을 저하시킴으로써 장기호황이 종식된다고 주장한다. 실직비용의 엄밀한 추정방식에 대해서는 보울즈 등(Bowles et al., 1989) 참조.

12 그러나 독점강화론자들의 주장처럼 국민경제의 재벌집중도가 1960년대 이래 선형적으로 상승한 것은 아니며 1987년 이후에는 도리어 경쟁 격화 경향을 보이고 있다. 이성순·유승민(1995 : 414, 397)에 따르면, 30대 재벌이 광공업 부문 출하액에서 차지하는 비중은 1980년대 중반까지는 증가하다가 그 후에는 저하했으며(1978년 34.1퍼센트, 1985년 40.2퍼센트, 1990년 35퍼센트), 1980년대 전반에 걸쳐 '독과점형 시장'(CR3>50퍼센트)의 비중은 감소한 반면(출하액 기준으로 1981년 73.9퍼센트에서 1990년 63.7퍼센트로 감소), '경쟁형 시장'(CR3<50퍼센트)의 비중은 꾸준히 증가했다(출하액 기준으로 1981년 26.1퍼센트에서 1990년 36.3퍼센트로 증가). 이재형(1996 : 194)도 "30대 기업집단의 비중은 1977~1981년 다소 증대, 1981~1985년 현상유지, 1985~1990년 급격한 하락, 1990~1994년 근소한 상승추세"를 보이는 자료를 제시한다.

13 이와 관련해 김인수(Kim, 1993 : 382)는 한국 경제의 기술능력 향상의 한계를 부품공급산업의 취약성에서 찾는다. "한국 경제에서 또 하나의 문제는 결정적인 관련 부품산업의 부재이다. 재벌은 수입한 부품과 기계에 의존한 최종 제품생산에 집중했다. …… 하지만 국내부품산업으로부터 연속적이고 유연한 부품 공급의 뒷받침 없이는 한국 기업은 제품과 공정혁신에서 뒤처지게 될 것이다."

14 "1961~1987년 한국에서 집행된 정책의 성공 그 자체가 그 정책이 더 이

상 계속되는 것을 국내적으로도 국제적으로도 불가능하게 하고 있다. …… 1980년대 들어 한국의 고속성장이 기초했던 구조적·환경적 조건들이 변화하기 시작했다"[존슨(Johnson, 1994 : 10)].

15 김영삼 정권의 신경제정책은 "다양한 개혁과제를 포함하는 듯이 보이지만 무엇보다 자본의 자유로운 활동을 보장하기 위한 쪽으로 귀결"되고 있으며, "'신경제'에서 산업발전의 주역은 과거와 다를 바 없는 재벌"이며, "세계화를 내세운 개혁이 신경제정책은 물론 과거 5~6공의 경제체제를 조금도 건드리지 않는 것은 바로 시장경제 체제의 복원, 아니 창설이라는 경제이념이 동일하기 때문이다"(한국사회과학연구소 경제연구실, 1995 : 49, 61, 73).

16 한국 경제학 및 경제정책에서 미국 부르주아 경제학의 영향력이 본격화된 것은 1980년대 이후의 일이다. 그런데 1980년대 이후 한국 경제학의 아메리카화는 경이적 속도로 진행되고 있다. 1970~1990년 미국에서 경제학박사학위를 취득한 한국인 수는 8백1명인데, 한국보다 인구가 3배가 되는 일본의 경우 그 숫자는 한국의 3분의 1밖에 안 됐다는 사실은 그 단적인 예다[암스덴(Amsden, 1994 : 92)].

17 조이제·김윤형(Cho and Kim, 1994 : 708)도 다음과 같이 지적한다. "전두환-노태우 정부가 새로운 국가경제관리의 원칙으로 채택했던 자유방임주의 정책은 기존의 한국의 조건들과 제도적으로 들어맞지 않으며, 따라서 마찰과 모순을 초래했다." 1996~1997년 총파업을 신자유주의에 대한 투쟁으로 해석한 것으로는 김세균(1997) 참조. 장기호황의 정점인 1987년의 7·8·9월 노동자 대투쟁과 장기불황 국면인 1996~1997년 총파업을 장기파동과 계급투쟁순환의 연관성을 고려해 비교분석하면 유용한 교훈을 도출할 수 있을 것이다. 물론 만델(Mandel, 1980)의 지적대로 계급투쟁의 순환은 상대적으로 자율적이기 때문에 장기파동에서 계급투쟁의 추이와 성격을 기계적으로 도출해서는 안 된다.

18 앞서 확인했듯이 1990년대 이후 착취율은 다시 가파르게 상승하고 있다. 또 이병희(1997)에 따르면, 1987년 이후 노동규율의 강화를 보여 주는 지표들인 임금프레미엄과 통제감독비중이 상승했다.

19 사회적 시장경제론에 대한 비판으로는 김성구(1995)를 보라.

20 6월 항쟁의 의미와 교훈을 영속혁명의 관점에서 생각해 본 것으로는 정성진(1991b) 참조.

5장
경제위기 논쟁과 마르크스주의 공황론

1. 문제제기

1997년 11월 외환금융위기 전 한국 자본주의의 '기적'이 자유시장주의의 허구성을 웅변한 것이라면, 그 파국은 국가개입주의도 자본주의의 모순으로부터 자유로울 수 없음을 입증한 것이다. 한국 자본주의의 파산은 이른바 '라인형' 국가자본주의 역시 앵글로색슨형 시장자본주의와 마찬가지로 위기를 피할 수 없으며 공황 없는 자본주의란 한낱 몽상에 지나지 않음을 증명했다.[1] 한국 자본주의의 파산과 함께 한국의 '기적'에 물적 토대를 두고 발호해 오던 각종의 포스트주의, 자립화론도 거품처럼 사라지고 있다. 꺼진 거품 아래 세계 자본주의의 (반)주변부로서 한국 자본주의의 위치가 '쁘띠부르주아·민족주의의 관념'이 아니라 매우 강고하게 엄존하는 현실로 드러나고 있다. 한국 자본주의의 파산은 자본주의가 인류의 종착역이며 그에 대한 다른 대안은 있을 수 없다는 1990년대 이후 유행하던 '역사의 종언'론에 종언을 고했다.

IMF 프로그램에도 불구하고 고환율과 고금리가 지속되면서 기업도산과 정리해고가 급증하고 실업자는 2백만 명에 육박했다. 중산층의 몰락과 궁핍화가 급속하게 진행되면서 북한이나 소말리아에나 있는 줄 알았던 기

아문제까지 심각한 문제로 대두될 전망이다. 위기의 진전과 함께 부익부 빈익빈이 유례없이 심화하고 있다.[2] 포스트주의가 이미 사라지고 있는 '근대'의 유물이라고 주장하던 모던한 고전적 자본주의 모순들이, 생경한 그대로 은폐되지도 전도되지도 않은 채 폭발적으로 터져 나오고 있다. 국내외 최소한의 '양식' 있는 부르주아 경제학자 어느 누구도 1997년 외환금융위기의 주범이 재벌, 정부 혹은 국제투기자본이 아니라 노동자의 고임금이라고 주장하지 않는다. 자본주의에서 위기의 원인은 자본 자신이라는 점이 오늘처럼 분명해진 적이 없다. "자본주의적 생산의 진정한 한계는 자본 그것이다"[마르크스(Marx, 1990 : 297)]라는 마르크스의 난해하고 다의적인 명제가 오늘 한국의 위기상황에서 살아 있는 현실로 투명하게 이해되고 있다.

이러한 상황에서 1990년대 이후 소련의 몰락과 '3저', '반도체' 거품경기에 편승해 지식인 사회에 풍미하던 각종 포스트주의들이 꼬리를 감추고, 영면한 것으로 보이던 '마르크스의 유령'이 다시 출몰하고 있다. 푸코·데리다·니체 등의 담론에 미혹돼 마르크스를 떠났던 몇몇 '탕아'들도 다시 마르크스를 찾고 있다. 참으로 오랜만에 마르크스주의적 논의들이 경제공황의 원인과 대응의 문제를 중심으로 시작되고 있다. IMF 시대에 진보진영은 경제위기론을 자신들의 담론의 주요 부분으로 다시 위치짓고 있다. 돌이켜 보면 경제위기론은 1980년대까지는 진보진영의 지배적 문제설정이었지만 1990년대 들어서는 노태우 정권의 '총체적 난국론'에서 보듯이 도리어 지배계급의 이데올로기로 봉사했고, 이에 대해 진보진영은 경제위기를 지배계급의 이데올로기 공세로, 이른바 '설'이라고 치부해 왔다. 그러나 이제 IMF 시대에 진보진영은 다시 경제위기를 '설'이 아니라 현실로 인정하고 그 원인과 대책 구명에 골몰하고 있다. 오늘 경제위기 문제를 중심으로 한 진보진영의 논의가 1980년대 한국 사회 성격 논쟁 정도의 이론적·정치적 수준을 회복할 수 있을지 또는 그것을 뛰어넘어 더 앞으로 나아갈 수 있을지 여부는 물론 우리 자신에 달려 있는 것이지만, 마르크스주의적 논의가 다시 시작된다는 것은 이 암울한 IMF 시대에 어쨌든 하나의 희망이다.

문제는 이처럼 다시 출몰하는 '마르크스의 유령' 속에서 고전 마르크스주의를 재발견하고 확장하는 것이다. 그러나 고전 마르크스주의 정치는 IMF 시대의 진보진영에서 아직 헤게모니를 장악하고 있지 못하다. IMF 시대 진보진영에 출몰하고 있는 '마르크스의 유령'의 정체는 스탈린주의로 '원대복귀'하는 포스트주의였다. 포스트주의에서 스탈린주의로의 역류 혹은 동요로 특징지어지는 IMF 시대에 대한 진보진영의 대응은 마르크스주의 정치의 발전을 위해 시급히 정정돼야 한다. 1998년 초 IMF 정국에서 진보진영이 정리해고 수용이라는 자살골을 삼키고 수세로 몰리고 있는 것도 진보진영이 아직 탈각하지 못한 포스트주의적 혹은 스탈린주의적 관념과 무관하지 않다.[3]

이 장에서는 IMF 정국 이후 진보진영에서 활발하게 논의된 경제위기에 관한 논의, 그리고 현 시기 진보운동의 과제에 대한 포스트주의적 혹은 스탈린주의적 논의들을 마르크스주의적 입장에서 비판적으로 검토할 것이다. 현 시기 경제위기에 관한 진보진영의 논쟁은 1980년대 한국 사회 성격 논쟁과 비교할 때 몇 가지 새로운 특징을 보이고 있다. 첫째, 1980년대 한국 사회 성격 논쟁이 우리 사회를 어떻게 혁명적으로 변혁할 수 있을 것인가 하는 문제를 둘러싸고 전개됐다면, 이번 논쟁에서는 한국 자본주의의 위기 타개를 모색하는 것이 기본 의제가 돼 있다. 1980년대 한국 사회 성격 논쟁에서 경제위기는 한국 자본주의의 변혁의 징후로 간주되고 변혁의 전략·전술을 짜도록 진보진영에 추동했지만, 오늘의 경제위기에 대해 진보진영은 위기 극복방안의 강구라는 다분히 정책대안론적인 접근을 하고 있다.[4] 이것은 현재 위기의 심각성을 반영하는 것이기도 하지만, 1990년대 이후 진보진영의 지배적 담론이던 포스트주의적 정책대안론의 여파다. 둘째,

1980년대 한국 사회 성격 논쟁은 스탈린주의의 독무대였으며, 다만 논쟁의 대립축을 형성한 '민족해방(NL)'파와 '민중민주(PD)'파가 각각 스탈린주의의 두 기지(소련과 북한)에서 생산된 이론(국가독점자본주의론과 식민지 반봉건사회론)을 전거로 떠받들면서 각축했다면,[5] 이번 경제위기 논쟁에서는 IMF의 구조조정 정책에 대한 부르주아 경제학 내부의 논쟁까지 주요 쟁점으로 포함될 정도로 논쟁의 이론적 스펙트럼이 넓어졌다.

그런데 신자유주의자들이 주장하는 정부책임론 혹은 경제실정론이나, IMF 구조조정 정책에 대한 찬반을 중심으로 전개되고 있는 부르주아 경제학자들 간의 논쟁(예컨대 '도덕적 해이론' 대 '순수 금융공황론' 간의 논쟁)을 논외로 하면,[6] 오늘 경제위기의 원인에 대한 진보진영의 견해는 다음 네 가지로 유형화할 수 있는데, 재벌책임론, 초국적 금융자본 책임론, 신식국독자 위기론, 및 과잉생산공황론이 그것이다. 이 중 재벌책임론과 초국적 금융자본 책임론은 (특히 재벌책임론은) 과잉생산공황론 혹은 신식국독자 위기론과 달리 부르주아 경제학과 제휴하고 있는 부분이 많지만, 그럼에도 진보진영을 자처하고 있기 때문에, 여기에서는 경제위기 논쟁에 대한 선행 논의들[7]처럼 이 두 견해도 일단 진보진영의 견해로 분류한다. 이하에서는 이 네 가지 견해들을 비판적으로 검토한 다음, 경제위기에 대한 마르크스주의적 대안의 모색에 필요한 몇 가지 요소들을 장기파동론과 이행기강령을 중심으로 제시해 볼 것이다.

2. 경제위기의 원인에 대한 진보진영의 견해

1) 재벌책임론

재벌책임론은 재벌체제의 비효율성이 현재의 경제위기를 초래한 가장 중요한 요인이라고 보며 경제위기의 극복을 위해서는 재벌체제를 비롯한 한국 자본주의의 고질적 병폐, 즉 '천민성', '정실성', '정경유착', '부정부패' 등을 척결하는 것이 필수적이라고 주장한다. 예컨대 대표적 재벌해체론자 장상환은 다음과 같이 주장한다.

> 재벌의 구조적 모순과 폐해가 제거되지 않고서는 국민경제의 회생은 기대할 수 없다. 이제 재벌에게 총체적 경제위기를 초래해 국가를 법정관리로 몰아넣은 책임을 물어 재벌체제를 해체해야 할 역사적 순간이 왔다(장상환, 1998 : 114~115).

이러한 재벌책임론은 오늘 진보진영에서 압도적 다수의 견해라고 할 수 있다. 재벌책임론은 갑자기 제출된 것이 아니고 1990년대 이후 포스트주의적 개량주의, 신사회운동론 등으로 전향한 진보진영이 사회개혁과제로서 혹은 '진보적 국가경쟁력 강화' 방안으로 주장해 왔으며, '국민승리21'과 민주노총의 주요 강령이었는데, 1997년 말 IMF가 재벌개혁을 구제금융의 한 조건으로 요구하면서 IMF 정국에서 진보진영의 지배적 담론으로 정착했다. 그러나 재벌책임론에 대해서는 진보진영 내 소수 견해라고 할 수 있는 초국적 자본 책임론, 과잉생산공황론으로부터 비판이 이내 제기됐다. 이들의 비판도 참고하면서 재벌책임론의 문제점을 정리해 보면 다음과 같다.

첫째, 재벌체제 때문에 현재의 경제위기가 초래됐다는 재벌책임론은 일본처럼 재벌이 해체된 자본주의, 혹은 미국처럼 재벌 없는 자본주의 역시 경제위기, 공황에 시달리고 있다는 사실을 설명할 수 없다. 재벌책임론자들은 재벌체제 때문에, 공황을 야기하는 과잉투자·과잉생산이 심화된다고 주장한다. 하지만 이윤율 저하와 과잉축적은 자본주의의 특정한 조직형태나 금융제도의 특수성 때문에 야기된 것이 아니라 자본 그 자체의 본성에서 유래하는 것이다. 따라서 다음과 같은 김세균의 비판은 정당하다.

위기의 원인을 한국 경제의 구조적 결함에서 찾은 IMF의 견해는 천민자본주의적 요소들을 대거 지닌 동남아시아 국가들만이 아니라 재벌이 이미 해체되고 자본합리화가 고도로 이루어진 일본이 왜 오늘날 심각한 금융위기를 경험하고 있으며, 유럽의 국가들 역시 오늘날 (비록 심각한 공황은 아니라 할지라도) 지속적인 불황을 경험하고 있는가를 함께 설명하지 못한다는 문제점을 지닌다(김세균, 1998 : 33).[8]

재벌해체론은 재벌해체를 통해 위기를 극복할 수 있고 한국 경제가 회생・고도화할 수 있다는 자신들의 주장을 전후 일본의 재벌해체의 역사적 경험을 빌려 정당화하려 한다. 그러나 재벌해체가 전후 일본 자본주의 발전의 요인이었다는 주장은 입증되지 않은 스탈린주의 가설에 지나지 않는다. 일본 자본주의 고도성장의 주된 요인은 주지하는 대로 전후 노동자계급의 패배와 영구군비경제 효과(한국전쟁과 베트남전쟁)에서 찾아야 할 것이다.[9]

둘째, 재벌책임론 혹은 재벌해체론은 진보진영의 이론과 정책처럼 보이지만, 신자유주의적・부르주아적 개혁 프로젝트와 본질적으로 구별되지 않는다. 실제로, 재벌해체론자 중에는 재벌개혁 같은 항목이 IMF 구제금융의 이행조건에 포함돼 있는 것을 보고, 이제 재벌해체를 성취할 수 있는 절호의 기회가 왔다고 환호한 사람도 있었다. 그들은 IMF의 구제금융은 유일하고 불가피한 선택이며 그 이행조건도 대부분 한국 경제의 고도화를 위해 필요한 과제라고 주장하면서, IMF를 공평무사한 존재로 간주하는 듯했다. 그들은 IMF라는 외압을 빌려서라도 족벌지배, 문어발경영, 과다차입 등으로 한국 경제를 파탄시킨 재벌체제를 해체해야 하고, 그래야만 한국 경제가 살아날 수 있다고 주장했다. 실제로, IMF는 한국의 경제위기가 한국 자본주의의 구조적 병폐에 연원을 두고 있다고 진단했으며, 이 점에서 재벌책임론과 맥락을 같이한다.[10]

물론 진보진영의 재벌해체론이 IMF나 김대중 정권 혹은 경실련 등의 재벌개혁론과 많은 차이를 보이는 것은 사실이지만, 재벌체제가 한국 자본주의 위기의 근원이라고 보는 점에서 IMF의 신자유주의적 진단을 기본적으로 공유한다. 장상환(1998), 김상조(1998), 서울대학교 대학원(1998)의 경우, 경제위기의 원인으로 수익성의 저하라든지 과잉투자와 같은 현상들도 거론하지만, 그러한 현상들이 초래된 근본 원인은 여전히 재벌체제에 있다고 주장한다. 예컨대 김상조는 "한국 사회의 구조적 모순, 특히 현재 위기의 근본 원인이 무엇인지에 대해서는 우리나라 국민 모두가 분명히 알고 있다. …… 장황한 이론이 필요 없다. 즉 금융을 수단으로 하여 정부가 주도하고 재벌이 중심이 되는 경제구조, 이와 연관된 반민주적이고 반민중적인 정치구조가 바로 위기의 근본 원인이다"(김상조, 1998 : 119)라고 했다. 그는 또한 현재 위기의 현실을 이해하기 위해 "이론이 필요 없다"고 주장하면서도, 결국 위기의 근본 원인이 관치금융, 재벌체제와 같은 한국 자본주의의 구조적 병폐에 있다는 IMF의 이론을 받아들인다. "따라서 필자[김상조]가 우려하는 바는, 한국의 근본적인 문제에 대한 IMF의 인식이 잘못됐다는 것이라기보다는, 그 문제를 해결하기 위해 제시된 정책의 방향에 있다. …… IMF는 김영삼 정권보다 훨씬 큰 강제력을 수반하고 있기 때문에 IMF의 요구는 재벌체제의 천민성을 개선하는 데 크게 기여할 것이며, 이를 현실화하는 것은 진보진영의 입장에서도 매우 중요한 과제이다. …… 너무나 천민적인 우리의 현실에 비추어 볼 때 IMF의 경영투명성 제고 요구가 진보적 의미를 가지는 것은 틀림없지만 ……"(김상조, 1998 : 132, 134). 요컨대 현 상황에서는 IMF의 재벌개혁 같은 신자유주의적 개혁조차도 진보적 의의를 갖는다는 것이다.[11] 조희연(1998b : 86~87)도 "경제위기와 관련하여 사회운동은 IMF 지원체제하에서 강요된 개혁을 어떻게 주체적인 진보적 개혁으로 추동할 것인가 하는 과제를 갖게 된다"면서, "한국 경제처럼 신중상주의적 '국가개입주의'하에서 왜곡성이 구조화된 경우에는 신자유주의적 요구 자체가 구조개혁의 압력으로 작용하는 측면을 지니고 있다(는) …… 점에서 사회운동은 한국 경제의 신자유주의적 재편을 요구하는 IMF의 압력을 활용"할 것을 주장한다.[12]

셋째, 재벌책임론은 진보진영의 주요 타격방향을 IMF의 신자유주의 공세가 아니라 재벌로 설정함으로써 IMF 신자유주의 공세의 제국주의적·반노동자적 본질, 즉 IMF 구제금융의 본질이 제국주의 금융자본의 부실·과잉대출에 대한 책임을 부당하게도 한국의 노동자 대중에게 뒤집어씌우는 데 있다는 사실[13]이 간과되게 하는 데 일조했다. 나아가 재벌책임론은 진보진영이 IMF 구제금융과 구조조정 정책을 투쟁대상이 아니라 불가피한 선택으로 받아들이게 하는 분위기를 조성했다. 그러나 '전태일을 따르는 민주노조운동연구소(이하 민노연)'(1998), 크로티(Crotty, 1998) 같은 초국적 금융자본 책임론이 주장하듯이, IMF 구제금융 수용이 유일한 옵션은 아니었다. 예컨대 모라토리엄은 외환금융위기 당시 최악의 공포 시나리오와 동일시됐지만, 실제로 모라토리엄이 선언됐더라면 한국의 외환위기가 즉각 제국주의 금융자본의 축적위기로 파급돼 위기와 손실이 자본 간에 국제적으로 배분됐을 것이기 때문에, 오늘 같은 구조화된 불황, 특히 부당하게도 한국의 노동자 대중이 한국 자본과 국제 금융자본 간의 거래에서 발생한 손실의 보상책임을 전담하는 상황은 오지 않았을 것이다.[14]

넷째, 진보진영은 IMF 구제금융을 받아들인 후에도 IMF의 신자유주의 공세에 대한 투쟁, 즉 정리해고 반대와 생활임금 쟁취를 핵심으로 한 생존권 방어 투쟁에 총력을 기울인 것이 아니라, 재벌해체 슬로건을 우위에 뒀는데, 이는 결국 김대중 정권이 재벌해체 요구를 수용하는 시늉을 하면서 고통분담, '기브 앤드 테이크'의 논리에 입각해 정리해고라는 독약을 노동자 대중에게 강제로 먹이는 데(이른바 노사정위원회의 '합의') 일조하고 말았다. 실제로, 스탈린주의에서 포스트주의로 전향한 재벌개혁론자 조희연(1998a)은 노동자 밥줄 끊는 정리해고를 조기 법제화한 이 제1차 노사정 '합의'를 "짧은 마라톤 큰 걸음", "오랜 불신 속에서 작은 신뢰를 만들어 낸 큰 전진", "새 정부 정국운영의 기본 패러다임" 운운하며 미화했다.[15] 그러나 이 기만적 노사정 '합의'에 분노한 노동자 대중은 이를 민주노총 대의원대회에서 부결시키고(이는 민주노총 지도부의 관료적 개량주의에 쐐기를 박은 노동자 민주주의의 쾌거였다), 1998년 메이데이 투쟁에서 재벌해체가 아니라 노사정이 '합의'했던 정리해고제의 철회를 제1의 요구사항으로 내걸었다. 이는 노사정 합의를 주도하고 예찬한 민주노총 지도부와 포스트주의자들의 재벌해체론이 노자 간의 계급투쟁에서 '바리케이트 저편'의 이데올로기로 봉사하고 있음을 실천적으로 입증한 것이다.

다섯째, 가장 급진적 수사를 동원한 재벌해체론의 경우에도 재벌해체를 사회주의 혁명의 제1단계로서가 아니라 현재 경제위기를 타개하는 정책으로 제시하고 있다. 재벌해체론은 반자본주의론이기는커녕 심지어 개량주의 슬로건조차 아니고 자본주의를 더 고도화하고 강화하자는 부르주아 프로젝트다. 여기서 우리는 재벌해체론을 포함한 모든 종류의 스탈린주의 반독점 강령은 결국 부르주아 프로젝트로 수렴될 수밖에 없다는 비판[16]의 정당성을 재확인한다.[17] 재벌해체론은 총자본의 총노동에 대한 양보가 아니라 다만 총자본의 구조조정일 뿐이며 그 과정에서 노동자 대중도 '구조조정'될 수밖에 없기 때문에 개량주의적 요구조차도 아니고 순수한 부르주아 프로젝트다. 조원희는 자신이 주장하는 재벌해체를 포함한 개혁이 다름 아닌 부르주아적 개혁임을 아예 공공연하게 주장하고 있다.

개혁은 본질적으로 모든 개인의 권력을 물(物)에, 화폐에 양도할 것을 요구하는 것, …… 자본주의를 본격적으로 도입한다는 것, …… 어떤 소수의 인간집단이 아니라 물이 지배하는 사회, 경쟁의 논리가 관철되는 사회를 창출한다는 것을 의미한다. …… 선진적 자본주의에 대한 대안은 오직 저차적인 자본주의라는 질곡일 뿐이(다.) …… 당장 10년 이내에 어떤 대안을 가지고 현실의 문제에 대응할 것인가 했을 때는 우리가 가지고 있는 암묵적 전제, 즉 자본주의의 합리화와 선진화, 그에 따른 문제점의 보완이라는 관점이 유효하다고 본다(조원희, 1997 : 28, 29).

2) 초국적 금융자본 책임론

민노연(1998)은 현재 위기가 한국 자본주의를 비롯한 동아시아 자본주의를 다시 제국주의에 종속적으로 편입시키기 위한 초국적 금융자본의 전략에서 비롯했다는 이른바 제국주의 음모론을 주장했다. 그런데 초국적 금융자본 책임론의 스펙트럼은 이러한 제국주의 음모론뿐만 아니라 암스덴·어윤대(Amsden & Euh, 1997), 장하준(Chang, 1997), 스티글리츠(Stiglitz, 1998), 유철규(1998) 등의 세계화(금융자유화) 책임론과 삭스(J. Sachs) 등의 순수 금융공황론을 포괄할 정도로 다양하다. 그러나 현재 공황의 근본 원인이 한국 경제 내부가 아니라 초국적 금융자본 (및 그에 영합한 김영삼·김대중 정권의 신자유주의 정책)에 있다고 보는 점에서는 공통적이다. 초국적 금융자본 책임론은 우리나라 진보진영에서는 소수견해이지만, 서구 좌파 사이에서는 크로티(Crotty, 1998), 미국 솔리대리티 그룹(*Against the Current* Editors, 1998)에서 보듯이 많은 지지자를 갖고 있으며, 펠드스틴(Feldstein), 삭스 같은 IMF의 구조조정 정책을 비판하는 일부 부르주아 경제학자들도 공유하는 생각이기도 하다. 사실, 한국을 비롯한 동아시아 자본주의를 앵글로색슨 자본주의에 대한 하나의 대안으로 간주하고 있던 서구의 일부 좌파로서는, 한국 모델이 파산한 까닭을 한국 모델의 외부에서 찾을 수밖에 없었을 것이다. 초국적 금융자본 책임론은 IMF와 재벌책임론자들과는 달리 한국 경제의 위기가 한국 경제 자체의 구조적 병폐에서 비롯한 것이 아니라, '기초여건'(fundamentals)에는 심각한 문제가 없던 경제에 대한 초국적 금융자본의 공략에서부터 시작됐다고 본다.

> 초국적 자본은 한국 자본주의를 파국을 통해 굴복시키려는 전략을 세우고 집행했다. 이것이 이번에 대공황이 터져 나온 또 하나의 중요한 원인이다 (민노연, 1998 : 83~84).[18]

이로부터 초국적 금융자본 책임론은 IMF에 대한 투쟁이 재벌해체 투쟁보다 중요하다고 하면서, '부채상환 거부를 위한 동아시아 연대' 등의 전략을 제안한다.

1997년 외환금융위기가 정말 초국적 금융자본의 사전 음모에 의해 일어난 것인지는 불분명하지만, 외환금융위기와 IMF 구제금융이 초국적 금융자본이 자기이익을 실현하는 황금의 기회가 된 것은 사실이다. 따라서 초국적 금융자본 책임론을 무조건 '은폐된 재벌옹호론'이라든지 '민족주의 이데올로기'로 매도하면서 IMF를 어떤 '합리적', '중립적' 존재로 상정하는 일부 재벌책임론자들의 주장은 타당하지 않다. 또 진보진영의 다수 견해인 재벌책임론의 문제설정이 다분히 일국적인 것과는 달리 초국적 금융자본 책임론은 신자유주의 공세의 제국주의적 본질을 폭로하면서 현재 경제위기의 세계적 차원을 정당하게 강조한다. 그리고 초국적 금융자본 책임론이 재벌책임론에 대해 제기하는 비판 역시 기본적으로 타당하다.

그러나 초국적 금융자본 책임론 역시 다음과 같은 문제점들을 갖고 있다. 첫째로 지적해야 할 것은 IMF와 초국적 금융자본이 한국의 국가부도를 사전에 의도했다는 조야한 음모론은 사실과 부합하지 않는다는 점이다. 민노연은 다음과 같이 주장한다.

> 이처럼 한국의 달러 부족 사태가 심화되고 외화차입이 가장 필요한 시기

에 국제 신용평가기관들이 신용평가라는 방법을 통해 외화차입을 지원한 것이 아니라 거꾸로 외화차입을 봉쇄했다는 사실은 국가부도 사태가 IMF-미국-초국적 자본의 기획 속에 들어 있는 것임을 뚜렷하게 입증해 주고 있다(민노연, 1998 : 230).

그러나 IMF는 초국적 자본 차입국의 국가부도(외채상환불능)가 아니라 반대로 외채의 회수를 일차적 목적으로 한다. 그리고 IMF 구제금융 이후에도 환율이 폭등하고 신용평가기관이 신용등급을 강등한 것은 IMF 구제금융이 자신의 목적을 성취하는 데 일단 실패했음을 보여 주는 것으로 해석해야 한다. 또, 초국적 금융자본 책임론은 재벌책임론과 마찬가지로 위기론을 '책임론', '주범론' 수준으로 환원한다. 예컨대 민노연은 다음과 같이 주장한다.

우리는 세계적인 범위에서의 주범인 초국적 금융자본과 국내적 범위에서의 주범인 천민재벌이 합동으로 현 사태를 빚어냈다고 본다. 이와 같이 그들은 설사 이번 한국 경제 파산의 주범은 아닐 수 있을지 몰라도 공범자인 것만은 부인할 수 없다(민노연, 1998 : 263).

그러나 마르크스주의는 공황을 '음모론', '책임론' 같은 주의주의적 차원에서 설명하지 않는다. 마르크스주의에서 공황은 자본주의 경제에 내재하는 객관적 모순의 필연적 발현이다.

둘째, 초국적 금융자본 책임론은 현재 경제위기의 근본 원인을 체제 내부에서가 아니라 체제 외부에서 찾으려 한다. 예컨대 민노연은 다음과 같이 주장한다.

이번 공황의 특징은 내부적인 데서부터 시작되는 것이 아니라 외부적인 데서부터 시작되는 점이다. 내부적인 취약점을 틈타 초국적 금융자본이 공황을 촉발시켜 심화시키고 있는 것이다. 그러면 외부적인 데서부터, 즉 외환부문의 파국으로부터 어떻게 국내부문의 파국으로 파급되고 있는가?(민노연, 1998 : 233)

그러나 이는 내적 모순과 외적 계기 간의 변증법적 상호관계를 중시하면서도 기본 모순은 사물의 내부에서 구하는 마르크스주의 방법과는 다른 것이다.

셋째, 초국적 금융자본 책임론과 순수 금융공황론 간의 경계가 모호하다는 점이 지적될 수 있다. 순수 금융공황론은 현재 위기가 한국 경제에 내재한 구조적 병폐 때문이 아니라 '기초여건'은 건실했음에도 예상하기 어려운 갑작스런 자본의 대량 유출('초국적 금융자본의 공격')로부터 야기된 유동성 부족에서 촉발했다고 주장한다. 또 이와 같은 유동성 부족이 실물경제의 위기로 파급될 필연성은 없었는데 그렇게 되고 만 것은, 게다가 대공황 사태로까지 치닫고 만 것은 IMF의 잘못된 정책 때문이라고 주장한다.[19] 그러나 ≪맥킨지 보고서≫ 등도 지적하고 있듯이 수익성을 중심으로 한 한국 경제 실물부문의 경제지표는 이미 외환금융위기 훨씬 전부터 심각하게 악화돼 있었다. 즉, 경제위기는 단지 금융시장의 교란이나 정책 대응의 오류에만 귀착시킬 수 없을 정도로 구조적이며 심각했다. 갈수록 심화되는 실물경제의 붕괴는 지난번 외환금융위기가 순수한 금융공황이라든지 그것에 당국이 제대로 대응하지 못했기 때문에 발생한 것이라고 간주하는 견해가 설득력이 없음을 보여 준다.[20] 설명돼야 할 것은 왜 갑자기 대량의 자본유출이 일어났는가 하는 점이다. 이는 실물경제의 악화에서 그 답을 구할 수밖에 없다.

넷째, 초국적 금융자본 책임론에서 가장 문제가 되는 것은, 신경희(Shin, 1998)도 지적하듯이 민노연(1998)에서 나타나는 스탈린주의적 · 제3세계주의적(NL적)인 정치적 함축이다. 스티글리츠(Stiglitz, 1998), 유철규(1998) 같은 금융자유화 책임론 혹은 순수 금융공황론이 함축하는 자본규제론류의 사민주의적 경향도 물론 문제다. 민노연은 다음과 같이 주장한다.

> 재벌을 주된 공격방향으로 하여 투쟁하는 과정에서 초국적 자본과 신자유주의 세력을 주된 공격방향으로 조정해 나갈 수도 있으나 지금은 그렇게 하는 것이 부적합한 상황이다. …… 이번 투쟁은 일차적으로 IMF, 초국적 자본, 미국, 신자유주의, 신제국주의 세력 등의 경제 신탁통치와 그것을 통한 경제 식민지화 기도에 맞서 그것을 저지하는 싸움이다. 이런 맥락에서 지금은 경제 신탁통치를 무효화시키는 것이 투쟁의 중심과제다. …… 우리의 투쟁은 경제 신탁통치 무효화를 전면에 내세우되 이것과 근본적인 민주 대개혁을 동전의 앞뒷면처럼 긴밀하게 결부시키는 '경제 신탁통치 무효화–민주 대개혁 운동'이 돼야만 한다. …… 그러나 현재의 조성된 정세하에서 재벌이 과연 우리 투쟁의 제1차적 투쟁대상일까? 문제는 이들을 주된 공격대상으로 방향설정함으로써 정작 제1차적 투쟁대상이 돼야 할 IMF, 미국, 초국적 자본, 신자유주의, 신제국주의 등은 투쟁의 주요 대상에서 비껴서 버리고 있다. …… 투쟁의 제1차적 대상은 재벌도 정권도(재경원도) 아니다. …… 우리 투쟁의 제1차적 대상은 IMF, 미국, 초국적 자본 세력이다(민노연, 1998 : 196, 197, 199, 201, 208, 209).

민노연에서 더 문제가 되는 것은 반제국주의 직접투쟁을 위한 전민항쟁 혹은 동아시아지역연대를 주장하면서 이를 노동자 대중의 생존권 사수 투쟁보다 우선하고 있는 점이다. 민노연은 다음과 같이 주장한다.

> '일자리 지키기 항쟁'으로는 노동자계급의 일자리가 지켜지지 않는다. 공황은 이미 대공황으로 터져 나가고 있고 …… 경제 신탁통치가 강요되고 있는 상황이다. 따라서 경제 신탁통치를 무효화해야만 …… 일자리는 지켜

진다. …… 지금 필요한 것은 고용문제를 중심으로 한 사회적 합의 정도가 아니라 경제 신탁통치 문제에 대한 거국적 타협과 거국적 대응이다(민노연, 1998 : 212, 271).

민노연(1998 : 199)은 자신들의 주장을 "민족해방파(NL)니 …… 하는 도식으로 재단하지 말기를 바란다"고 주문하면서도, 다음과 같이 누가 봐도 알 수 있는 NL 투의 어법을 구사하고 있다. "지금 우리 노동자 민중은 왜 자존심이 짓밟혔다고 느끼는가? 민족의 자주권이 더욱 철저히 유린당하고 그럼으로써 이후 노동자 민중의 생활이 노예적인 나락으로 떨어질 것이 예상되기 때문에 그렇게 느끼는 것이다. 민족적 자주권이 유린되고 있기 때문에 자존심이 상하는 것이다"(민노연, 1998 : 251). 그러나 IMF 시대 민중투쟁의 기본 방향은 제3세계주의적·민족주의적 투쟁이나 '인권의 정치'가 아니라 노자간의 계급모순에 기초한 고전적인 노동자 대중투쟁이 될 것임은 그동안의 노동자 투쟁을 봐도 알 수 있다.

3) 신식국독자 위기론

그 많은 경제학 박사들은 그동안 도대체 무엇을 했기에 대공황의 도래를 예측하지 못했는가 하는 비판이 IMF 정국에서 흔히 제기된다. 그러나 1980년대 한국 사회 성격 논쟁에서 제출된 여러 견해들 중 '강단 PD' 진영의 신식국독자론은 자신들이 이 같은 비판에서 면제될 수 있다고 주장한다. 예컨대 윤소영(1998 : 79)은 "IMF 정국은 1980년대 이후 한국에서 자본주의의 발전을 '신식민지국가독점자본주의의 일반적 위기와 반동적 재편'으로 보는 관점의 정당성을 반증한다"고 주장한다. 또, 김성구(1998a)는 "현 경제위기가 다름 아니라 신식국독자론의 일반적 테제와 정세적 분석 테제(1980·90년대 한국 자본주의)의 유효성을 웅변적으로 말해 주는 것임에도 불구하고 아이러니하게도 현실 정치와 이론에서 신식국독자론

그룹은 해체 · 소멸된 논쟁상황을 극복"하기 위해서 자신이 신식국독자론을 다시 주장하게 됐다고 술회한다. 신식국독자론은 재벌체제와 신식국독자의 종속성 같은 한국 자본주의의 특수성 때문에 현재 위기가 초래했다고 본다. 김성구는 다음과 같이 주장한다.

> 지금 한국의 외환금융위기는 마르크스주의 정치경제학의 일반이론이나 현대 자본주의 분석을 위한 그 특수이론(국가독점자본주의론)의 틀만으로는 설명되지 못하는 신식민지 종속국으로서의 특수한 구조와의 연관하에서만 설명될 수 있는 것이다(김성구, 1998b : 22).

신식국독자론은 현재 위기를 타개하기 위해서는 독점과 종속 상태를 해소하는 것이 필요하다고 주장하면서, 재벌해체와 민족경제 수립을 주된 내용으로 하는 '민주대안'을 내놓는다.

하지만 신식국독자론에서 전형적으로 나타나는 '독점과 종속의 문제설정'의 이론적 · 실증적 · 정치적 문제점은 종전에 이미 충분히 지적됐다.[21] 그리고 현재 경제위기 국면에서 다시 등장한 신식국독자론에 대해서는 재벌책임론과 초국적 금융자본 책임론에 대한 앞의 비판이 거의 그대로 적용될 수 있을 것 같다. 왜냐하면 신식국독자론은 스탈린주의 일반적 위기론의 관점에서 재벌책임론과 초국적 금융자본 책임론을 절충한 것으로 간주될 수 있기 때문이다. 다만 다음과 같은 문제점들이 추가로 지적될 수 있다.

첫째, 신식국독자론은 마르크스 위기론의 세 차원 중 만성적 위기와 구조적 위기의 범주는 한국 자본주의 위기 분석에 적용될 수 있지만, 주기적 산업순환의 범주는 적용되기 힘들다고 하는데, 이는 사실상 마르크스의 공황론이 현재의 위기를 분석하는 데 적용될 수 없음을 시사하는 것이다. 실제로 김성구는 다음과 같이 주장한다.

공황론의 최대 쟁점의 하나인 이윤율의 저하법칙은 이렇게 보면 주기적 과잉생산·과잉축적의 위기를 설명하는 것이 아니라 자본주의의 장기적 축적경향을 지배하는 법칙임을 알 수 있다. …… 그런데 한국 자본주의의 축적 역사에서 1960년대 공업화 이래 적어도 지금의 위기 전까지는 주기적 과잉생산·과잉축적 공황이라든가 이윤율의 경향적 저하에 의해 규정되는 장기적 축적의 위기 또는 구조위기를 확인하기 어렵다. …… 부르주아 통계에서 이윤율 저하를 주장하기 어렵다. …… 현재의 위기는 신식국독자의 만성적 위기 위에서 전개된 신식민지 독점의 축적위기이며 두 개의 위기 차원의 중첩 속에서 이해돼야 한다. …… 한국에서 주기적 공황은 현재의 축적구조하에서는 상정하기 어렵기 때문이다(김성구, 1998a).

그러나 외환금융위기의 배후에는 분명히 실물경제 수익성의 장기적·순환적 저하가 있었으며, 이는 마르크스가 정식화한 자본의 유기적 구성의 고도화에서 비롯한 이윤율의 경향적 저하법칙으로 설명될 수 있다. 김성구는 이를 부정하려고 애쓴다. 왜냐하면 이윤율 저하 경향의 관철을 인정할 경우 신식국독자론의 이론적 핵심인 신식민지 초과이윤 명제가 붕괴하기 때문이다.

둘째, 신식국독자론은 스탈린주의의 전반적(일반적) 위기론을 여전히 고수하고 있다. 김성구는 다음과 같이 주장한다.

19세기의 고성장과 비교한 20세기 축적의 정체 또는 미약한 성장을 어떻게 해석해야 하는가 하는 문제인데, 여기에 다름 아닌 독점이윤의 지배에서 비롯되는 독점자본주의·국독자의 상대적 정체, 만성적 위기 테제가 이해될 수 있는 것이다(김성구, 1998a).

윤소영(1998)도 아리기(Arrighi, 1994)의 금융자본론을 새로운 논거로 끌어오면서 일반적 위기론을 다시 주장하고 있는데,[22] 이는 신식국독자론을 알튀세르와 결합시키려 하던 것만큼이나 부적절하다. 아리기의 금융자본론은 오히려 금융자본주의를 자본주의의 최종단계로 보는 일반적 위기론에 대한 비판으로 해석돼야 한다. 즉, 아리기는 네 개의 '체계적 축적순환'으로 이뤄진 자본주의 역사에서 실물자본의 축적이 포화돼 둔화하는 각 '체계적 축적순환'이 '가을'로 접어들 때 금융자본의 팽창이 반복해서 나타났다고 봤다. 아리기는 금융자본의 팽창을 결코 이른바 경쟁자본주의에 후속된 자본주의의 최종·최후단계로서의 독점자본주의의 현상으로 간주하지 않았다.[23]

셋째, 신식국독자론은 IMF 정국을 노동자계급에 대한 자본일반의 공격 국면으로 이해하는 것이 아니라 독점과 종속의 폐해에서 비롯한 위기 국면, 그리고 이 위기로부터의 탈출('경제 살리기')을 위한 개혁을 모색하는 국면으로 간주하기 때문에, 노동자계급의 생존권 방어와 자본 일반에 대한 반격이 아니라 반독점과 반제국주의 투쟁이 주요 투쟁과제로 설정된다. 그리하여 대량실업과 위협받는 노동자 대중의 생존권 문제에 대한 분석은 소홀히 되고 만다. 사실, 계급투쟁 관점의 부재는 윤소영과 그의 새로운 논거인 아리기에서 현저하다. 따라서 다음과 같은 김세균(1998)의 신식국독자론 비판은 적절하다.

위기의 근본 원인을 한국 경제의 대외종속성에서 구하는 견해[신식국독자론-필자주]는 노자간의 모순을 민족모순으로 대체시키는 효과를 지닌 견해라고 말할 수 있다(김세균, 1998 : 55).

넷째, 신식국독자론은 1980년대 한국 사회 구성체 논쟁 당시보다 훨씬 후퇴한 다분히 개량주의적인 '민주대안', 즉 '구조개혁'과 제3세계주의적인 '자립적 민족경제'를 정책대안으로 제시하고 있다. 김성구는 다음과 같이 주장한다.

민주대안은 자본의 세계화 경향을 인정하는 위에서도 근본적으로 현재 경제위기를 가져온 대외지향적이고 대외종속적인 축적구조를 내수지향적이고 자립적인 분업연관을 갖는 축적구조로 전환하는 것을 지향한다. 또 재벌의 지배체제를 사회적 또는 공공적 소유와 사회적 조절로 대체하여 시장과 자본의 지배를 제한하고 사회적 통제로 점차 대체하는 것을 지향한다. …… 개혁은 대내적인 개혁, 즉 재벌지배체제의 해체와 사회적 조절로의 전환으로부터 시작하는 것이 올바른 수순이다(김성구, 1998b : 41, 42).

민주대안은 김대중 정권과 IMF의 신자유주의에 대한 근본적 대안이다. 민주대안은 세계시장과 개방・자유화, 민영화와 탈조절, 시장경쟁과 이윤논리를 지향하는 신자유주의에 대항하여 국내시장, 강력한 국가조절과 사회화정책, 소득재분배정책, 국가와 공공부문에서의 민주적 통제 강화를 지향한다. …… 물론 민주대안에서도 전술적으로는 파국으로 발전하지 않는 수준에서 구조개혁의 현실적 길을 모색하는 것이 필요하고 궁극적으로는 독점적 지배와 대외종속, 외채문제를 급진적으로 해결하는 구조개혁의 길로 나아가야 한다. …… 국민경제의 산업연관 체계를 갖는 자립적인 경제구조로의 정책전환을 이루어야 한다(김성구, 1998a).

하지만 자립적 민족경제론의 경우 그 제3세계주의적・민족주의적 문제점은 차치하고라도, 그와 같은 일국사회주의 기획이 실패할 수밖에 없음은 옛 소련 블록의 역사에서 이미 입증된 것이다. 그리고 구조개혁은 포스트주의자들의 정책대안론・재벌해체론과 거의 구별되지 않는다. 실제로 김성구(1998a)는 "현 정세하에서 보수주의・파쇼적 유산과의 투쟁이 아직 중요하고 신자유주의와의 전술적 제휴의 의미도 소진되지 않았지만, …… 신자유주의를 넘어가는 노동자계급의 개혁요구 위에서 현실의 힘 관계에 따른 결과적인 타협은 용인될 수 있지만……" 등의 서술에서 보듯이, 김대중 정권에 대해 '비판적 지지'도 할 수 있다는 애매한 태도를 취하고 있다.

그러나 '신자유주의와 전술적 제휴'라든지 '타협' 같은 전술은 마르크스주의 정치에 없다.

신식국독자론은 1980년대 한국 사회 성격 논쟁에서도 그랬지만 현재 경제위기 정세에서도 이론적·실증적·정치적으로 정당화될 수 없다. 특히 신식국독자론이 시도하는 스탈린주의의 복권은 용납될 수 없다.

4) 과잉생산공황론

채만수, 김세균을 비롯한 한국노동이론정책연구소(이하 한노정연)의 주요 논자들은 현재 위기는 자본축적 과정에서 필연적인 과잉투자·과잉생산의 결과, 생산과 소비의 모순이 격화된 데서 비롯한다고 주장한다. 채만수는 다음과 같이 주장한다.

위기의 본질은 과잉생산공황이고, 따라서 그 원인도 세계시장에서의 과잉생산·과잉축적이다. …… 한국 경제의 위기의 직접적인 원인은 국제수지의 적자 누적과 몇몇 거대기업군(재벌)의 도산에 따른 금융기관의 부실채권 누증인데, 이 양쪽 모두 현 시기 자본주의 세계시장의 극대화된 생산과잉의 직접적 결과이다(채만수, 1997a : 13).

김세균도 다음과 같이 주장한다.

한국을 비롯한 동남아시아 경제위기의 근본 원인은 이들 경제체제가 지닌 근본적·구조적 결함에 기인하는 이들 국가에만 해당하는 고유한 위기가 아니라 자본주의적 시장경제체제 자체의 모순에서 비롯되는 자본의 과잉축적 위기이다(김세균, 1998 : 35).

과잉생산공황론은 현재 위기를 자본주의에 내재한 모순의 필연적 귀결로 설명한다는 점에서, 재벌책임론이나 초국적 금융자본 책임론 혹은 신식국독자 위기론처럼 위기의 원인을 자본주의의 어떤 특수성, 즉 천민성이라든지 종속성에서 찾거나 자본주의에 외적인 요인 또는 제국주의의 음모에서 찾으려는 견해와는 달리 마르크스주의적 방법을 견지하고 있다고 할 수 있다. 그리고 정당하게도 IMF 정국의 본질을 노동자계급에 대한 총자본의 공세 국면으로 파악하고, 진보진영의 당면과제로서 재벌해체 투쟁 같은 사회개혁 투쟁이나 민족주의적 투쟁이 아니라 노동자계급의 생존권 사수투쟁을 설정하고 있다.[24]

하지만 과잉생산공황론 역시 몇 가지 중요한 문제점들을 갖고 있다. 첫째, 현재 위기가 과잉생산공황이라고 하여 공황의 원인이 해명된 것은 아니라는 점이 먼저 지적돼야 한다. 자본주의에서 공황이 과잉생산공황이라는 사실은 마르크스의 공황론의 출발점이지 결론이 아니다. 공황은 과잉생산공황이라고 선언하는 것은 공황은 공황이라는 동어반복에 불과하며 현재의 공황의 본질, 원인, 특징에 대해 아무것도 말해 주는 것이 없다. 자본주의에서 공황은 과잉생산공황이라는 사실을 부정하는 마르크스주의자는 없다. 오히려 마르크스주의자에 주어진 과제는 과잉생산공황으로서의 자본주의 공황의 원인을 구명하는 것이다. 주지하듯이, 이를 둘러싸고 자본주의적 착취하에서 대중의 제한된 구매력으로 야기된 과소소비가 과잉생산공황의 원인이 된다고 보는 과소소비설의 견해, 또는 자본주의의 무정부적 생산에서 초래되는 부문간 불균형이 공황의 원인이 된다고 보는 불비례설, 그리고 자본의 유기적 구성 고도화로 야기된 이윤율의 경향적 저하가 공황의 원인이라고 보는 견해, 노동자 투쟁의 강화에 힘입은 임금인상으로 인한 이윤압박이 공황의 원인이라고 보는 신리카도주의자들의 임금인상-이윤압박설, 호황 말기 자본의 절대적 과잉축적, 즉 호황 말기 산업예비군의 고갈을 배경으로 한 임금의 급등에 기인한 이윤율 저하와 이윤량의 감소가 공황의 원인이라고 보는 일본의 우노(宇野)학파 간에 논쟁이 전개돼 왔다.[25] 한노정연이 주장하는 과잉생산론의 경우, 이윤율 문제보다는 생산과 소비의 모순을 강조하기 때문에 과소소비설의 입장을 채택하고 있는 듯하다. 그런데 과소소비설은 마르크스의 공황론의 진수로 보기 힘들며, 마르크스주의 공황론의 역사에서 스탈린주의적 파국론으로 치우치는 등 중요한 문제점을 갖고 있다.

둘째, 과잉생산공황론은 그 과잉생산을 한국 자본주의의 과잉생산이 아니라 세계적 규모의 과잉생산으로 해석한다. 과잉생산은 한국 자본주의 자체의 과잉생산이 아니라 세계 자본주의의 과잉생산이라는 것이다. 그런데 이러한 주장은 한국 자본주의 차원에서는 과잉생산은 존재하지 않는다는 주장을 암암리에 함축한다. 그러나 각국 공황과 분리된 세계공황이란 있을 수 없다. 세계적 규모의 과잉생산·과잉축적은 각국 자본주의에서 이뤄지는 과잉생산·과잉축적의 원인인 동시에 결과다. 각국 과잉생산과 독립적인 혹은 무관한 세계적 규모의 과잉생산이라는 한노정연의 주장은 이제는 오류로 판명된 그들의 종전 주장, 즉 경제위기 '설,' 즉 경제위기는 실존하지 않으며 자본가계급의 이데올로기 공세에 불과하다는 주장의 연장으로 볼 수 있다.[26] 이 지점에서 과잉생산공황론은 현재 위기의 원인을 한국 경제 내부가 아니라 외부에서, 즉 세계시장에서 찾는 초국적 금융자본 책임론에 합류한다.

셋째, 과잉생산공황론은 현재 위기의 구조적 차원을 부정하고 이를 주기적 차원의 과잉생산공황으로 환원한다. 그런데 주기적 과잉생산공황론은 한국 경제의 구조적 병폐에 주목하고 그것을 자본 일반의 내적 모순과 결부시키지 않는 재벌책임론 같은 경향에 대한 비판으로서는 의미를 갖는 것이지만, 현재 위기에 대한 구체적 분석으로서는 불충분하다. 따라서 "한국 자본주의의 위기와 관련하여 이들 이론의 결정적 취약점은 무엇보다 위기의 특수성을 이론화하지 못한다는 것에 있다"는 과잉생산공황론에 대한 김성구(1998b : 22)의 비판은 정당하다. 자본 일반의 모순이 한국 자본주의의 구조에 어떻게 특수하게 구체화되는지를 구명하지 않고, 현재의 위기가 마르크스가 말한 과잉생산공황이라고 공허하게 선언하는 것은 위기에 대한 올바른 마르크스주의적 분석이라고 볼 수 없다.

넷째, 과잉생산공황론은 신식국독자론과 마찬가지로 스탈린주의의 전반적 위기론을 고수하고 있다. 이들에게서는 만성적 위기, 구조적 위기, 순환적 위기라는 마르크스의 자본주의 위기론의 세 차원 중 두 번째 차원은 완전히 결여돼 있고, 첫 번째 차원은 '믿거나 말거나' 식의 스탈린주의 전반적 위기론으로 둔갑해 있다. 채만수는 다음과 같이 주장했다.

> 현대 자본주의는 이중의 위기 구조를 가지고 있다. 주기적으로 엄습하는 전반적인 공황과 1930년대 이래의 항상적이고 만성적인 위기가 그것이다. …… 현대 자본주의는 1930년대 이래 항상적이고 만성적이며 전반적인 위기 속에 있는데, 자본 측은 적어도 표방하는 바로는 그 존재 자체를 부인하고 있고, 또 그 항상성 때문에 노동 측의 담론에서도 통상 '경제위기'라고 할 때는 대개는 이 항상적 · 전반적 위기를 가리키는 것이다(채만수, 1996 : 16, 18).

또한 그는 현 시기에 한국 경제가 '주기적 · 순환적 위기'의 국면에 있지 않다는 명제의 의미는 "한국 경제가 항상적 · 만성적 위기상태에 있지 않다는 의미는 결코 아니다"(채만수, 1997b : 222) 하고 주장한다. 스탈린주의 전반적 위기론에서는 전후 선진 자본주의의 장기호황(이른바 '황금시대')이나 1960년대 이후 한국 자본주의의 '30년 장기호황'(이른바 '기적')은 예외적인 것 혹은 일시적 환영 정도로 치부된다.

다섯째, 과잉생산공황론은 현 시기 진보진영의 과제를 노동자 대중의 생존권 사수투쟁이라고 올바르게 설정하고 있지만, 이를 이행기강령의 일부로 자리매김하지 못하고 있으며, 또 노동자 대중 투쟁에서 마르크스주의 정치와의 결합의 문제를 중요시하지 않기 때문에, 이들의 정치는 생디칼리즘으로 경사될 수도 있다.[27] 실제로 임금인상이 '위기 극복'의 길이라고 주장하는 다음과 같은 채만수의 주장에서 생디칼리즘이 개량주의와 결합될 수 있음을 알 수 있다.

자본주의적 경제위기는 과잉생산위기이다. 따라서 높은 임금을 획득해 냄으로써만, 어떤 의미와 방향에서든 '위기의 극복' 혹은 위기로부터의 탈출을 앞당길 수 있다(채만수, 1997b : 250).

3. 경제위기와 마르크스주의적 대안

1) 마르크스주의 장기파동론

이상에서 현재 경제위기에 대한 진보진영의 분석들을 비판적으로 검토했다. 나의 비판은 각 견해의 정치적 함축을 주로 겨냥한 것이다. 진보진영은 현재 경제위기의 원인과 대책에 대해 상이한 견해들을 제시하면서 논쟁하고 있지만, 그 견해들이 함축하는 정치가 모두 스탈린주의와 포스트주의 사이에서 동요하고 있다는 점에서 공통적이다. 초국적 금융자본 책임론으로 분류할 수 있는 민노연(1998)에 대해 재벌책임론이나 신식국독자 위기론 혹은 과잉생산공황론 어느 쪽으로부터도 본격적인 비판이 제기되지 않은 이유는 이 네 견해가 모두 스탈린주의 혹은 포스트주의의 문제설정을 공유하기 때문이라고도 생각할 수 있다.[28]

그러나 이상에서 검토한 진보진영의 경제위기 원인 분석을 그것이 함축하는 정치로부터 분리시킨다면, 그리고 그 분석들에 여전히 각인돼 있는 스탈린주의적 혹은 개량주의적 왜곡을 제거한다면, 그것들은 현재 위기에 대한 마르크스주의 공황론적 설명을 제공할 수 있는 요소들이 될 수 있다. 우선 재벌책임론과 신식국독자 위기론으로부터 추출할 수 있는 요소로는 현재 위기가 순환적 위기와 구별되는 구조적 위기라는 관점이다. 그리고 초국적 금융자본 책임론으로부터 추출될 수 있는 합리적 핵심은 한국의 자본주의와 세계 자본주의와의 관련을 현재 위기를 촉발시킨 요인으로 인식하는 부분, 특히 금융자유화(규제완화)와 금융자본의 투기적 활동, 초국적 금융자본의 제국주의적 축적운동이 현재 위기를 외환금융위기라는 형태로 촉발시켰다고 인식하는 부분이다. 마지막으로 필요한 것은 현재 위기가 마르크스의 공황론으로 설명될 수 있다는 과잉생산공황론의 시각을 채택하는 것이다. 우리에게 주어진 과제는 이러한 각 견해들에서 추출될 수 있는 합리적 핵심들을 마르크스주의 공황론의 문제설정 속에서 올바르게 결합하는 것, 그리고 이로부터 현재 위기에 대한 진보진영의 올바른 대응방안을 강구하는 것이다.[29]

마르크스주의 공황론은 자본주의 위기를 만성적 위기와 구조적 위기 이외에 몇 차례의 주기적 산업순환을 포함하는 장기파동의 중층결정 관계로 이해한다. 김성구(1998a, 1998b)도 위기의 중층적 성격을 강조하지만, 그에게서 위기의 중층성은 자본주의-국독자-신식국독자라는 세 차원에서 위기의 중층성이며, 우리처럼 이윤율의 경향적 저하법칙을 매개로 한 자본주의 일반에서 위기의 중층성이 아니다. 만성적 위기와 구조적 위기 및 주기적 위기의 중첩관계는 이윤율의 변동을 중심으로 한 장기파동론에 기초해 설명할 수 있다.[30] 이윤율의 장기파동에 대응하는 것이 바로 '사회적 축적구조'의 붕괴로 표현되는 구조적 위기다.

마르크스주의 장기파동론의 관점에 설 때 1997년 말 폭발한 외환금융위기의 뿌리는 1996년부터 본격화된 주기적 공황을 넘어 1990년대 초부터 시작된 장기불황에 소급된다. 즉, 현재 위기는 단지 과잉생산공황론이 주장하는 '10년주기'의 과잉생산공황이 아니라 장기불황에 주기적 공황이 중첩돼 폭발한 것으로 이해된다. 과잉생산공황론은 순환적 공황과 구별되는 장기불황과 구조적 위기에 대한 인식을 결여하고 있다는 점에서, 반대로 신식국독자 위기론은 구조적 위기와 일반적 위기만을 주장하고 순환적 위기를 부정한다는 점에서 현재 위기의 복합적 성격을 이해하는 데 한계가 있다. 1990년대 초부터 시작된 장기불황은 1960년대 이후 1980년대 말까지 지속된 '30년 장기호황'을 지탱해 온 국가자본주의적 '사회적 축적구조'가 붕괴하면서 초래됐다.[31] 즉 국제정치관계(냉전 체제), 국가-자본관계(정부의 재벌육성과 통제체제), 자본-노동관계(장시간-저임금 초과착취체제), 국가-시민관계(권위주의적 정치체제), 국제경제관계(한미일 삼각무역구조) 등의 요소로 성립한 1960~1980년대의 사회적 축적구조는 '30년 장기호황'을 지탱한 기관차 역할을 했지만, 1980년대 말 이후 소련의 몰락, 재벌의 성장, 6월 항쟁과 7·8·9월 노동자 대투쟁 이후 이른바 '87년 체제'(편집부, 1998 : 132)의 성립,[32] 대미 무역수지의 적자기조로의 전환[33] 등을 계기로 붕괴하기 시작했고, 이를 대체하는 새로운 사회적 축적구조의 형성이 지연되면서 구조적 위기, 장기불황이 현재화하고 있다.

1990년대 초 이후 장기불황은 이미 '30년 장기호황' 기간에 진행되고 있던 이윤율의 저하 경향의 결과였으며, 그 저하 경향을 다시 격화시켰다. 장하원(1997)에 따르면 '30년 장기호황' 과정을 통해 이윤율의 저하 경향이 현재화되고 있었으며, 1980년대 이후 이윤율의 저하는 임금상승에 기인한 이윤압박이 아니라 자본의 유기적 구성 고도화에 기인한 것이었다. 그리고 1997년 외환금융위기 발발 직전 각종 수익성 지표가 크게 악화됐다는 사실[34]은 현재의 위기를 실물경제의 위기가 아닌 순수 금융공황으로 보기 어려움을 보여 준다. 삭스 등 순수 금융공황론자들은 외환금융위기 직전까지 성장률, 경상수지, 물가, 실업률 등의 거시경제지표로 표현되는 경제 '기초여건'은 아무 문제가 없었고 오히려 개선되기조차 했다고 주장하지만, 이들은 모두 수익성 지표의 급격한 악화에는 주목하지 않는다. 그리고 거시경제지표들(특히 외채)의 추세가 장기적으로 악화되고 있었다는 사실도 부정할 수 없다. 한국의 외환금융위기는 이윤율의 장기적·주기적 저하와 결부돼 있다는 점에서 다른 아시아 나라들의 위기와 구별되는 심각성이 있는 것으로 보인다. 이윤율 저하 속에서 격화되는 자본 간 경쟁, 이윤율 저하를 이윤량의 증대로 상쇄하기 위한 추가자본 투하 경쟁은 자본차입에 의존한 과잉투자와 과잉생산 현상을 더 악화시켰다. 이러한 과잉투자·과잉생산은 다시 자본의 유기적 구성을 고도화시켰고, 이것은 이윤율 저하를 가속했다. 이것은 급기야 이윤량의 절대적 감소(자본의 절대적 과잉축적) 사태를 초래했다. 과잉생산은 이윤율의 경향적 저하를 배경으로 발생한 공황의 현상이다. 즉, 과잉생산은 공황의 원인이 아니라, 공황의 결과이자 현상형태다.

그런데 이와 같은 이윤율의 저하로 집약되는 실물경제의 위기가 1997년 말 외환금융위기의 형태로 폭발하게 된 배경은 진부화된 국가자본주의적 축적체제에 부과된 김영삼 정권의 신자유주의적 규제완화 정책이었다. 김영삼 정권의 세계화 정책, 특히 OECD 가입을 전후한 금융자유화는 외환금융위기를 직접 촉발시킨 계기였다고 할 수 있다.[35] 김영삼 정권도 기존의 국가자본주의적 축적구조가 한계에 봉착했다는 것을 인식하고 신자유주의적 규제완화 정책에서 장기불황을 타개하는 방안을 찾으려 했으나, 이것은 위기의 폭발을 도리어 재촉했다. 김영삼 정권의 신자유주의적 정책 선회와 함께 한국 자본주의는 초국적 금융자본의 투기장으로 변모하기 시작했으며, 이에 따라 한국 자본주의의 불안정성은 급격히 증대했다. 초국적 금융자본의 대거 퇴각이 지난번 외환금융위기를 촉발하는 배경이 된 것은 주지하는 대로다. 즉, 외환금융위기는 1990년대 초부터 시작된 구조적 위기, 장기불황이 "세계적 금융 불안정성에 의해 극적인 하강이라는 정세적 형태를 부여받은"(편집부, 1998 : 121) 결과다.

그리고 외환금융위기로 시작된 경제위기가 IMF 구제금융 이후에도 완화되지 않고 오히려 대공황 사태로 치닫고 있는 것은 외환금융위기를 촉발시킨 원인인 김영삼 정권의 신자유주의 정책을 도리어 위기의 처방으로 더 강압적으로 밀고 나가는 김대중 정권과 IMF의 신자유주의적 구조조정 정책 그리고 이를 기화로 한 제국주의 금융자본의 수탈 때문이다.[36]

2) 이행기강령

1987년을 기점으로 시작된 장기불황은 1989년, 1992년, 1996년 거듭된 산업공황 속에서 더욱 심화하다가 1997년 외환금융위기와 이를 계기로 한 IMF-김대중 정권의 신자유주의적 구조조정 속에서 대공황으로 치닫고 있다. 그리고 IMF-김대중 정권이 대리하는 총자본은 노동자 대중에 대한 무자비한 공격을 통해서, 즉 '87년 체제'의 최종적 붕괴를 노리는 한국 노동자 계급에 대한 파괴적 공격(편집부, 1998 : 134)을 통해서 이와 같은 장기불황을 타개하려 하고 있다. 그러나 김대중 정권과 IMF의 구조조정 정책이 설령 성공해 경제가 살아난다 할지라도 노동자 대중은 성공의 과실을 분배받지 못할 것이다. '경제 살리기'는 노동자 대중을 희생으로 해서만 가능하기 때문이다. 또 총자본의 '경제 살리기' 전략이 실패한다 할지라도, 이것이 자본의 '실패'를 의미하지는 않을 것이다. 이는 1980년대 라틴아메리카 나라들에서 IMF의 신자유주의적 구조조정 정책 혹은 케인스주의적 구조주의 정책이 모두 '경제 살리기'에는 실패했지만, 그 나라의 자본은 도리어 착취율의 비약적 상승이라는 획기적 '성공'을 거둔 사례를 봐도 분명하다.[37] '경제'의 실패가 자본의 '성공'으로 귀결되는 사태는 자본주의에서는 예외적인 것이 아니라 정상적인 것이다. 노동자 대중이 총자본의 공격을 효과적으로 방어하지 못한다면, 그리고 이를 격퇴하지 못한다면, IMF와 김대중 정권의 구조조정 정책은, '경제 살리기'에 성공하는 경우든 실패하는 경우든, 자본의 '성공'과 노동의 '패배'로 귀결될 것이다. 편집부(1998 : 134)가 지적한 대로 "비록 재벌 등 자본가계급 내 일부 분파의 세력 약화가 초래된다 하더라도 전체 자본가계급 블록의 헤게모니는 오히려 위기를 통해 재구성, 강화되는 역설이 빚어진다. 이것이 현 국면의 핵심이다."

현재 정세를 이처럼 총자본이 장기불황의 한복판에서 벗어나기 위해 노동자 대중에 대한 전면공격을 감행하는 국면으로 인식할 경우, 마르크스주의적 정치의 방향은 분명해진다. 무엇보다 선행돼야 할 것은 현재 진보진영의 각종 위기론이 공유하는 '위기 극복' 혹은 '경제살리기'라는 스탈린주의적·포스트주의적 문제설정을 급진적으로 전면 폐기하는 것이다.[38] 그 다음 필요한 것은 노동자 대중의 생존권 사수투쟁을 이행기강령으로 위치짓는 것이다. IMF의 신자유주의 공세 속에서 대공황의 수렁으로 빠져들고 있는 상황에서는 정리해고 반대, 고용보장, 생활임금 쟁취와 같은 절박한 생존권 요구야말로 트로츠키가 말한 이행기강령으로 기능할 수 있다. 대공황이라는 정세에서는 물가임금연동제와 같은 생존권 차원의 요구조차도 이행기강령으로서 의의를 갖는다는 트로츠키의 평가는 오늘 한국의 대공황 정세 인식에 중요한 시사를 던져 준다. 1938년 트로츠키는 이행기강령의 의의를 다음과 같이 정식화했다.

일상적 투쟁과정에서 대중이 제기하는 현재의 요구들과 혁명의 사회주의적 강령 사이에 놓인 간극을 이어 줄 가교를 발견하도록 대중을 돕는 것이 필요하다. 이 가교에는 이행기요구들이 포함돼야 한다. 이행기요구들은 현재의 객관적 상황과 노동자계급의 광범한 층들이 지닌 현재의 의식으로부터 나오며, 프롤레타리아트의 권력 장악이라는 하나의 최종 결론으로 반드시 인도한다. …… 제4인터내셔널은 이미 오래 전부터 존재한 '최소' 요구들의 강령이 아직 그 핵심적 유효성을 보존하고 있는 한 그것을 계속 옹호하고 유지한다. 그리고 끊임없이 민주적 권리와 노동자들의 투쟁 성과들을 옹호한다. 그러나 제4인터내셔널은 이러한 일상적 작업을 올바르고 현실적인 혁명적 전망 속에서 수행한다. 대중의 부분적인 '최소' 요구들은 부패한 자본주의의 파괴적인, 그리고 인간의 존엄성을 말살

하는 경향과 매시각 충돌한다. 이러한 상황에서 제4인터내셔널은 이행기 요구들을 체계적으로 제기한다. 이행기요구들은 더욱더 공공연하게 그리고 단호하게 부르주아 체제의 기반 자체를 공격하게 될 것이다. 낡은 '최소' 강령은 이행기강령에 의해 대체된다. 이행기강령의 임무는 프롤레타리아트 혁명의 길로 대중을 체계적으로 동원해내는 것이다[트로츠키 (Trotsky, 1996 : 101, 102)].[39]

대공황기에는 생활임금 쟁취나 고용보장 같은 노동자 대중의 절박한 생존권 요구들이 자본주의적 소유관계와 부르주아 국가의 한계 내에서는 성취될 수 없기 때문에, 노동자 대중이 일상적 투쟁과정에서 제기하는 생존권 요구들이 근본적 변혁(노동해방)으로 나아갈 수 있는 가교가 존재한다. 대공황기에 '경제'를 살리기 위해서 노동자가 죽어야 한다는 주장으로부터 노동자가 살기 위해서는 '경제'가 죽어야 한다는 결론, 혹은 노동자 살리는 생존권 사수투쟁이 '경제'를 죽이는 투쟁, 즉 자본주의적 생산관계를 타도하는 투쟁으로 비화될 수밖에 없다는 결론이 도출된다. 투쟁하는 대중이 생존권 사수투쟁에서 근본적 변혁으로 나아가는 가교를 건널 수 있도록 대중 속에서 선동 선전 조직화 사업을 수행한다면 정리해고 반대, 고용보장, 생활임금 쟁취와 같은 생존권 사수투쟁이 자본주의적 생산관계 그 자체에 대한 공격이 될 수 있다. 예컨대 민주노총 2기 지도부가 고용안정 쟁취투쟁의 요구로 제출한 '실질임금 삭감 없는 주 35시간 노동제 쟁취를 통한 2백만 일자리 창출'은 이행기요구 중의 하나가 될 수 있을 것이다. 따라서 현재 정세에서 노동자 대중의 생존권 사수투쟁을 방어투쟁이라고 격하하면서, 그것만으로는 부족하고 거기에 재벌해체 같은 요구가 추가돼야 한다는 주장, 예컨대 "위기 속에서 구조개혁투쟁으로 전화하는 것 없이 실업위기와 고용문제를 그 자체로서 독립된 문제로서 해결할 수 있는 길은 극히 제한돼 있다고 할 것이다"(김성구, 1998a)는 주장은 옳지 않다. '이행'

의 맹아는 물론 노동자민주주의의 동력에 기초한 대중파업의 폭발과 이의 실업자운동과의 결합 속에서 발견될 것이다. 그리고 이 '이행'의 가능성은 혁명적 마르크스주의 정치와 융합할 때 비로소 현실성으로 전화한다. 이 융합의 필요성을 부정하는 것은 생디칼리즘으로 경사하는 것이다.

이 장에서 나는 스탈린주의와 포스트주의의 잔재가 경제위기 논쟁에 어떻게 나타나고 있는지 그리고 그것이 경제위기에 대한 진보진영의 대응을 마르크스주의 정치로부터 어떻게 일탈시키고 있는지를 살펴봤다. 1980년대 진보진영의 교조였던 스탈린주의와 1990년대 진보진영을 미혹했던 포스트주의와 대결하는 것은 현 시기 경제위기에 대한 올바른 이해를 위해서, 그리고 21세기 마르크스주의 정치의 발전을 위해서 필수적이다. 현재 경제위기의 원인은 마르크스의 공황론에 기초해야 과학적으로 해명할 수 있다. 그리고 현재 경제위기에 대한 올바른 마르크스주의적·정치적 개입은 경제위기에 대한 마르크스의 공황론에 기초한 해명을 전제로 한다.

주

1 자본주의의 '황금시대'에는 경기순환의 종언을 주장하던 부르주아 경제학
  자들까지 아시아 금융위기의 충격 이후에는 자본주의에서 공황의 불가피
  성을 인정한다. 예컨대 전(前) 세계은행 부총재 스티글리츠는 경제정책이
  할 수 있는 것은 단지 공황의 빈도와 심도를 조절하는 것뿐이라고 털어놓
  고 있다. 다음과 같은 스티글리츠의 서술은 그 필자가 대표적 부르주아 경
  제학자 스티글리츠인지, 어떤 마르크스주의자인지 분간할 수 없을 정도다.
  "금융공황이 계속 발생하고 있으며, 근년에 들어 더 빈번하고 더 심해지고
  있다. …… 경제변동은 자본주의 체제에 내재적인 양상이며, 경제정책은 경
  제변동의 규모와 지속기간에 영향을 미칠 수 있을 뿐이다. …… 공황 혹은
  최소한 경제활동의 현저한 변동은 적어도 지난 2백년간 자본주의 공업경
  제의 특징이었다. 공황은 정교한 금융규제체제를 갖춘 나라들에서도 일어
  났으며(예컨대 9년 전 미국의 저축대부조합의 파산을 보라), 경제체제가
  매우 투명한 나라들에서도 일어났다(지난 10년간 스칸디나비아 제국의 공
  황을 보라). …… 우리는 모든 경제변동을 혹은 심지어 모든 공황을 제거할
  수 있을 것이라고 기대해서는 안 된다"[스티글리츠(Stiglitz, 1998)].
2 그런데도 조희연(1998b : 90) 같은 포스트주의자는 '신빈곤', '신 빈익빈 부
  익부' 운운하면서, 오늘 대중의 빈곤을 마르크스적인 고전적 의미의 빈곤
  과 뭔가 다른 양상으로 보려고 애쓴다.
3 상당수의 진보진영 논자들은 외환금융위기가 터지기 직전까지도 '종속
  탈피', '포스트포드주의로의 구조전환' 같은 장밋빛 환상에 젖어 신사회
  운동으로의 방향전환을 주장하고 있었다. 손호철(1998b : 150, 153)도 다
  음과 같이 지적한다. "새로운 낙관론은 종속심화론만큼이나 예단적이고
  법칙론적인 종속약화와 자립화론을 통해 한국 경제의 구조적인 문제점
  에 눈을 감도록 만드는 결과를 낳고 말았다. …… 우리가 결국 정치 · 경
  제의 문제를 외면하고 새로운 지적 장난감들과 유희를 하고 있는 사이

에 한국 경제는 파국으로 치닫고 있었던 셈이다."

4 포스트주의에 대해 가장 비판적인 김성구(1998a : 21, 23)조차 다음과 같이 주장한다. "신자유주의와의 투쟁 속에서만 위기 극복의 길이 열릴 것임을 확신한다. …… 문제는 …… 신자유주의 정책에 대한 과학적 정책대안을 발전시켜야 하는 것이다. …… 그 속에서만 위기 극복의 길이 주어질 것이다."

5 1980년대 한국 사회 성격 논쟁에 대한 평가로는 정성진(1987)을 참조하라.

6 주류 부르주아 경제학에 대해, 특히 IMF로 대표되는 신자유주의 신고전파 경제학에 대해 먼저 지적해야 할 것은 그 철저한 위선적 성격이다. 그들은 외환금융위기가 터지기 직전까지도 한국 경제의 '기적'을 줄기차게 찬양했다. 그리고 그 '기적'은 한국 경제가 자유시장의 원리를 충실하게 따랐기 때문이라고 강변하면서 한국 경제 모델을 다른 제3세계, 구소련·동유럽 경제가 본받아야 할 시장경제의 전범으로 추켜세웠다. 이러한 주장이 억지인 까닭은 한국 경제의 '기적'은 한국 경제가 자유시장원리를 따랐기 때문이 아니라 그것을 거슬렀기 때문이라는 암스덴 등 제도주의 경제학자들의 연구에서 입증된 바 있다. 한국 경제의 '기적'의 원인이 무엇인지 몰랐던 이들이 그 '실패', '붕괴'를 예측은커녕 상상도 하지 못한 것은 어쩌면 당연한 것이다. 더욱 가관인 것은 한국 경제가 위기에 빠지자 IMF를 비롯한 신자유주의 경제학자들이 갑자기 그 원인을 전에는 존재하지도 않는 것처럼 강변하던 국가에서, 또는 국가와 재벌과 은행의 불투명한 관계 등에서 찾고 있다는 점이다.

7 편집부(1998), 김성구(1998a), 김세균(1998)도 경제위기의 원인에 대해 현재까지 제출된 진보진영의 견해들을 대체로 이와 같은 방식으로 분류한다.

8 아시아 경제위기의 원인과 관련해 거론되는 천민자본주의론 혹은 아시아적 특수성론에 대한 비판으로는 스파크스(Sparks, 1998)를 참조할 수 있다.

9 이에 대해서는 카커릴·스파크스(Cockerill and Sparks, 1996) 및 이 책 제3장을 참조하라.

10 예컨대 IMF 부총재 피셔(Fischer, 1998)는 다음과 같이 주장했다. "타이, 인도네시아, 한국에서의 IMF 프로그램에서 거시경제조정은 주요한 부분

이 아니었다. 이들 프로그램에서 핵심은 금융부문의 구조조정과 여타의 구조개혁이다. 이들 나라 경제위기의 근본 원인은 취약한 금융제도, 부적절한 은행규제 및 감독, 그리고 정부와 은행 및 기업 간의 복잡하고 투명하지 못한 관계였으며 IMF 프로그램은 바로 이런 문제들을 시정하기 위한 것이었다." 주류이면서도 주류와 어긋나는 주장을 잘 하기로 유명한 크루그먼(Krugman, 1998)은 이번 아시아 경제위기 분석에서는 주류, 즉 IMF의 입장을 지지한다. "금융공황의 전제조건들이 공황에 이르기 수년 전부터 잘못된 정책들 때문에 형성돼 왔다. 간단히 말해서 공황은 아시아적 죄악에 대한 형벌이었다. 비록 그 벌이 죄에 비해 과도했다 할지라도 말이다. …… 이 같은 아시아적 죄악은 무엇인가? 아시아를 벼랑 끝으로 몰아넣은 고유한 죄악은 대출에서의 도덕적 해이 문제였다. …… 공황이 순수한 금융공황이라는 주장은 전혀 사실과 다르다. 이들 경제에는 특히 금융제도에는 심각한 결함이 있었으며 어떤 기업과 은행들은 아주 양호한 경제환경에서도 부도를 냈다. 타이의 금융회사들은 1997년 7월 평가절하가 있기 훨씬 전부터 부도가 나기 시작했으며 한국의 30대 재벌 중 8개가 원화가 폭락하기 훨씬 전에 부도가 나거나 부도 직전에 몰렸다는 사실을 기억하라."

11 이러한 김상조의 입장은 다음과 같은 주류 경제학자의 입장과 구별되지 않는다. "IMF에서 요구하는 구조조정 프로그램은, 그것이 아무리 철저한 시장주의를 표방하는 미국과 IMF의 압력에 의한 것이라 할지라도 우리나라 경제체질의 허약성을 개선하고 자생적인 성장능력을 배양하는 데 필수적인 것이라면 따르는 것이 옳다. 아니, 어쩌면 한국 경제의 체질개선을 위해서는 IMF의 요구내용보다 더욱 강도 높은 구조조정을 실시해야 할지도 모른다"(정운찬, 1998 : 31). 어떤 식민지근대화론자(중진자본주의론자)는 "IMF가 한국 경제에 깊숙이 개입하는 것을 놓고 신탁통치라고 분개할 수도 있다. 그러나 그러한 상황을 용인하지 않을 경우 어쩌면 한국은 민족적 자존심은 지킬 수 있을지는 모르겠으나, 그 대가로 수십 년간 일궈낸 성장의 후퇴를 경험해야 될지도 모른다"(조석곤, 1998 : 155)면서, IMF의 구조개혁은 불가피한 선택으로 받아들여야 한다고 주장한다. 그런데

우리는 이미 수십 년간 일궈 낸 성장의 후퇴를 경험하고 있으며, 그 이유는 IMF가 한국 경제에 깊숙이 개입하는 것을 용인하지 않았기 때문이 아니라 정반대로 IMF의 한국 경제 개입을 100퍼센트 용인했기 때문이라고 할 수 있다. 중진자본주의론은 IMF 정국과 함께 파산한 선진국 진입 '경향론'을 개혁을 통한 선진국 진입 '당위론'으로 대체하면서 재벌개혁론에 동참하고 있다.

12 따라서 재벌책임론에 대한 다음과 같은 채만수와 김세균의 비판은 정당하다. "'한국 경제의 구조적 취약성 결함'을 지적하는 논의들이 다양한 형태로 주장되고 있다. 한국 정부가 국제통화기금에 제출한 '한국 경제 프로그램 각서'의 기본 시각이 그렇고, IMF와 미국의 구조개혁 강요를 '네 탓이요!'라며 합리화하는 대부분의 해외 이데올로그들이나 구조개혁, 구조조정 등을 주장하는 국내 논자들의 주장이 그렇다. 다양한 색조의 '관치금융 재벌체제론'이 가장 일반적인 형태이며, '재벌해체'나 '개혁'을 주장하는 노동운동진영 일부의 '재벌책임론'도 이 범주에 들어간다. 이는 일부 진보적인 학자에 의해서 이론적이고 객관적인(?) 형태로 제시되기도 한다. 이들의 이론적 바탕은 스스로의 자기규정과 상관없이 신자유주의다"(채만수, 1998 : 43). "민주노총 지도부를 비롯한 운동권의 많은 사람들이 공유하는 이들의 견해는 — 위기해결책으로서 소유 분산과 전문경영인에 의한 기업경영을 통해 재벌해체 등을 요구하고 있고 노동력 사용의 유연화 및 한국 경제의 완전개방 등에 대해 반대하는 입장을 취하고 있다는 점에서는 상당한 차이를 보이지만 — 위기의 원인을 한국과 같은 동아시아 국가들의 정치경제체제가 지닌 '특수한' 구조적 결함에서 찾고 있고, 재벌개혁 등을 통해 한국 자본의 국제경쟁력을 강화하는 것이 위기해결책이라고 보는 점에서는 IMF의 견해는 물론 나중에 언급할 김대중 정권의 견해와 (위기의 원인과 해결책을 파악하는 관점에서) 본질적인 차이가 없다"(김세균, 1998 : 37).

13 "IMF를 비판하는 사람들은 IMF가 채무국에 대해 너무 가혹하다고 주장한다. IMF는 채무국에 너무 많은 것 — 보조금 삭감, 은행 개혁, 외국자본의 국내산업 지배 등 — 을 요구하고 있는데, 이는 불가능한 것을 요구하는

것이다. 그래서 부작용이 나타나고 있다. 모든 과정이 중단되고 있다. 아마도 그럴 것이다. 그러나 IMF 접근이 정말 잘못된 부분은 그것이 문제의 한 측면만을 다루고 있다는 것이다. 아시아의 과잉부채는 채무국(혹은 그 나라의 기업과 은행)의 과잉차입과 동시에 일본, 유럽, 미국 은행의 과잉대출의 결과다. 그러나 IMF는 기본적으로 채무국만을 문제삼고 있다. …… 더 중요한 문제는 부실대출의 모든 사회적 비용이 대출은행과 분담되는 것이 아니라 실업의 증대와 생활 수준의 저하라는 형태로 채무국에 모두 전가되고 있다는 점이다"[새뮤얼슨(Samuelson, 1998)].

14 따라서 모라토리엄을 한국 경제 파산, '국가 파산'의 시나리오와 동일시하고 노동자계급이 수용해서는 안 된다는 김성구(1998b : 38, 39, 41)의 다음과 같은 주장은 옳지 않다. "이른바 약속불이행의 문제이다. 그 경우 결과는 한국 경제의 파산일 것이다. 1천억 달러에 이르는 단기채무의 결제가 줄줄이 기다리고 있는 상황하에서 IMF의 지원 중단과 외국자본의 도입 정지는 대외채무 상환유예로 이어지고 국가 파산의 위기하에서 한국 경제에 대한 주권은 채권은행·국가단이 접수하는 그런 시나리오가 전개될 것이다. …… 시나리오 3 : 만약 IMF 정책이 한국의 저항에 의해 관철되지 못하면 국가 파산 또는 현재의 위기의 지속으로 귀결될 것이다. 노동자계급으로서는 어떤 시나리오도 받아들일 수 없는 것들이다. …… 당면한 정세에서 현재의 경제위기를 극복하는 유일한 길은 민주대안의 길이다." 여기에서 보듯이 김성구도 '위기 극복＝경제 살리기' 문제설정 혹은 IMF 구제금융 수용불가피론과 완전하게 절연하고 있지 못하다.

15 조희연(1998b : 110, 111)은 또 김대중 정권의 '혁신성,' '진보성'을 주장하면서, 진보진영에게 김대중 정부 비판을 자제하라고 요구한다. "…… 필자는 신정부 수립이 갖는 혁신적 의미를 인정한다. …… 김영삼 정부의 주도 분파를 자유주의적 야당의 온건파 혹은 투항파로 규정할 수 있다면, 김대중 정부의 주도 분파는 …… 자유주의적 야당의 '완고파' 혹은 진보파로 규정될 수 있다. …… 김대중 정부는 …… 좀 더 진보적인 대안으로서 수립된 것이라고 할 수 있다. …… 비판과 저항은 우익보수적 야당의 입지를 강화시켜 주는 효과도 가질 수 있다. …… 비판과 저항은 언

제나 좋은 결과를 가져오지 않을 수도 있(다.) …… 신정부 출범은 국가적 수준 및 제도 정치적 수준에서의 일정한 '합리화'를 진척시키게 될 것이다."

16 예컨대 정성진(1990b)을 보라.

17 김성구(1998a)는 경제위기에 대한 마르크스주의 설명을 시도하려는 노력에도 불구하고 신식국독자론이라는 스탈린주의 도식에 대한 집착 때문에 자립적 민족경제론이나 재벌해체론 같은 민족개량주의로 본의 아니게 회귀하고 만다. 그는 다음과 같이 주장한다. "한국 경제의 현재 위기가 '재벌지배체제=한국적인 독점적 지배체제=신식민지 독점지배체제'에서 비롯됐는가라는 문제로 다시 정리한다면, 내 생각으로는 재벌지배체제가 한국 자본주의의 현재 위기의 한 구조적 요인이라는 것은 부정할 수 없는 게 아닌가 한다." 그러나 현재의 위기가 단순한 주기적 위기가 아니라 구조적 위기라는 성격이 중첩돼 있다는 사실을 주장하기 위해 재벌책임론을 끌어들일 필요는 없다. 김성구(1998a)는 계속해서 다음과 같이 주장한다. "이러한 정세하에서는 경제위기에 대한 책임과 재벌해체에 대한 주장을 제기하는 것은 극히 자연스러운 것이며 그러한 주장 속에서만 노동자운동을 일층 고양시키고 경제위기를 정치적 위기(변혁적 위기)로 전화시킬 계기가 발전할 수 있다. 이러한 정세하에서도 재벌해체에 대한 요구를 제기하지 못한다면 재벌해체를 요구할 어떤 정세도 존재하지 않는다. …… 경제위기가 발발했을 때 국민들 사이에 고조됐던 재벌책임론과 재벌해체론이 점차 뒷전으로 물러나고 신자유주의적 개혁이 전면으로 등장하게 된 이유의 하나는 이에 대한 투쟁이 제대로 조직되지 못했던 것에 있지 않나 한다. …… 그러나 중요한 것은 생존권 투쟁의 국면에서 노동자계급의 생존권을 위협하는 기본적인 관계가 재벌의 지배체제에 있고 따라서 노동자의 생존권을 지키는 길은 불가피하게 재벌해체로 나아갈 수밖에 없음을 폭로하고 선전하는 것이다. …… 위기 극복의 대안으로서 재벌해체는 신자유주의적 요소를 삭제하고 신자유주의와의 투쟁을 명확하게 하는 진보적 내용을 담보할 때 비로소 과학적인 대안이 될 수 있다." 그러나 재벌해체 투쟁이 제대로 전개되지 못한 이유는 재벌해체론을 제대로 주장하지 못했기 때문이 아니라,

오히려 당시 진보진영이 온통 재벌해체론의 문제설정 속에 빠져 있었기 때문이다. 즉, 당시 진보진영의 이론과 실천이 재벌해체론이라는 부르주아 프로젝트에 갇혀 있었기 때문에 재벌해체조차 이뤄 내지 못한 것이다. 그리고 재벌해체론 자체가 신자유주의 부르주아 프로젝트이기 때문에 재벌해체론에서 '신자유주의적 요소를 삭제'하는 것은, 재벌해체론의 급진적 폐기, 즉 재벌해체론의 재벌수탈론('수탈자에 대한 수탈')으로의 대체 없이는 불가능하다.

18 "IMF 프로그램은 노골적인 미제국주의다"[미국 솔리대리티 그룹(*Against the Current* Editors, 1998)]. "강대한 초국적 자본 세력들은 동아시아 모델을 침식하고 그것을 신자유주의적 제도와 정책으로 대체하기로 작정했다. ······ IMF로 상징되는 외세와 IMF 신탁통치 협약은 다가오는 수년 동안에 걸쳐서 재벌이 한국 국민에게 야기하는 위험보다 훨씬 더 큰 위험을 야기"할 것이다[크로티(Crotty, 1998 : 8, 16)].

19 예컨대 라드레·삭스(Radelet and Sachs, 1998), 펠드스틴(Feldstein, 1998)을 보라. 금융자유화 책임론자인 장하준(Chang, 1997)도 다음과 같이 주장한다. "현재 한국의 위기는 '실물경제'의 위기라기보다 본질적으로 금융문제다."

20 이번의 외환금융위기는 순수한 금융공황이기 때문에 실물경제 생산부문 분석을 위주로 하는 마르크스주의 경제학으로는 제대로 설명할 수 없다는 주장도 제기된다. 그러나 마르크스의 경제학비판, 특히 ≪자본론≫ 제3권 제5편에서는 이자와 신용의 구실, 화폐자본의 축적과 실물자본의 축적 간의 관계 분석을 위한 기본적 요소들이 제공돼 있다. 이에 대한 논의로는 이토 마코토(伊藤誠, 1973)를 보라. 또한 최근 마르크스주의 경제학에서 이뤄진 금융공황 연구에 대한 개관은 조복현(1998)을 참조할 수 있다. 마르크스주의 공황론은 금융자본 축적의 상대적 자율성을 부정하지 않는다. 다만 금융자본의 축적은 장기적으로는 실물자본 축적에 의해 규정되고 있다는 사실을 강조할 뿐이다. 금융자본의 과잉축적은 실물자본의 과잉축적의 원인이 아니라 결과다.

21 예컨대 정성진(1990b, 1993c)을 보라.

22 윤소영(1998:51, 61)은 다음과 같이 주장한다. "아리기의 '헤게모니 위기'와 '체계적 카오스' 개념은 오히려 '자본주의에서 사회주의로의 이행' 또는 오히려 '자본주의의 일반적 위기' 논쟁을 부활시키는 계기가 될 수 있을 것이다. …… 1980년대 멕시코, 브라질의 외채위기에서 시작하여 1995년 멕시코, 아르헨티나, 1997년 아세안 남한까지 파급된 일련의 외채위기는 최종적 위기가 다만 시간 문제일 뿐임을 알려 주는 것이다."

23 아리기(Arrighi, 1994)가 주장하는 것은 자본주의의 최종적 위기가 아니라 아메리카 헤게모니의 위기다. 아리기는 또 새로운 체계적 축적순환이 시작되는 지역이 아메리카에서 일본을 중심으로 한 동아시아지역으로 이동할 것으로 전망했다. 이러한 아리기의 전망이 빗나가고 있음은 물론이다. 또 아리기는 종전에는 자본주의 세계체제에서 중심-주변의 양극화 명제를 논증하는 데 주력했으나, 요즘 아리기(Arrighi, 1993, 1994)는 아시아 '네 마리 용'이 주변부에서 탈출하는 데 성공하고 있는 것으로 묘사하면서, 양극화 명제를 수정 혹은 약화시키고 있다. 게다가 아리기는 브로델(Braudel)과 마찬가지로 자본주의 역사를 위로부터 금융자본과 정치·군사적 패권집단의 주도에 의해 '위에서부터' 이뤄진 것으로 서술하고, 역사 발전의 주체인 민중투쟁을 고려하지 않고 있는데, 이는 마르크스주의적 입장에서 당연히 비판돼야 한다. 폴린(Pollin, 1996)의 비판도 참조하라.

24 따라서 한노정연 논자들의 생존권 사수투쟁론을 "극좌적 수사와 대기주의적 무능의 결합으로 나타나는 낡은 최대강령주의적 기회주의" 또는 "극좌판 경제주의"(편집부, 1998:136)라고 비판하는 것은 부적절하다.

25 공황론 논쟁사의 정리로는 김수행(1986)을 참조하라.

26 과잉생산공황론자들은 실제로 외환금융위기가 폭발하기 직전까지 한국 자본주의가 위기 국면으로 들어가고 있다는 정부와 전경련 등의 주장을 부르주아 이데올로기 공세로 치부하면서 이들의 경제위기론은 경제위기 '설'에 지나지 않는다고 주장했다. "우선 경제위기가 강조되고 있는 지난해(1996년) 여름 이후 현재(1997년 여름)까지의 한국 경제의 상황은, 현대의 자본주의적 생산의 항상적·만성적 위기를 별도로 한다면, 그것을 특별히 경제위기로 규정할 만한 어떤 객관적 지표도 보여 주지 않고 있

다. …… 그러면 1996년 이후 현 상황은 과연 '경제위기'인가? 결코 아니다. …… 현 시기의 '경제위기' 설은 객관적 사실과 부합하지 않는 자본의 허위 이데올로기이다"(채만수, 1997b : 217, 227, 236). 재벌책임론자 중 김상조도 IMF와 마찬가지로 외환금융위기 폭발 직전까지 한국 경제의 구조적 위기를 부정하고 경제위기 '설'의 이데올로기적 성격에만 주목했다. 예컨대 정건화·김상조(1996)를 보라.

27 마르크스주의 입장에서 생디칼리즘의 문제점은 다음과 같이 지적할 수 있다. 첫째, 생디칼리즘은 노동조합의 이중적 성격을 제대로 파악하지 못한다. 자본주의에서 노동조합은 자본가에 대한 노동자 투쟁의 강력한 무기이지만, 동시에 노동자들을 자본주의 속으로 편입시키는 사회적 통제수단이기도 하다. 둘째, 생디칼리즘은 정치와 경제를 분리하고 생산현장에서의 노동자권력 쟁취만을 강조하면서 정치 일반의 의의를 부정하고 정치적 주도권을 개량주의자들에게 양도하는 경향이 있다. 셋째, 생디칼리즘은 공장에 대한 통제력을 장악하는 것만으로도 기존 질서를 무너뜨릴 수 있다고 주장하는데, 이는 잘못이다. 1917년 러시아혁명의 경험에서 보듯이, 노동자의 생산 통제는 그들이 정치권력을 획득해 자본주의 국가를 분쇄하고 난 후에야 비로소 가능하다. 생디칼리즘에 대한 마르크스주의적 비판으로는 캘리니코스(Callinicos, 1993)를 참조하라.

28 예컨대 다음과 같은 윤소영(1998 : 89)의 주장은 민노연(NL)과 신식국독자론(NLPDR)의 수렴을 보여 준다. "추측컨대 '혁명적 노조주의'의 입장에서 코포러티즘적 '선거 모험주의'를 비판한다는 이유로 '민주노총' 실험에서 유일하게 배제된 어떤 정파[민노연-필자주]의 '총파업, 외채상환 거부, 동아시아지역연대'라는 제안이 이제까지 나온 이른바 'IMF 정국'에 대한 유일한 좌파적 대응이었다."

29 물론 장상환(1998), 민노연(1998), 김성구(1998), 손호철(1998a), 편집부(1998)도 나름대로 위기의 요인들의 종합을 시도하지만, 장상환(1998)과 손호철(1998a)은 각 위기론의 차별성에 주목하지 않고 위기의 요인들을 절충·나열하고 있다. 그리고 민노연(1998)은 스탈린주의와 제3세계주의의 입장에서, 김성구(1998)는 스탈린주의 전반적 위기론의 관점에서 종합

을 시도하고 있다. 이 장에서 나의 논의는 마르크스주의 장기파동론의 관점에서 종합을 시도한다는 점에서 편집부(1998)와 맥락을 같이한다.

30 마르크스주의 장기파동론은 마르크스의 이윤율의 경향적 저하법칙과 콘드라티예프, 트로츠키의 장기파동 개념의 결합을 통해 구성될 수 있다. 만델(Mandel, 1992)은 이윤율의 장기적 상승·저하 파동에 기인한 장기파동 명제를 제시하는 반면, 샤이크(Shaikh, 1992)는 이윤율의 만성적 저하를 배경으로 한 이윤량의 증대와 감소의 장기적 파동에 기초한 장기파동 명제를 주장한다. 마르크스의 이윤율의 경향적 저하법칙을 전반적 위기론으로 통하는 것으로 간주해 장기파동론에서 분리하는 편집부(1998)의 관점은, 마르크스주의 장기파동론이 아니라 사민주의적 조절이론 혹은 '사회적 축적구조론' 자체로 귀결될 우려가 있다.

31 이에 대한 상세한 논의는 정성진(1997a)을 참조할 수 있다.

32 노동자 투쟁을 자본의 위기로서의 외채위기를 초래한 주체로 적극적으로 평가할 것을 주장하는 클리버(Cleaver, 1989), 드 안젤리스(De Angelis, 1998) 등 자율주의자들(Autonomist)의 위기론은 일단 외채위기를 노자간 계급투쟁의 맥락 속에 위치지을 것을 주장한다는 점에서는 마르크스주의적 방법론을 견지하는 것처럼 보인다. 한국의 한 자율주의자는 다음과 같이 주장한다. "우리는 87년 투쟁에서 출현한 '경직된' 노동이 바로 오늘날의 자본주의 위기의 저변에서 꿈틀거리는 힘임을 알 수 있다. …… 그런데도 많은 활동가들과 이론가들은 오늘날 위기의 원인을 분석하면서 자본의 지배에 대항하는 노동의 불복종적 힘의 역할을 깊이 고려하지 않는다. 이들은 높은 임금, 강한 조직적 단결력, 공장, 학교, 사무실, 군대, 감옥, 가정 등에서의 고분고분하지 않은 대중들이 오늘날의 위기의 저변에서 그 원인의 하나로 작용하고 있다고 말하기를 두려워한다"(이원영, 1998 : 133). 1987년 6월 항쟁과 7·8·9월 노동자 대투쟁이 '30년 장기호황'을 지탱한 국가자본주의 '사회적 축적구조'를 붕괴시키는 하나의 동력으로 작용한 것은 사실이다. 하지만 자율주의의 위기론처럼 노동자 투쟁을 자본축적의 내적 모순과 항상적·절대적으로 독립적인 변수로 설정하고 그것을 자본의 위기의 원인과 동일시할 경우, 그것은 신리카도학파의 임금상

승-이윤압박설과 본질적으로 다르지 않게 된다. 그러나 1997년 외환금융 위기 배후에 임금상승-이윤압박의 존재는 확인되지 않는다. 착취율은 1990년대 이래 도리어 줄곧 가파르게 상승했다. 자본주의에서 노동자 투쟁의 자율성은 혁명적 정세에서만 분출하고 물적 근거(소비에트)를 확보할 수 있으며, 비혁명적 상황에서 노동자 투쟁은 자본축적의 내적 모순 전개의 종속변수로서 표현되고 또 그러한 전개 속에 한정된다. 또 자율주의자들은 외채위기를 노자간의 계급적 맥락에서 읽고 있음에도 불구하고 정치적 대안으로 외채상환 거부 (및 이를 위한 채무국 연대)와 같은 제3세계주의적 정치를 내세우고 있다는 점에서 일관성을 잃고 있다.

33 하트-랜즈버그(Hart-Landsberg, 1998)는 경상수지 적자를 초래한 수출부진의 원인을 수출주도 공업화 모델의 세계적 확산에 따른 동종제품의 세계적 과잉생산에서 찾는다. "위기의 근원은 아시아의 성장 전략 그 자체에서 찾을 수 있다. …… 이들 나라의 무역문제는 점점 많은 아시아 나라들이 석유화학제품, 가전제품, 자동차, 반도체 같은 동일한 제품을 수출하려 했기 때문에 더 격화됐다. …… 요컨대 과거의 수출주도 성장 전략은, 자본통제가 있든 없든 더는 지속가능한 성장을 가져다줄 수 없게 됐다."

34 이에 대해서는 서울대학교 대학원(1998), 신경희(Shin, 1998)도 참조할 수 있다.

35 이 부분에 한정해서는, 다음과 같은 금융자유화 책임론자들의 지적이 타당하다. "경제전문가들은 한국의 문제를 너무 과도하게 정부 규제와 감독 탓으로 돌린다. 그러나 문제는 그렇게 단순하지 않다. 1970~1980년대 정부가 금융시장을 통제했을 때 한국은 엄청나게 성장했다. 그러나 금융시장의 규제가 완화된 1990년대 초부터 경제가 가라앉기 시작했다. 정말이지, 현재의 위기를 낳은 것은 은행과 금융기관이 간섭을 받지 않고 차입과 대부를 할 수 있게 허용한 정부의 결정이었다"[암스덴·어윤대(Amsden and Euh, 1997)]. "현재의 위기는 김영삼 정부의 정책실패의 결과이다. 그 실패는 통상적인 견해와는 달리 과잉규제(overregulation)가 아니라 과소규제 (underregulation) 때문에 비롯된 것이다. …… 주요한 문제는 규제완화를 추진했던 김영삼 정부의 감독 실패다"[장하준(Chang, 1997)]. "상응하는 규

제와 감독을 강화하지 않고 금융자유화와 자본시장을 개방한 것이 현재 동아시아의 위기를 초래했다"[스티글리츠(Stiglitz 1998)]. "이번 공황의 원인(은) 금융자유화와 그에 수반한 자본 유입이었다. …… 결국 97년 말에 발생한 외환 및 금융 공황은 아시아권을 중심으로 대거 유출입을 일으키고 있는 국제금융자본의 움직임과 금융 및 자본자유화라는 금융제도의 전 세계적 변화(즉 금융 글로벌라이제이션) 과정과 밀접한 관련을 갖고 있다" (유철규, 1998 : 200~201).

36 라드레·삭스(Radelet and Sachs, 1998)와 펠드스틴(Feldstein, 1998)은 순수 금융공황론의 입장에서 IMF가 순수 금융공황 혹은 유동성 부족이 문제였던 한국 경제에 구소련과 동유럽에 적용했던 유형의 구조개혁 처방을 적용함으로써 도리어 위기를 심화시키고 있다고 주장한다.

37 이에 대해서는 루치오(Ruccio, 1991)를 참조할 수 있다.

38 '위기 극복' 혹은 '경제 살리기'라는 스탈린주의적, 포스트주의적, 애국주의적, 개량주의적 문제설정은 김영삼 정권 당시 진보진영 일각이 주장한 이른바 '진보적 국가경쟁력 강화론'과 맥락을 같이하는 것이다. 이에 대한 비판으로는 정성진(1994)을 참조할 수 있다.

39 물론 트로츠키의 이행기강령은 1930년대의 대공황이라는 특정한 정세를 반영한 것이며, 언제 어느 경우에나 적용할 수 있는 것은 아니다. 따라서 일부 제4인터내셔널 계열의 트로츠키주의자들처럼 이를 교조화하는 것은 옳지 않다.

6장
21세기 한국 사회 성격 논쟁의 재출발을 위하여
─ 마르크스주의적 분석은 여전히 유효하다

1. 머리말

1980년대 진보진영의 이론과 실천의 기본 틀이던 사회 성격 논쟁은 1989~1991년 소련·동유럽 블록의 붕괴와 함께 소멸했다. 1990년대 이후 진보진영의 지배적 담론은 마르크스주의의 위기, 포스트모더니즘, 포스트포드주의, 노동자운동의 위기론, 각종 신사회운동론, 제도주의와 케인스주의, 요컨대 '자본주의 이외 대안 부재론(TINA)', '비교자본주의론(자본주의 대 자본주의)' 등이었다. 이와 같은 담론 지형은 1997년 경제위기 이후 21세기로 넘어온 2005년까지도 거의 그대로 유지되고 있다.

오늘 진보진영의 지배적 담론인 '자본주의 이외 대안 부재론'은 1980년대 사회 성격 논쟁에 대한 나름대로의 청산을 전제로 하고 있다. '자본주의 이외 대안 부재론'은 1980년대 사회 성격 논쟁이 공유하던 마르크스주의적 자본주의 분석과 사회주의 혁명의 대안이 현실에서 모두 기각됐다고 전제한다. 즉 1980년대 사회 성격 논쟁이 근거했던 마르크스주의적 자본주의 분석은 신식민지국가독점자본주의론과 같은 파국론 혹은 위기론이며, 또 그것이 추구한 사회주의적 대안 체제는 소련·동유럽 또는 북한형의 사회였기 때문에, 1990년대 들어 소련·동유럽 사회가 붕괴하고 한국

자본주의가 고도성장한 현실은 1980년대 사회 성격 논쟁의 근본 전제 자체를 붕괴시켰다는 것이다.

그러나 과연 1980년대 사회 성격 논쟁이 진정한 의미의 마르크스주의에 기초한 것이었는지부터 질문할 필요가 있다. 만약 이것이 근거했던 문제설정이 — 이미 당시부터 나를 포함한 트로츠키주의자들이 주장했듯이 — 진정한 마르크스주의와 아무런 인연이 없는 스탈린주의 이데올로기에 불과한 것이었다면, 또 1980년대 사회 성격 논쟁에서는 이단시돼 주변적이었던 트로츠키주의야말로 오히려 고전 마르크스주의 전통의 발전적 흐름이라면, 마르크스주의적 대안이 소련·동유럽 사회와 같은 스탈린주의 체제의 붕괴와 함께 타당성을 상실했다는 주장은 근거가 박약하다고 할 수 있다.

나는 이 장에서 마르크스주의적 문제설정이 21세기 한국 사회 분석과 대안 모색에서도 여전히 유효하다고 주장할 것이다. 이를 위해 먼저 마르크스주의적 문제설정의 주요 요소들인 가치론과 공황론, 제국주의론과 계급론, 사회주의 혁명론의 타당성이 소련·동유럽 사회의 붕괴 이후 1990년대에서 오늘에 이르는 세계와 한국 사회의 현실에서도 입증될 수 있음을 보일 것이다.

1999년 시애틀과 9·11 대미 테러 이후 세계적 규모에서 고조되는 반자본주의 운동과 반전 운동 속에서 민주노동당의 원내 진출 등 우리나라 진보진영도 재활성화되고 있으며, 이와 함께 1989~1991년 소련·동유럽 블록의 붕괴와 함께 소멸한 듯 보이던 사회 성격 논쟁과 같은 거대 담론이 다시 살아날 기미를 보이고 있다. 하지만 최근 재연되고 있는 사회 성격 논쟁은 정성기(2002), 이병천(2005)에서 보듯이 비교자본주의론의 관점에서 마르크스주의를 공격하거나, 윤소영(2004)에서 보듯이 스탈린주의 과거에 대한 자기반성과 청산 없이 이를 호도·은폐하는 방식으로 진행되고 있다. 하지만 비교자본주의론이나 은폐된 스탈린주의에서는 1980년대 사회 성격 논쟁의 최소한의 '합리적 핵심'이라고 할 수 있는 근본적인 체제 변혁의 정신은 실종돼 있다.

스탈린주의 과거에 대한 자기반성과 청산 없이 21세기 사회 성격 논쟁의 진정한 재출발은 불가능하다. 21세기 사회 성격 논쟁의 진정한 재출발은 1980년대 사회 성격 논쟁의 지배적 패러다임이던 스탈린주의가 왜곡 억압한 고전 마르크스주의 전통을 복원하는 것을 통해서만 가능하다. 나는 이 장에서 1980년대에는 스탈린주의가, 1990년대 이후는 '자본주의 이외 대안 부재론'이 왜곡 억압해 온 고전 마르크스주의 관점에서의 한국 자본주의 분석과 대안이 여전히 타당하다고 주장할 것이다.

2. 마르크스의 자본주의 분석의 타당성

1) 이윤율의 저하 법칙의 타당성

마르크스의 자본주의 분석의 핵심은 위기론인데, 이는 축적과정에서 자본의 유기적 구성의 고도화에 기인한 이윤율의 저하 경향을 내용으로 한다. 그러나 1980년대 사회 성격 논쟁에서 다수가 수용한 이른바 '독점 강화＝종속심화' 위기론은 마르크스의 이윤율 저하 경향 법칙의 현실적 타당성을 인정하지 않는다는 점에서 마르크스의 위기론과 다르며, 한국 자본주의의 현실에서 실증되지도 못했다. 1980년대 사회 성격 논쟁 당시 이 점을 지적하고 실증한 것은 필자뿐이었다[예컨대 정성진(1988, 1989, 1990a, 1990b)].

1989~1991년 소련·동유럽 블록의 붕괴 이후 진보진영은 대거 개량주의와 각종 포스트주의로 개종하고 이른바 정책대안론과 '진보적 국가경쟁력 강화론'을 주장했다. 그러나 나는 이윤율의 저하 경향의 실증에 의거한 한국 자본주의 분석을 계속하면서, 당시 진보진영이 주장한 정책대안론과

'진보적 국가경쟁력 강화론'의 반동적 본질을 지적했다.[1]

이윤율 저하 경향의 실증에 기초한 한국 자본주의 분석의 정확성은 1990년대 중반 당시 진보진영에서는 거의 유일하게 한국 자본주의의 '30년 장기호황'의 종식을 입증하고 위기의 임박을 예측한 정성진(1997a)과 정성진(Jeong, 1997)에서 다시 입증됐다. 1990년대 중반 OECD 가입, 김영삼 정권의 '세계화' 선언 등 승승장구하는 듯이 보이던 한국 경제가 구조적 위기 국면에 처해 있다고 본 학자들은 부르주아 진영은 물론 진보진영에도 거의 없었다. 그러나 정성진(1997a)은 마르크스의 이윤율 저하 경향 이론과 만델(E. Mandel)의 장기파동론, 사회적 축적구조론(SSA)의 비판적 종합에 의거해 당시 한국 경제가 1960년대 이후 1987년 노동자 대투쟁까지 '30년 장기호황'을 지탱해 온 국가자본주의적 축적구조가 붕괴하면서 시작된 구조적 위기와 장기불황의 한복판에 있음을 분명히 했다.[2]

1997년 경제위기의 폭발과 함께 반자본주의 담론이 잠깐 부활하는 듯했지만, '자본주의 이외 대안 부재론'은, 이내 신자유주의 대 케인스주의의 대립 구도라는 형태로, 즉 비교자본주의론이라는 형태로 경제위기 이전보다 오히려 더 분명하게 확립됐다. 한편 1997년 경제위기의 원인 구명과 대책을 둘러싸고 진보진영에서 1980년대 사회 성격 논쟁을 연상케 하는 논쟁이 벌어지기도 했는데, 이 논쟁은 1980년대와는 달리 '자본주의 이외 대안 부재론', 즉 '자본주의 대 자본주의'의 문제설정 속에서 주로 재벌책임론 대 신자유주의(초국적 금융자본) 책임론 간의 대립으로 전개됐다.

그러나 나는 1997년 경제위기 이후 진보진영을 지배하고 있는 '자본주의 대 자본주의'의 문제설정으로는 1997년 경제위기의 원인을 제대로 구명하지 못할 뿐만 아니라 경제위기 이후 한국사회 변화의 주요 측면을 제대로 이해할 수 없음을 정성진(1998)과 정성진·신조영(Jeong and Shin, 1999)에서 지적한 바 있다. '자본주의 대 자본주의'의 문제설정에서는 역설적으로 자본주의의 문제설정 그 자체가 실종된다. 그래서 자본주의의 구체적 특수성과 동학의 분석에서도 무력하게 되고 만다. 실제로 1997년 경제위기 이후 시장논리가 전면화됨에 따라 자본주의 모순이 격화하고 있음에도 불구하고 진보진영의 담론에서 '자본주의'라는 용어를 찾아보기 힘들다. 1997년 경제위기 이후 진보진영을 지배하고 있는 담론은 자본주의와 사회주의의 문제설정이 아니라 '자본주의 대 자본주의'의 문제설정, 즉 신자유주의 구조조정, 금융세계화, 시장 대 국가 등 케인스주의 담론이며, 이는 노무현 정권 들어서 이른바 '신자유주의 = 케인스주의 종합'(이른바 '사회적 신자유주의')이라는 부르주아 지배 이데올로기로 수렴·전화했다. 하지만 자본주의의 구체적 특수성과 동학의 분석은 이와 같은 '자본주의 대 자본주의'의 문제설정이 아니라 나를 포함한 트로츠키주의자들이 끈질기게 고수해 온 '자본주의 대 탈자본주의의 문제설정', 즉 자본주의 대 사회주의의 문제설정에 의거할 때만 가능하다.

마르크스의 자본주의의 문제설정은 이윤율의 저하 경향에 기초한 위기론을 중심으로 구성돼 있다. <그림 6-1>은 1997년 경제위기가 1987년부터 시작된 이윤율(P/K)의 저하에서 비롯한 축적체제의 위기임을 잘 보여 준다. 즉 1997년의 경제위기는 비농업민간부문의 이윤율이 1987년부터 10년 동안 일관되게 저하해 1996년 5.1퍼센트라는 저점, 즉 1970~1986년의 12~14퍼센트대 '고원' 상태의 3분의 1밖에 안 되는 바닥에 도달한 후 발발했다. 또 <그림 6-1>은 이와 같은 이윤율의 저하가 마르크스가 말한 자본의 가치구성의 고도화[즉 '산출-자본 비율(Y/K)'의 저하]에서 주로 비롯했음을 보여 준다. 이로부터 마르크스의 이론은 '마르크스주의의 파산론'이 득세하던 1990년대에도 한국 자본주의 분석에서 여전히 타당함을 알 수 있다.

실제로 1997년 경제위기는 신자유주의로의 전환이나 어떤 금융적 충격의 결과가 아니라 1987년 이후 이윤율의 저하 경향과 장기불황의 연장선상에서 발생했다. 또 1997년 경제위기 이후 진행되고 있는 자본주의적 착

〈그림 6-1〉 비농업민간부문의 마르크스 비율 : 1970~2002

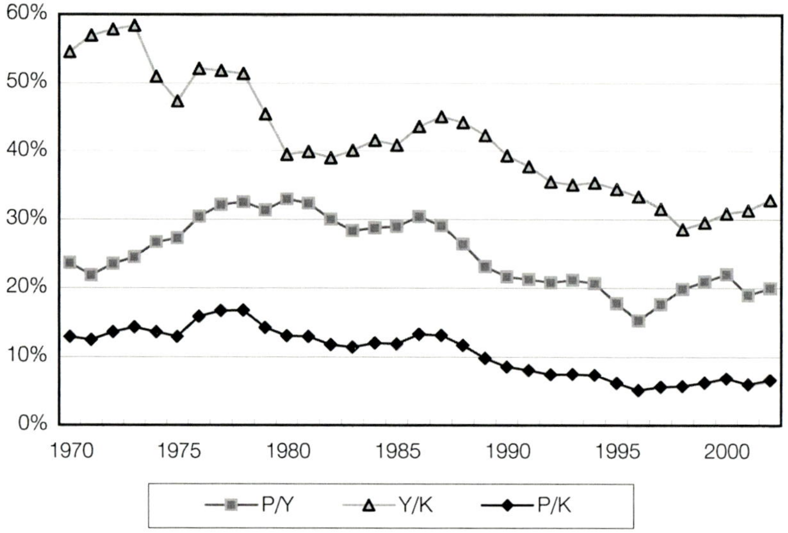

자료 : 정성진(2005b)

취와 적대의 심화는 여전히 자본주의 그 자체가 문제임을 분명하게 드러
낸다. 그런데도 금융화 현상이 오늘 한국 사회의 주요 모순이라고 주장하
는 '개혁적 케인스주의자'들은 현실의 표층에 사로잡혀 심층의 본질적 양
상을 놓치고 있는 것이다.

또 〈그림 6-1〉은 1997년 경제위기 이후 경제회복, 즉 이윤율 회복이
자본의 가치 파괴(구조조정을 통한 '산출–자본 비율'의 상승)와 착취율, 즉
이윤몫(P/Y)의 상승에 주로 힘입었음을 보여 준다.[3] 하지만 이처럼 회복
된 이윤율의 수준이 여전히 매우 낮다는 사실에서 한국 자본주의가 오늘
날도 1990년대부터 시작된 구조적 위기와 장기불황에서 여전히 벗어나지
못했음을 알 수 있다.

1980년대 사회 성격 논쟁 당시부터 내가 견지해 온 마르크스의 이윤율
의 저하 경향 법칙에 의거한 한국 자본주의 분석 방법의 타당성은, 1980년

대 사회 성격 논쟁 당시 이와 같은 나의 접근을 추상적이니, 근본주의적이니 하며 폄하하던 일부 스탈린주의자들이 최근 이윤율 저하 경향의 실증 작업을 시작한 데서도 입증된다.[4]

2) 독점강화론 혹은 독점자본주의 단계론 비판

나는 1980년대 사회 성격 논쟁 당시 대다수가 수용한 한국 자본주의 발전에 대한 단계론적 이해, 즉 '독점강화론' 혹은 독점자본주의 단계론이 마르크스의 경쟁 이론과 상충할 뿐만 아니라, 한국 자본주의의 현실에서도 입증되지 않으며, 그것이 함축하는 정치적 결론인 반독점 동맹론은 결국 부르주아 개량주의로 수렴될 수밖에 없다고 비판한 바 있다[예컨대 정성진(1990a, 1990b)].

실제로 마르크스의 경제학비판에서 독점 개념은 주로 자본가계급의 생산수단 소유의 독점 또는 경쟁의 한 형태를 지칭하는 것으로 사용됐다. 마르크스주의 문헌에서 독점을 산업자본과 금융자본이 융합된 자본 분파로 정의한 것은 제2인터내셔널의 힐퍼딩의 《금융자본》이 처음이며, 이는 레닌의 제국주의론에서 수용되고, 다시 신고전파 경제학의 시장조직론의 독점력 개념과 결합돼 스탈린주의 국가독점자본주의론으로 계승됐다. 그리하여 마르크스의 경제학비판에 고유한 동학과 불균형 이론이 비교정학과 부분균형이론으로 대체됐다.

또, 이윤을 독점력으로 설명하는 것은 가격과 노동가치 간의 관련을 끊은 것이다. 제2인터내셔널 마르크스주의에서 비롯하고 스탈린주의에 계승된('제2인터내셔널의 사후 복수') 독점자본주의 단계론은 자본주의 역사에서 특수한 정황의 출현을 자본주의의 본질적 경향의 귀결로 보는 착시 현상으로서, 1980년대 한국 사회 성격 논쟁의 핵심적 문제설정이었고, 오늘도 포스트모더니즘, 포스트마르크스주의, 조절이론, 세계화론, 신경제론, 디지털혁명론, 제국론 등 각종 '포스트주의'의 형태로 끊임없이 재생산되면서 고전 마르크스주의 전통의 발전에 걸림돌로 작용하고 있다. 1980년대 사회 성격 논쟁 당시 스탈린주의 좌파들은 독점자본주의 단계론에 대한 나의 비판을 두고 추상적 근본주의니 초좌익적 편향이니 하며 비난했지만, 나의 비판의 타당성은 당시 대부분의 재벌개혁론자들이 김대중, 노무현 정권 들어서 반자본주의 진영을 떠나 '신자유주의 = 케인스주의 종합'에 동참한 데서 입증된다. 예컨대 마르크스주의에서 '개혁적 케인스주의'로 입장을 바꾼 유철규(2004)도 사실적 증거에 반해 독점강화론을 계속 주장하고 있다.

정성진(1990a, 1990b)은 1980년대까지 자료의 분석을 통해 한국에서 자본주의 발전에 따라 독점 강화가 아니라 경쟁 격화가 이뤄지고 있으며, 독점이윤율과 비독점이윤율 간의 이윤율 격차가 구조화되고 있는 것이 아니라 이윤율의 균등화가 관철되고 있음을 입증했다. 독점 강화를 운운할 수 있으려면, 예컨대 대기업의 자본 집중이 심화하는 경향을 보여야 할 것이다.

〈그림 6-2〉 제조업 1백대 기업 일반집중율 : 1980~2002

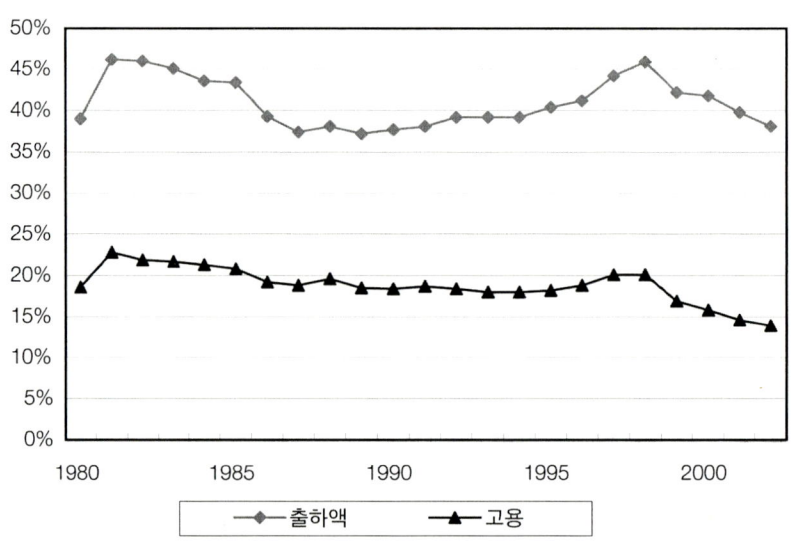

자료 : 주무현(2005)

그러나 <그림 6-2>에서 보듯이 제조업 1백대 기업의 일반집중율은 1980년 대 이후 어떤 의미 있는 증가 경향이 아니라, 1980년대 감소, 1990년대 증가, 1998년 이후 다시 감소 경향과 같은 파동 현상을 보이고 있다. 또 <그림 6-3>, <그림 6-4>에서 보듯이 1980년대 이후 비농업민간부문 부문별 이윤 율과 제조업부문 업종별 이윤율은 각각 비농업민간부문 평균이윤율과 제조 업 부문 평균이윤율로 수렴하는 경향을 보이고 있다.[5] 1997년 경제위기 이 후 자본의 재편성이 강행되고 시장과 경쟁 논리가 전면화하면서 글로벌 경 쟁이 격화하며, 분사, 외주 등이 급증하고, 생존을 위한 중소자본의 노동 초 과착취가 강화되는데도, 독점 강화를 운운하며 자본 그 자체가 아니라 독점 이나 재벌이 문제라고 주장하는 것은 현실에 눈을 감은 것이다.

3) 금융화론과 비교자본주의론 비판

1997년 경제위기 이후 김대중 정권 시기 벤처 열풍과 코스닥 붐에 현혹 돼, 또 당시 미국의 '신경제' 현상, 디지털 현상이 우리나라에도 나타날 것 이라는 환상에 사로잡혀, 진보진영 내에서조차 노동가치와 공황에 관한 마르크스의 자본주의 경제 분석의 타당성이 소멸했다는 주장이 제기됐다. 한국 자본주의의 '금융화' 혹은 '금융적 축적체제'로의 전환이 운운된 것도 이 시기다. 요컨대 1997년 경제위기 이전의 독점자본주의 단계론이 '금융 화론'으로 변신한 것이다. 그러나 나는 정성진(2004b)에서 1997년 이후 한 국 경제 변화의 기본 성격은 금융화라든지, '금융주도 축적체제'라는 시각 으로는 제대로 이해할 수 없음을 실증했다. 1997년 이후 한국에서는 미국 과는 달리, 비금융법인 이윤의 금융 부문으로의 유출 증가 경향 등으로 정 의되는 금융화 현상이 나타나지 않았다. 또 '금융화론'은 비교자본주의론 에 의거하고 있기 때문에 전술한 대로 1997년 경제위기 이후 격화되고 있 는 자본주의적 모순의 특수성을 제대로 분석하지 못한다.

진보진영은 금융화 등과 같은 현상형태에 주목하기보다 자본주의적 착

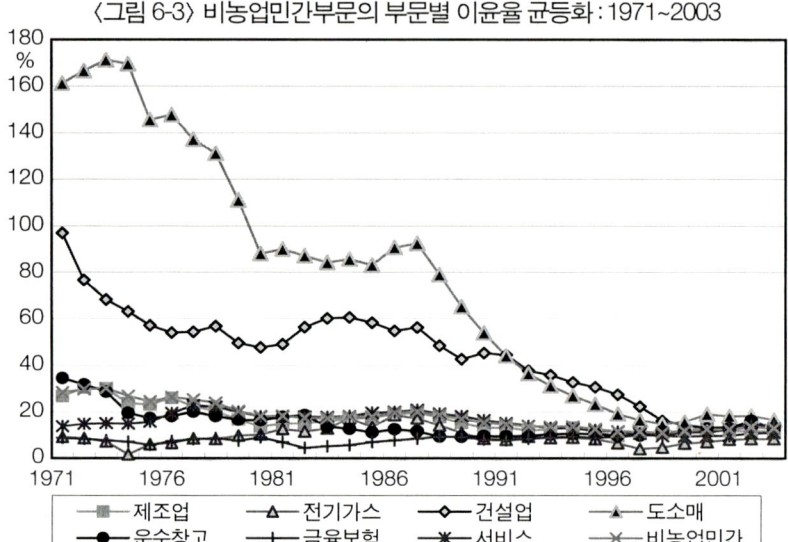

〈그림 6-3〉 비농업민간부문의 부문별 이윤율 균등화 : 1971~2003

| ━■━ 제조업 | ━△━ 전기가스 | ━◇━ 건설업 | ━▲━ 도소매 |
| ━●━ 운수창고 | ━╀━ 금융보험 | ━✳━ 서비스 | ━✕━ 비농업민간 |

자료 : 김혜재(2006)

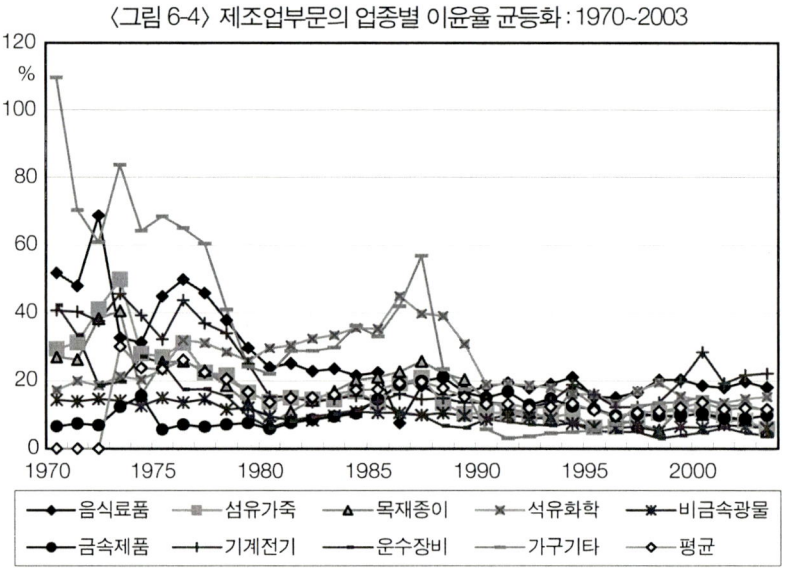

〈그림 6-4〉 제조업부문의 업종별 이윤율 균등화 : 1970~2003

| ━◆━ 음식료품 | ━■━ 섬유가죽 | ━△━ 목재종이 | ━✳━ 석유화학 | ━✶━ 비금속광물 |
| ━●━ 금속제품 | ━╀━ 기계전기 | ━━ 운수장비 | ━━ 가구기타 | ━◇━ 평균 |

자료 : 김혜재(2006)

취와 축적체제 그 자체를 문제시할 필요가 있다. 즉 금융화론자들처럼 "나쁜 자본주의(이른바 기생적이고 비생산적인 금융자본이 주도하는 신자유주의적 주주 자본주의)"를 "좋은 자본주의(생산적이고 혁신적인 산업자본 중심의 이해당사자 자본주의)"로 대체하자고 제안하는 것이 아니라, 미국의 금융적·군사적 제국주의의 지배와 자본주의 착취체제 그 자체를 거부하는 반자본주의·반제국주의 투쟁과 연대하는 것이 필요하다. 자본주의적 착취와 축적의 본거지인 산업자본("좋은 자본주의")은 손보지 않고 금융자본("나쁜 자본주의")만 통제하는 것으로는 자본주의적 착취와 축적에 내재한 모순의 발현인 과잉생산공황의 발발을 막을 수 없다. 오늘 금융화론자들이 주장하는 금융자본과 산업자본의 이분법에 기초한 금융 억압의 논리는 실은 1980년대 사회 성격 논쟁에서 (신식민지)국가독점자본주의론자들이 주장했던 독점자본/중소(민족)자본의 이분법에 기초한 독점강화/반독점동맹론이 변신 재현한 것이다. 1980년대 사회 성격 논쟁에서 반독점동맹론은 비록 단계론적·개량주의적 편향이 있었지만 그래도 근본적 변혁의 지향을 포기하지는 않았다. 이에 비해 오늘 금융화론자들은 1990년대 이후 득세한 '자본주의 이외 대안 부재론'을 배경으로 하여 반자본주의 변혁의 전망을 전적으로 거부하고 이른바 '인간의 얼굴을 한 자본주의'를 노골적으로 지지한다. 이 점에서 오늘 금융화론은 과거 독점강화/반독점동맹론보다도 훨씬 우경화한 논리라고 할 수 있다.

3. 마르크스주의 제국주의론의 현재성

1) 세계화론과 '제국론' 비판

　1990년대 이후 우리나라 진보진영 다수는 마르크스주의적 자본주의 분석 방법뿐만 아니라 마르크스주의적 제국주의론도 포기했다. 1990년대 이후 오늘에 이르기까지 우리나라 진보진영의 지배적인 국제정치경제담론은 제국주의론이 아니라 세계화론, 혹은 네그리(A. Negri), 조정환 등 자율주의자들의 제국론이다. 하지만 나는 이미 우리나라 진보진영 다수가 세계화론의 문제설정에 현혹돼 있던 1997년 경제위기 직전에, 세계화란 세계적 규모에서의 자본축적일 뿐이며, 세계화가 마르크스주의의 자본주의 분석과 제국주의 분석의 주요 결론을 근본적으로 수정하는 것은 아님을 입증했다(정성진, 1997b). 또 금융세계화란 자본주의 발전의 새로운 발전단계의 지표가 아니라 자본주의가 구조적 위기, 즉 장기불황에 돌입했다는 징후일 뿐임을 지적했다. 그리고 최근 우리나라 진보진영 일각에 수입돼 유행하고 있는 네그리, 조정환 류의 제국론에 대해서도, 네그리의 ≪제국≫이 출판되자마자, 이는 고전 마르크스주의를 포기한 세계화 찬가로서, 현실적으로는 1990년대 클린턴 시기의 신자유주의적 금융제국과 다자주의(귀족정, 제국, '좋은 자본주의')를 부시의 '네오콘', 일방주의(왕정, 제국주의, '나쁜 자본주의')에 대한 대안으로 제시하는 비교자본주의론으로 수렴한다고 비판한 바 있다(정성진, 2001, 2003, 2004a).

오늘날 세계의 현실은 마르크스주의 제국주의론이 여전히 타당함을 보여 준다. 미국 부시 정권의 이라크 침략과 이를 둘러싼 앵글로＝아메리카 제국주의와 유럽 제국주의 간의 갈등, 중국 제국주의의 대두와 동북아에서 지정학적 긴장과 갈등의 증대는 금융세계화(혹은 경제적 경쟁)가 군사적 세계화(무장한 세계화, 혹은 국민국가를 매개로 한 자본의 정치군사적·지정학적 경쟁적 투쟁)를 대체하기는커녕 이것과 유기적으로 연관된 하나의 동일한 과정이라는 사실을 보여 준다. 마르크스주의 제국주의론의 합리적 핵심은 독점자본주의 단계론이나 전반적 위기론이 아니라 자본주의 세계시장에서 국민국가를 매개로 한 정치군사적·지정학적 경쟁적 투쟁에 관한 설명으로 이해해야 한다. 그렇게 볼 때, 레닌과 부하린으로 대표되는 마르크스주의 제국주의론의 통찰은 21세기에도 여전히 타당하다.[6]

2) 중진자본주의론 또는 자립화론 비판

마르크스주의 제국주의론의 타당성은 대내적으로는 종속의 심화 현상에서 입증된다. 1980년대 사회 성격 논쟁에서 일부 PD들은 순수국가독점자본주의 단계론의 입장에서 한국에서 독점자본의 성숙에 따라 경제적 종속이 약화되고 국민경제의 자립화 경향이 현재화하고 있다고 주장했다. 이는 이들의 의도와는 상관없이 당시에도 자본주의 예찬론인 나카무라(中村哲) 혹은 안병직의 중진자본주의론과 공명했으며, 1990년대 들어서는 결국 중진자본주의론, 자립화론으로 수렴했다. 그러나 나는 이에 맞서 한국 자본주의에서 경제적 종속은 여전히 주요한 측면이며, 1990년대 들어서 이른바 세계화에도 불구하고, 자본주의 세계체제의 불평등한 위계구조 및 그 속에서 한국 자본주의의 종속적 위치는 여전히 지속되고 있음을 입증했다(정성진, 1990a, 1993c, 2004b).[7]

1990년대 들어 세계화가 진전되면서 독점자본주의 단계론이나 자립화론과 같은 일국자본주의론적(따라서 일국사회주의론적) 접근의 부적합성이 분명해졌다. 한때 OECD 가입과 함께 한국의 중심부로의 진입이 운운됐지만, 1997년 경제위기 이후 자본주의 세계체제에서 한국 자본주의의 종속적 위치가 재확인됐다. 1997년 경제위기 이후 한국 자본주의의 경제적 종속은 특히 레닌이 ≪제국주의론 노트≫에서 금융적 종속이라고 개념화한 형태로 다시 심화하고 있다(정성진, 2004b). 금융적 종속의 심화는 (1) 상장주식 시가총액에서 외국인 지분의 급증, (2) 외국인 직접투자의 급증, (3) 가치의 국외유출 증대 등의 지표에서 확인된다. 1997년 경제위기 이후 이와 같이 금융적 종속이 심화하면서 실물 부문에서의 경제적 종속도 심화하고 있다. 이는 1990년대 이후 국내 산업연관이 약화돼 수출 증가가 생산 증가를 유발하기보다 수입 증가를 유발하고 있는 데서 확인된다. 실제로 수출 증가의 생산유발계수는 1990년 1.99에서 2000년에 1.87로 감소한 반면, 수출 증가의 수입유발계수는 1993년 0.28에서 2000년에 0.37로 증가했다. 국민경제의 경제적 종속의 정도를 가장 잘 나타내는 지표는 생산수단의 수입의존도라고 할 수 있는데, 앞서 2장 <그림 2-18>에서 봤듯이, 1990년대 중반까지 감소 추세를 보이던 생산수단의 수입의존도가 그 이후 다시 증가했다. 즉 중화학공업에서 사용하는 중간투입(원자재, 부품) 중 수입품의 비중이 1970년 49.2퍼센트에서 1993년 25.7퍼센트까지 감소하다가 그 후 감소세가 중단돼 2000년에는 32.1퍼센트까지 증가했으며, 특히 제조업 부문 전체의 민간총고정자본 형성 중 수입품의 비중은 1993년 31.3퍼센트에서 1995년 37.6퍼센트, 2000년 42퍼센트로 급증했다. 이러한 사실을 감안할 때, 1980년대 사회 성격 논쟁 당시 일각에서 주장한 1980년대 후반 이후 종속약화 혹은 자립화 명제는 그 시기의 일시적 현상을 장기적 추세로 오인한 단견이었음을 알 수 있다. 경제적 종속은 1990년대에도 한국 자본주의의 주요한 특징이었고, 1997년 위기 이후 다시 심화했기 때문이다.

4. 한국 사회 성격 논쟁에서 소련 사회 성격 논쟁으로

1) 1989~1991년 소련·동유럽 블록의 해체와 스탈린주의의 파산

최근 한국 사회 연구에서 1987년, 1997년이 갖는 획기적 의의는 자주 언급되지만 1989~1991년이 갖는 의의는 거의 언급되지 않는다. 1989~1991년의 충격은 잊고 싶은 기억으로 간주되며, 실제로 잊혀진 과거가 돼가고 있다. 1989~1991년 소련·동유럽 블록의 붕괴의 충격이 우리나라에서 특히 심대했던 이유는, 당시 우리나라 진보진영 대다수가 스탈린주의를 정통 마르크스주의와 동일시하고 소련·동유럽 등 스탈린주의 체제를 진보진영이 추구해야 할 대안 사회 모델로 상정했기 때문이다. 따라서 우리나라에서 스탈린주의 체제 붕괴의 충격은, 이미 오래 전에 — 최소한 1968년 혁명 이후 — 스탈린주의의 폐해를 극복한 서유럽 진보진영과 비교가 안 될 정도로 컸다. 그 충격은 우선 1980년대 사회 성격 논쟁의 주류를 형성했던 스탈린주의자들이 1989~1991년 소련·동유럽 블록의 붕괴 후 일체의 변혁적 노선을 접고 각종 포스트주의와 사회민주주의로 대거 전향하는 것으로 나타났다. 이 각종 포스트주의와 사회민주주의로 전향한 구 스탈린주의자들이 오늘날 우리나라 진보진영의 주류를 이루고 있다는 점에서, 스탈린주의의 문제, 특히 그 물적 토대인 구소련 사회의 성격 구명 문제는 과거지사이기는커녕 여전히 매우 현재적인 문제다. 소련 사회성격의 구명은 한국 사회 성격 구명과 대안 모색에서 여전히 결정적인 의의를 갖고 있다.[8]

1989~1991년 소련·동유럽 블록의 붕괴는 사회주의가 역사적으로 실패했다고 보는 '자본주의 이외 대안 부재론'의 가장 유력한 논거 중 하나인데, 소련·동유럽 블록이 사회주의가 아니라 국가자본주의였다면 이 논거는 소멸할 수밖에 없다. 1989~1991년 소련·동유럽 블록의 붕괴는, 이전부터 이들 체제를 서방자본주의와 마찬가지로 노동자 혁명으로 타도돼야 할 관료적 국가자본주의라고 규정해 온 나를 비롯한 트로츠키주의자들에게는 오히려 스탈린주의의 최종적 청산과 고전 마르크스주의 전통의 부활의 계기로 간주됐다(정성진, 1991a).

2) 소련 국가자본주의론의 새로운 전개

소련·동유럽 국가자본주의론은 1990년대 들어 국제 마르크스주의 연구에서 다수설이 되고 있다. 헤인즈(Haynes, 2002), 샤토파디야(Chattopadhyay, 1994), 페르난데스(Fernandez, 1997), 레즈닉·울프(Resnick and Wolff, 2002) 등은 그 대표적인 예들이다.[9] 이 중 헤인즈(Haynes, 2002)를 제외한 소련 국가자본주의론은 세계 자본주의의 규정성을 고려하지 않은 소련 일국에서도 자본주의의 운동법칙이 관철됐음을 주장한다는 점에서

'일국적 소련 국가자본주의론'이라고 부를 수 있다. 하지만 일국적 소련 국가자본주의론은 다음과 같은 문제점을 갖고 있다. 먼저 이들은 소련 경제의 전개과정에 결정적 영향을 미친 군비경쟁, 군비생산을 매개로 한 세계시장에서의 정치군사적·지정학적 경쟁의 영향을 추상하거나 과소평가한다. 또 이들은 경쟁을 부르주아 경제학처럼 순수 경제적 경쟁 개념으로 환원하는데, 이는 마르크스의 경쟁 개념, 즉 부단한 불균형과 약육강식의 투쟁으로서의 경쟁 개념과 부합하지 않는 경제주의적 접근이다. 나아가 이들은 1970년대 이후 자본의 국제화의 진전과 군비경쟁이 소련 국가자본주의의 축적 위기에 미친 효과를 고려하지 못하고, "조방적 축적"의 한계라든지, 사보타지, 알콜 중독의 만연으로 인한 노동강도의 이완 등과 같은 대내적 요인을 특권화한 결과, 소련 국가자본주의의 위기와 붕괴의 원인을 정확하게 인식할 수 없었다.

일국적 소련 국가자본주의론은 윤소영, 조정환, 평의회 공산주의 등 최근 우리나라 진보진영에서도 수용되고 있는데, 이들은 뉘앙스의 차이에도 불구하고, 1928~1929년의 스탈린의 국가자본주의 반혁명이라는 질적 단절을 부인한다는 점에서 공통적이다. 이들은 대체로 소련에서 국가자본주의가 1917년(혹은 1921년)부터 시작됐다고 보는데, 이는 결국 레닌주의와 스탈린주의의 연속성을 주장하는 것이다. 예컨대 윤소영과 마찬가지로 '알튀세르 마르크스주의자'를 자처하는 레즈닉·울프(Resnick and Wolff, 2002)는 1929년 스탈린의 강제 집산화를 자본의 본원적 축적이 아니라 공산주의 생산양식 실현을 위한 진정한 대중적 시도라고 평가한다.[10] 무엇보다 일국적 소련 국가자본주의론, 즉 '1917년(또는 1921년) 이후 소련 국가자본주의론'의 입장에 설 경우, 고전 마르크스주의 전통에서 마르크스를 제외하고는 살아남는 것이 없게 된다. 이는 21세기 사회주의 운동의 발전을 위해서 쓸 수 있는 이론적 무기의 상당 부분을 포기하는 것이다. 또 '1917년(또는 1921년) 이후 소련 국가자본주의론'에서는 이행기인 1920년대(1921~1928년) 소련사회의 특수성과 모순 및 이행기에서 경쟁한 대안적 사회주의 모델들의 다양성을 부정한다는 점에서도 부당하다. 1920년대 소련에서 스탈린의 소련 국가자본주의 반혁명 노선에 대항한 트로츠키와 좌익반대파의 투쟁과 이들이 제출한 대안(예컨대 ≪좌익반대파 강령≫, ≪이행기강령≫ 등)의 의의를 정당하게 복권하지 않고서는 21세기에도 사회주의 대안의 실현은 가능하지 않을 것이다.

3) 소련 국가자본주의론의 의의

최근 국제 마르크스주의 학계에서 활발하게 논의되고 있는 소련 국가자본주의론은 이와 같은 문제점과 한계에도 불구하고 고전 마르크스주의 전통의 발전에 계속 걸림돌로 작용해 온 스탈린주의의 근본적 청산을 촉진한다는 점에서 긍정적 현상이다. 국가사회주의론 등 각종 소련 노동자국가론은 이제 거의 신용을 상실했다. 소련 노동자국가론은 1989~1991년 이후 국가자본주의에서 사적자본주의로의 전화일 뿐인 소련·동유럽 블록의 변화[이에 대해서는 헤인즈(Haynes, 2002) 참조]를 '자본주의의 부활'로 간주해, 사유화에 반대하고 국가적 소유를 옹호하는 입장으로 귀결되고 말았다. 이 경우를 통해 알 수 있듯이, 소련 붕괴 후에도 소련과 같은 유형의 국가자본주의 체제를 국가사회주의니 시장사회주의니 하면서 대안 체제의 목록에 포함시키는 것은(예컨대 오늘날 진보진영 일각의 중국 모델론) 결국 국가적 소유에 물질적 기반을 두고 있는 스탈린주의 관료를 지지하는 부르주아 반동으로 귀결될 수밖에 없다.

'사회주의의 몰락'과 '자본주의의 역사적 승리'라는 문제설정, 즉 '자본주의 이외 대안 부재론', 비교자본주의론의 문제설정에 대한 근본적 비판은 오로지 소련 국가자본주의론의 관점에서만 가능하다. 즉 소련 국가자본주의론의 관점에서만, '시장 대 국가의 대당'에서 국가를 시장보다 뭔가 진보적인 것으로 간주하는 비교자본주의론의 입장을 근본적·계급적으로 비판할 수 있는 것이다. 소련 국가자본주의론의 입장에 설 때에야 자본주의의 역사 자체가 시장 우위 국면과 국가 우위 국면의 주기적 교체로 전개돼 왔다는 사실, 따라서 국가 우위 국면이 시장 우위 국면에 비해 "잉여가치의 생산, 전유, 분배"에 있어 조금도 덜 자본주의적이거나 덜 착취적이거나 덜 반동적인 국면이 아니라는 사실을 인식할 수 있다. 나아가 소련 국가자본주의론의 관점에서만 최근 박정희 시대에 대한 진보진영 일각에서의 긍정적 평가('발전주의 국가론', '개발독재' 기여론 등)를 근본적·계급적으로 비판할 수 있으며, 진보진영 일부가 지지했던 김대중 국가와 노무현 국가의 자본주의적 성격, 그 착취적·억압적·반동적 본질을 정확하게 인식하고 비판할 수 있다. 요컨대 소련 국가자본주의론의 관점에 설 때만, 자본주의에서 국가란 총자본의 이익의 집행 기구일 뿐이며 따라서 시장보다 조금이라도 진보적인 것이 아니며 시장과 함께 폐지·분쇄해야 할 대상임을 인식할 수 있다. 향후 우리나라 진보진영의 과제의 하나는 최근 소련 사회 성격 논쟁에서 제기되고 있는 이와 같은 쟁점들을 발전시켜 대안 사회 프로젝트로 구체화하는 것이다.

5. 맺음말 : 고전 마르크스주의의 현재성

1990년대 이후 한국과 세계의 현실은 마르크스주의적 문제설정이 여전히 설명력과 현실 변혁 능력을 상실하지 않았음을 보여 준다. 마르크스의 자본주의 분석, 가치론과 위기론, 경쟁론, 그리고 마르크스주의 제국주의론과 사회주의 혁명론은 여전히 타당하다. 소련·동유럽 스탈린주의 체제의 붕괴와 함께 1980년대 사회 성격 논쟁이 기초했던 스탈린주의 문제설정이 붕괴한 것은 이해될 수 있다. 하지만 이와 같은 스탈린주의 이데올로기와 토대의 붕괴가 고전 마르크스주의의 문제설정을 기각하는 논거가 될 수는 없다. 1997년 경제위기 이후 우리나라에서 격화하고 있는 자본주의 모순과 적대, 그리고 1999년 시애틀 이후 전 세계적으로 고양되는 반자본주의·반전 투쟁은 자본주의와 사회주의에 관한 고전 마르크스주의의 이론과 정치의 현재성을 웅변하고 있다. 하지만 오늘 우리나라에서 마르크스주의적 분석과 사회주의적 대안 추구가 진정한 르네상스를 맞이하기 위해서는, 아직도 진보진영의 골수와 무의식에서 실천의 발목을 잡아당기고 있는 스탈린주의의 잔재를 확실하게 정리해 내는 작업이 필요하다.

자본주의 발전에 따른 모순의 격화가 자본주의를 극복하는 주체로서 노동자 대중투쟁의 성장을 가져온다는 마르크스의 계급분석과 계급투쟁의 이론은, 1997년 경제위기 이후 한국에 대해서도 여전히 타당하다. 1997년 경제위기 이후 이윤율 저하를 타개하기 위한 자본의 재편성과 자본의 노동에 대한 대대적 공세가 이뤄지고 있으며, 이 과정에서 "자본주의적 노동의 재구성", 특히 노동시장의 유연화를 통한 비정규직 노동의 양산, 임금 억압, 노동시간의 연장, 노동 강도의 강화, 착취율의 강화, '87년 체제'의 붕괴, 특히 대기업 정규직 노동자 중심의 전투적 조합주의의 퇴조와 관료화가 초래되고 있다. 하지만 다른 한편에서 비정규직 노동운동과 같은 "새로운 노동자운동 주체"가 형성되고 있다[장대업(Chang, 2005)].

21세기 우리나라에서 고전 마르크스주의가 지향하는 '아래로부터 사회주의'의 대안은 노동자 대중투쟁이 반자본주의 운동으로 성장·고양되는 조건에서 구현될 수 있다. 따라서 최근 재개되는 사회 성격 논쟁을 비롯한 진보진영의 이론 작업의 방향도, 어떻게 하면 이와 같은 "새로운 노동자운동 주체"를 포함한 노동자 대중투쟁을 반자본주의 운동으로 성장·고양시킬 수 있을까를 고민하고 모색하는 것이 돼야 한다.

주

1 1990년대 초반, 한국사회과학연구소 등 당시 진보진영 일각에서 주장하기 시작한 이른바 '정책대안론'이 부르주아 체제의 강화에 봉사할 것이라고 한 나의 비판과 예측은 이들 중 상당수가 노무현 정부로 넘어간 데서 정확한 것으로 입증됐다. 아래 인용문은 11년 전인 1994년 내가 한 말이다. "최근 경실련, 한국사회과학연구소를 중심으로 한 일부 한국 경제 연구자들은 한국 사회 성격 논쟁 류의 작풍을 청산하고 한국 경제의 세부적 측면에 대한 상세한 실증연구와 정책대안 개발 작업 쪽으로 관심을 이동하고 있다. 이들은 사회 성격 논쟁을 포함하여 한국의 마르크스주의가 대중으로부터 외면당한 이유를 합리적 정책대안의 부재, 혁명적 공문구의 남발에서 찾는다. 진보진영은 이제 공허하게 변혁만을 주장할 것이 아니라 대중이 납득할 수 있는 합리적인 정책대안들, 예컨대 토지공개념, 재벌규제, 환경보호, 우루과이 라운드 대책 등을 가지고 대중에 접근해야 한다는 것이다. 그러나 우리가 보기에 그간의 한국 사회 성격 논쟁의 구도가 와해되고 만 가장 중요한 이유는 그것이 스탈린주의의 이데올로기적 문제설정 내부에서의 공방(NL과 PD의 논쟁이 그 대표적인 것이다)으로 시종돼, 1989년 이후 스탈린주의 체제 붕괴의 충격을 이겨낼 수 없었던 점에 있다. 따라서 그간의 한국 사회 성격 논쟁의 구도를 이뤘던 스탈린주의 이데올로기 지반 전체에 대한 발본적인 마르크스주의적 반성 없이, 실증연구와 정책대안 개발 작업으로 전업하는 것을 통해 한국 사회 성격 논쟁이 봉착한 막다른 골목을 타개할 수는 없다. 우리가 보기에 최근 유행하는 정책대안론, 정책과학론은 한국 사회 성격 논쟁에서 그나마 긍정적으로 보아줄 수 있는 부분이었던 이론의 변혁지향성(이른바 '비판적 아카데미즘')마저도 거세하고 결국 국가경쟁력 강화에 봉사하고 있다. 마르크스주의는 계급투쟁의 과학이지 정책과학이 아니다. 주지하듯이, 그간 노동자 운동의 역사는 노동자 운동이 정책대안의 청사진(독일 사민당)을 가

지고 있었을 때가 아니라 혁명의식으로 무장한 당(볼셰비키)과 결합됐을 때에야 비로소 자본주의 국가의 분쇄가 가능했음을 보여 준다"(정성진, 1994 : 239~240).

2 따라서 내가 한국에서 마르크스의 경제학비판의 일반적 법칙의 관철을 강조했다고 해서 한국 자본주의의 특수성 파악의 의의를 부정한 것은 아니다. 나는 이처럼 마르크스의 이윤율 저하 경향 법칙과 만델의 장기파동론 및 사회적 축적구조론을 비판적으로 종합해 한국에서 1987년을 기점으로 이전에 '30년 장기호황'을 지탱해 온 국가자본주의적 사회적 축적구조가 붕괴했으며 이를 대체하는 새로운 사회적 축적구조가 출현하지 않는 가운데 구조적 위기가 계속되고 있다는 가설을 제시하고 이를 입증했다. 또 나는 1990년대 이후 구조적 위기에 대한 대응으로 이뤄지고 있는 신자유주의로의 전환은 사회적 축적구조라는 개념 자체를 거부하기 때문에 안정화된 장기적 경제성장을 담보할 수 없다고 예측했다. 정성진(1997a)과 정성진(Jeong, 1997)에서 제시된 우리나라 사회적 축적구조의 성립과 붕괴의 가설을 1997년 'IMF 위기' 이후로 연장해 확장하면, 1987년 이후 오늘에 이르는 시기는 1987년 이전의 국가자본주의적 사회적 축적구조의 해체와 장기불황의 시기로 개념화되면서도 다시 (1) 1987~1997년의 과도기와 (2) 1997년 이후 현재에 이르는 신자유주의적 축적체제의 시기로 구분될 수 있을 것이다. 예컨대 자본과 노동의 관계에서 1987~1997년의 과도기가 자본과 노동 간의 대결의 시기라면, 1997년 이후의 시기는 자본의 노동에 대한 전면 공격의 시기다. 또 국가와 자본의 관계에서 1987~1997년의 과도기가 국가-재벌의 연합에서 재벌의 자율성 증대와 금융자유화의 시기라면, 1997년 이후는 재벌이 초국민화되고 초국민적 금융자본의 영향력이 증대한 시기다. 그리고 국제경제 관계에서 1987~1997년의 과도기가 기존의 한미일 국제 분업구조 작동에 이상이 발생한 시기라면, 1997년 이후 시기는 외자 의존 수출 주도 중국 경제의 급성장으로 기존의 한미일 국제 분업구조에 한중미 국제 분업구조가 중첩된 동아시아 초국민적 축적체제가 전개되면서 불균형이 더욱 심화하는 시기다[이에 대해서는 하트-랜즈버그·버케트(Hart-Landsberg and Burkett, 2005) 참조].

3 부수적으로 <그림 6-1>은 1970~1986년 이윤율이 '고원' 상태를 유지할 수 있었던 요인, 즉 '박정희 시대'의 고도성장의 비결은 다름 아닌 초과착취, 즉 이윤몫(P/Y)의 상승에 있었음을 보여 준다. 이윤몫은 1970년 23.6퍼센트에서 1980년 33퍼센트로 상승해, 같은 기간 '산출-자본 비율'의 급락 (즉 자본의 가치구성의 급등)을 상쇄함으로써, 이 기간 동안 이윤율을 높은 수준에서 안정시켰다. 이는 이 시기의 고도성장이 소득분배의 악화를 수반하지 않았다는 이영훈 등 최근 '뉴라이트'의 주장이 근거가 없음을 보여 준다.

4 2000년 이후에야 뒤메닐(G. Duménil)의 '이윤율의 경제학'을 매개로 해서 한국 자본주의 분석에서 이윤율의 저하 경향 법칙의 중요성을 인정하게 된 윤소영(2001)에게는 이미 1980년대 한국 사회 성격 논쟁 당시부터 내가 수행해 온 마르크스의 이윤율의 저하 경향 법칙의 실증에 기초한 한국 자본주의 현상분석 작업(정성진, 1988, 1989, 1990a)은 지워 버리고 싶은 것으로 간주된다. 하지만 뒤메닐의 '이윤율의 경제학'을 알튀세르 철학의 경제학적 적용이라고 포장하는 것은 아전인수다.

5 <그림 6-3>과 <그림 6-4>의 이윤율은 앞의 2장 이윤율 계산 방법에 의거하여 ≪국민계정≫과 표학길(2000) 자본스톡 자료를 이용하되, '임금등가' 조정은 하지 않고 계산한 것이다.

6 이라크 전쟁 이후 우리나라 진보진영에도 미국 제국 문제에 대한 관심이 다시 살아나고 있는데, 이 경우에도 마르크스주의 제국주의론이 아니라 네그리 류의 제국론, 또는 파니치(L. Panitch), 긴딘(S. Gindin) 류의 미국 최강 제국론으로 경도된다. 마르크스주의 제국주의론의 관점에서 후자를 비판한 최근의 논의로는 캘리니코스(Callinicos, 2005)를 참조할 수 있다.

7 1980년대 말 사회 성격 논쟁에서는 종속이론과 세계체제론을 트로츠키주의 편향이니 '쁘띠부르주아' 운운하며 거부하던 윤소영도 1990년대 들어서는 발리바르(E. Balibar)를 좇아 아리기(G. Arrighi)와 월러스틴의 세계체제론적 종속론적 시각을 적극적으로 수용한다(윤소영, 1998). 물론 정성진(1993c)이 이미 1990년대 초에 세계체제에서 한국 자본주의의 종속적 위치를 실증하면서 아리기와 월러스틴의 접근을 비판적으로 적용한 것은

언급되지 않는다. 아리기, 월러스틴의 세계체제론 혹은 금융적 축적론에 대한 마르크스주의적 비판으로는 정성진(1998, 1999)을 참조할 수 있다.

8 얼마 전 창간된 ≪마르크스주의 연구≫는 이러한 관점에서 레닌주의와 러시아혁명을 2호, 3호 연속 특집으로 다루고 있다.

9 1980년대 사회 성격 논쟁에서 나를 비롯한 트로츠키주의자들의 소련 국가 자본주의론은 그야말로 '황야의 늑대'와 같은 외로운 외침이었지만, 2000 년 이후 이를 지지하는 트로츠키주의 그룹인 '다함께'의 성장과 함께 우리 나라 진보진영에서도 지지자들이 크게 늘어나고 있다. 이러한 형세 변화 속에서, 1980년대 사회 성격 논쟁 당시 스탈린주의 국가부르주아지의 공 식 이데올로기였던 짜골로프의 ≪사회주의 정치경제학 교과서≫를 선전 하는 데 앞장섰던 윤소영도 얼마 전부터 소련 국가자본주의론으로 개종 했다. 비록 문제점투성이의 '일국적' 소련 국가자본주의론이기는 하지만, 이는 일단 환영할 일이다. 그런데 윤소영(2004)은 이 같은 자신의 이론적 입장의 수정 혹은 변화와 관련된 자기비판이나 해명 대신, 엉뚱하게도 지 난 10여 년 이상 소련을 일관되게 국가자본주의라고 비판해 온 나와 트 로츠키주의를 공격하는 것으로 자신의 과거의 오류를 은폐하려 하고 있 다. 윤소영은 이미 14년 전부터 소련 국가자본주의 논쟁을 소개해 온 나 의 글들(정성진, 1991a, 1992, 1993a, 1993b, 1996 등)은 전혀 언급하지 않 고, "정성진 교수는 마치 클리프 그룹이 국가자본주의론을 대표하는 것처 럼 호도하지만 이는 무지의 소치일 따름"이라는 등으로 비난하는데, 이것 이야말로 사실 "호도"이고 역사의 날조다. 게다가 윤소영(2002)의 소련 국 가자본주의론은 소련에서 이윤율 저하만을 언급하고 노동자계급의 착취 와 투쟁에 대해서는 침묵한다. 심지어 소련이 1923~1924년에 국가자본주 의가 됐는지 1928~1929년에 국가자본주의가 됐는지는 그에게 "중요한 쟁 점"이 아니다. 윤소영에게 1928~1929년 스탈린의 국가자본주의 반혁명이 라는 개념은 아예 존재하지 않는다. 게다가 같은 지면에서 소련을 국가자 본주의라고 부르면서도 동시에 사회주의라고 부르는데, 이는 그의 뒤죽박 죽의 이론적 기회주의를 반영한 것이다. "마르크스주의의 역사"를 잠식 재단하면서 자신의 "무지" 콤플렉스, '트로츠키주의 알레르기'를 달래는

것은 자유이지만, 스탈린주의와 반공주의의 폭압과 개량주의의 포섭에 맞서 노동자계급 자기 해방에 헌신해 온 고전 마르크스주의 전통을 멋대로 왜곡하는 것은 도리가 아니다.

10 하지만 페르난데스(Fernandez, 1997)에 따르면, 1928~1932년 소련에서 임금노동자 수는 1천1백만 명에서 2천4백만 명으로 두 배 이상 증가했고, 농촌에서 집단농장으로 편입된 농가 수는 40만 호에서 1천5백만 호로 증가했다. 집단농장의 농민 상태가 임금노동자의 상태와 거의 다르지 않았다는 사실을 감안한다면, 1928~1932년 불과 4년 사이에 임금노동자 수가 3배 이상 증가했다고 할 수 있다. 이것이야말로 마르크스가 말한 생산수단(토지)으로부터 직접생산자(농민)의 강제적 분리로서의 자본의 본원적 축적이 아니고 무엇인가? 또 그레고리(Gregory, 2004)가 실증하고 있듯이, 1930년대 소련 집단농장은 공업 부문, 국가자본주의 부문을 위한 곡물수탈 기구, 가치 이전 기구일 뿐이었으며, 공산주의와는 아무런 접점도 없었다.

참고문헌

경남대학교 극동문제연구소 편. 1991, ≪한국전쟁과 남북한 사회의 구조적 변화≫.

경상대학교 사회과학연구원 엮음. 2002, ≪2002년 개정판 제국주의와 한국사회≫, 한울.

권우현. 2004, <금융화와 금융주도 축적체제>, 제2회 경북대학교 새정치경제학 연구팀 학술대회 발표 논문집.

김상조. 1998, <IMF 구제금융과 한국 경제 - 신자유주의적 재편에 대한 대응전략>, ≪경제와 사회≫, 제37호.

김성구. 1995, <사회적 시장경제론 비판>, ≪이론≫, 제13호.

김성구. 1998a, <경제위기와 노동자운동의 대응방향에 관한 몇 가지 쟁점에 대하여>, 노동조합기업경영연구소, ≪민주노동과 대안≫, 제6호.

김성구. 1998b, <IMF통제하의 한국자본주의 : 위기와 전망>, 노동조합기업경영연구소 편.

김세균. 1997, <민주주의, 신자유주의 그리고 노동자 총파업 투쟁>, ≪현장에서 미래를≫, 제18호.

김세균. 1998, <IMF관리체제, 김대중정권 그리고 노동운동>, 한국노동이론정책연구소, ≪현장에서 미래를≫, 3월호.

김수행. 1986, ≪경제변동론≫, 비봉출판사.

김숙경. 2005, <마르크스의 축적론과 한국자본주의의 축적경향>, 한국사회경제학회 2005년 봄 학술대회 발표논문.

김정주. 2000, <한국에서의 가치생산 및 가치분배구조 변화에 관한 연구>, 한양대학교 경제학박사학위논문.

김정주. 2005, <1980년대 이후 산업부문간 가치분배구조의 변화와 한국자본주의의 위기>, ≪사회경제평론≫, 제25호.

김형기. 1996, <1980년대 한국자본주의 : 구조전환의 10년>, ≪경제학연구≫, 제44집 제4호.

김혜자. 2006, <한국의 산업별 이윤율의 추이 : 1970~2000>, 경상대학교 경제학석사학위논문.

노동조합기업경영연구소 편. 1998, ≪IMF시대와 노동자의 삶≫.

대한민국정부. 1993, ≪신경제 5개년 계획 93~97≫.

민노연전태일을 따르는 민주노조운동연구소. 1998, ≪경제 대공황과 IMF 신탁통치≫, 한울.

민노련전태일을 따르는 민주노조운동연구쇼 편역. 1998, ≪신자유주의와 세계민중운동≫, 한울.

朴根好. 1993, ≪韓國の經濟發展とベトナム戰爭≫, 御茶の水書房.

박동철. 1993, <한국 경제에서 '국가주도적' 자본주의 발전방식의 형성과정>, 서울대학교 경제학박사
학위논문.

박종현. 2004, <외환금융위기 이후 통화금융정책과 저금리 기조의 성격>, 전창환・김진방 외.

박현수. 2004, <외국자본의 국내 진출 동향과 시사점>, ≪SERI 경제 포커스≫ 제6호.

박현채. 1990, <한국전쟁과 한국 경제의 전개>, ≪현대사회≫, 제36호.

박형달. 1994, <한국 경제에서의 이윤율 변동과 경제성장에 관한 연구>, 전남대학교 경제학박사학위
논문.

백웅기. 1993, <한국경기순환의 특징과 양태 : 역사적 고찰>, ≪한국개발연구≫, 제15권 제3호.

서울대학교 대학원 사회과학대학 자치회. 1998, <죄와 벌 - IMF시대의 재벌과 노동 ->, 제1회 사회대
대학원 심포지움.

서울사회과학연구소 경제분과. 1991, ≪한국에서의 자본주의 발전≫, 새길.

성낙선. 1996, <경제성장과 소득재분배에 대한 국가재정 효과 분석>, 고려대학교 경제학박사학위논문.

손호철. 1991, <한국전쟁과 이데올로기 지형 : 국가 지배연합 이데올로기>, 경남대학교 극동문제연구
소 편.

손호철. 1998a, <IMF 위기, 무엇이 문제였나? - 위기의 원인을 다시 생각한다 ->, ≪현장에서 미래를≫.

손호철. 1998b, <위기의 한국, 위기의 사회과학 - IMF 위기를 보며>, ≪경제와 사회≫, 제37호.

안병직 엮음. 1995, ≪한국 경제 : 쟁점과 전망≫, 지식산업사.

양우진. 1994, <현대 한국자본주의 발전과정 연구>, 서울대학교 경제학박사학위논문.

유철규. 1998, <금융공황과 IMF 금융개혁의 문제점>, ≪동향과 전망≫, 봄호.

유철규. 2003, <금융억압의 정치적 제도적 조건 : 한국 산업화의 경우>, 이병천 엮음.

유철규. 2004, <한국자본주의의 현안과 갇힌 진로 : 자본집중과 사회경제적 양극화 그리고 자본수출과
유휴자본의 누적>, ≪동향과 전망≫, 제61호.

육지수. 1959, <한국으로부터의 무역풍 : 6.25가 세계경제에 끼친 영향>, ≪사상계≫, 6월호.

윤소영. 1998, ≪일반화된 마르크스주의와 역사적 자본주의 분석≫, 공감.

윤소영. 2001, ≪이윤율의 경제학과 신자유주의 비판≫, 공감.

윤소영. 2002, ≪마르크스의 경제학 비판과 소련 사회주의≫, 공감.

윤소영. 2004, ≪역사적 마르크스주의 : 이념과 운동≫, 공감.

이내황 외. 2004, <경제양극화의 원인과 정책과제>, 한국은행, ≪금융경제연구≫, 제184호.

이대근. 1987, ≪한국전쟁과 1950년대의 자본축적≫, 까치.

이대근. 1995, <세계경제의 신조류와 한국의 진로>, 안병직 엮음.

이덕재. 1998, <맑스경제학적 실증연구에 관한 소고 - 'E'를 중심으로>, ≪사회경제평론≫, 제11호.

이덕재. 2004a, <외환위기 전후 축적구조 변화에 관한 시론적 분석>, ≪사회경제평론≫, 제23호.

이덕재. 2004b, <외환위기 전후 축적구조의 성격변화에 관한 연구>, 고려대학교 경제학박사학위논문.

이병천. 1996, <냉전분단체제와 권위주의적 자본주의 산업화 : 한국>, ≪사회경제평론≫, 제9호.

이병천. 2005, <이중 수동혁명 시대 한국의 정치경제학 : 61, 87년 체제와 한국자본주의론>, 한국사회
경제학회 정기 학술대회 발표논문, 5. 7.

이병천 엮음. 2003, ≪개발독재와 박정희 시대≫, 창작과 비평사.

이병천·윤소영. 1988, <전후 한국 경제학연구의 동향과 과제>, ≪80년대 한국인문사회과학의 현단계
와 전망≫, 역사비평사.

이병희. 1997, <한국 제조 대기업에서 노동규율 메커니즘의 특징>, ≪동향과 전망≫, 제33호.

이보선. 2004, <'2000년 고용표'로 본 우리나라 고용구조와 노동연관효과>, 한국은행, ≪조사통계월
보≫ 2월호.

이성순·유승민. 1995, <산업조직의 전개와 정책대응>, 차동세·김광석 편.

이원영. 1998, <68혁명은 우리 '등뒤의 미래'>, ≪길≫, 5월호.

이재형. 1996, <기업집단의 현황과 특징 : 비중, 시장지위, 다변화, 소유구조>, ≪KDI정책연구≫, 제18권
제3, 4호.

李鍾元. 1996, ≪東アジア冷戰と韓美關係≫, 東京大學出版會.

장상환. 1998, <한국자본주의, 왜 IMF 시대를 맞았나>, ≪역사비평≫, 봄호.

장상환. 1999, <한국전쟁과 경제구조의 변화>, 한국정신문화연구원 편.

장상환·김의동 외. 1991, ≪제국주의와 한국사회≫, 한울.

장하원. 1997, <한국 산업정책의 진화과정과 이윤율 추세 (1963~1990)>, 조원희 편.

전창환. 2004, <김대중 정부 이후의 한국 경제>, 전창환·김진방 외.

전창환·김진방 외. 2004, ≪위기 이후 한국자본주의≫, 풀빛.

정건화·김상조. 1996, <신경제정책하 한국 경제와 1996년판 경제위기론>, ≪동향과 전망≫, 겨울호.

정병휴·양영식. 1992, ≪한국 재벌부문의 경제분석≫, 한국개발연구원.

정성기. 2002, ≪탈분단의 정치경제학과 사회구성≫, 한울.

정성진. 1985, <한국의 잉여가치율 추계>, ≪경상대 논문집≫, 제24집 제2호.

정성진. 1987, <80년대 한국사회구성체논쟁과 주변부자본주의론>, ≪한국사회연구≫, 제5호.

정성진. 1988, <한국자본주의의 공황분석 시론>, ≪경상대 논문집≫, 제7집 제2호.

정성진. 1989, <한국자본주의에서 축적과 재생산의 구조변화>, ≪사상문예운동≫, 제2호.

정성진. 1990a, <한국 경제에서의 마르크스 비율의 분석>, 서울대학교 경제학박사학위논문.

정성진. 1990b, <한국자본주의 성격논쟁에 부쳐 : '독점강화론' 비판>, ≪동향과 전망≫, 겨울호.

정성진. 1991a, <제국주의, 사회주의 그리고 영구혁명>, 장상환·김의동 외.

정성진. 1991b, <87년 6월과 91년 6월의 성격연구>, ≪캠퍼스저널≫, 7월호.

정성진. 1992, <토니 클리프>, ≪이론≫, 제2호.

정성진. 1993, <한국자본주의와 경제적 종속의 전망>, ≪사회비평≫, 제9호.

정성진. 1993a, <해설 : 파산한 이론을 은폐할 수 없는 수사학 : 에르네스트 만델에 대한 답변>, ≪이론≫, 제4호.

정성진. 1993b, <트로츠키의 정치경제학 체계>, ≪이론≫, 제8호.

정성진. 1993c, <한국자본주의와 경제적 종속의 전망>, ≪사회비평≫, 제9호.

정성진. 1994, <국가경쟁력 강화론 비판>, ≪이론≫, 제9호.

정성진. 1996, <포스트모던 마르크스경제학 비판>, ≪이론≫, 제16호.

정성진. 1997a, <한국 경제의 사회적 축적구조와 그 붕괴>, ≪6월 민주항쟁과 한국사회 10년≫ 1, 당대 [이 책 제4장].

정성진. 1997b, <세계화인가, 세계적 규모의 자본축적인가>, ≪사회경제평론≫, 제10호.

정성진. 1998, <경제위기 논쟁과 마르크스주의 공황론>, 한국사회경제학회 제41회 연구발표회 발표논문집[이 책 제5장].

정성진. 1999, <세계체제론 : 맑스주의적 비판>, ≪진보평론≫, 제2호.

정성진. 2000, <한국전쟁, 베트남 전쟁과 영구군비경제>, ≪경제와 사회≫, 제46회[이 책 제3장].

정성진. 2001, <자본주의와 반자본주의 운동의 전망>, ≪진보평론≫, 제9호.

정성진. 2002, <반세계화에서 반자본주의로, 다시 사회주의로>, 경상대학교 사회과학연구원 엮음.

정성진. 2003, <21세기 미국 제국주의 : 맑스주의적 분석>, ≪사회경제평론≫, 제20호.

정성진. 2004a, <'제국' : 마르크스주의적 비판>, ≪마르크스주의연구≫, 제1호.

정성진. 2004b, <1997년 경제위기 이후 한국자본주의의 변화>, ≪경제와 사회≫, 제64회[이 책 제1장].

정성진. 2005a, <21세기 한국 사회 성격 논쟁 : 마르크스주의적 분석은 여전히 유효하다>, ≪역사비평≫, 제71회[이 책 제6장].

정성진. 2005b, <한국 경제의 마르크스 비율 분석 : 1970~2003>, ≪사회경제평론≫, 제25회[이 책 제2장].

정운영. 1995, <사회적 축적구조 이론 : 소개와 평가>, ≪이론≫, 제13호.

정운찬. 1998, <한국경제. 거품의 붕괴와 제도 개혁>, ≪열린 지성≫, 교수신문사, 제4호.

정진상. 1995, <해방직후 사회신분제 유제의 해체>, ≪사회과학연구≫, 경상대학교 사회과학연구소, 제13집 제1호.

조복현. 1998, ≪현대 자본주의 경제의 불안정성≫, 새날.

조복현. 2004, <금융주도 축적체제의 형성과 금융자본의 지배>, ≪사회경제평론≫, 제23호.

조석곤. 1998, <근대화론자=친일파=매국노인가?>, ≪말≫, 2월호.

조영철. 2004, <위기 이후 구조재편의 문제점과 대안적인 정책 방안>, 전창환·김진방 외.

조원희. 1997, <한국 경제체제의 개혁구상>, 조원희 편.

조원희 편. 1997, ≪한국 경제의 위기와 개혁과제≫, 풀빛.

조희연. 1998a, <짧은 마라톤 큰 걸음>, ≪한겨레신문≫, 2월 7일.

조희연. 1998b, <경제위기 속의 한국민주주의와 사회운동의 과제>, ≪당대비평≫, 제3호.

주무현. 2005, <1990년대 한국자본주의의 경쟁과 독점 분석>, ≪사회경제평론≫, 제25호.

차동세·김광석 편. 1995, ≪한국 경제 반세기: 역사적 평가와 21세기 비전≫, 한국개발연구원.

채만수. 1996, <'경제위기' 설과 '경제위기-노동자 책임'론>, ≪현장에서 미래를≫, 11월호.

채만수. 1997a, <현시기 외환/금융위기의 배경과 의의>, 한국노동이론정책연구소/지식인연대, 정세토
론회, ≪한국 경제의 현황과 노동운동의 대응방향≫, 12월 14일.

채만수. 1997b, <현시기 경제 상황의 성격과 노동조합 운동>, ≪이론≫, 제17호.

채만수. 1998, <막오른 경제대공황, 노동자 총력투쟁으로 저지해야>, ≪말≫, 2월호.

편집부. 1998, <위기의 이론, 이론의 위기 - IMF 사태와 한국자본주의를 보는 시각>, ≪읽을꺼리≫,
제2호.

표학길. 2000, <한국의 산업별 자산별 자본스톡추계 (1953~2000)>, ≪한국 경제의 분석≫, 제9권
제1호.

한국사회과학연구소 경제연구실. 1995, <'신경제' 2년의 평가 - '신경제'에서 '세계화'까지>, ≪동향과
전망≫, 제25호.

한국정신문화연구원 편. 1999, ≪한국전쟁과 사회구조의 변화≫, 백산서당.

홍영기. 2004, <위기 이후 금융시스템 전환의 성격과 한계>, 전창환·김진방 외.

伊藤誠. 1973, ≪信用と恐慌≫, 東京大學出版會.

井村喜代子. 1987, <1949年秋-朝鮮戰爭と合理化投資>(上), ≪三田學會雜誌≫, 第80卷 第4号.

井村喜代子. 1988a, <ベトナム戰爭と高度成長の再現・破綻>(上), ≪三田學會雜誌≫, 第81卷 第3号.

井村喜代子. 1988b, <1949年秋-朝鮮戰爭と合理化投資>(下), ≪三田學會雜誌≫, 第81卷 第1号.

井村喜代子. 1989, <ベトナム戰爭と高度成長の再現・破綻>(下), ≪三田學會雜誌≫, 第81卷 第4号.

和田春樹. 1999, ≪한국전쟁≫, 창작과 비평사.

Against the Current Editors. 1998, "The IMF's Imperial 'Reform'," *Against the Current*, No.73, March/
April.

Aglietta, M. and Breton, R. 2001, "Financial Systems, Corporate Control and Capital Accumulation,"
Economy and Society, Vol.30, No.4.

Albert, M. 1993, *Capitalism Vs. Capitalism*, Four Walls Eight Windows.

Amsden, A. 1989, *Asia's Next Giant*, Oxford University Press.

Amsden, A. 1994, "The Specter of Anglo-Saxonization Is Haunting South Korea," in Lee-Jay Cho
and Y. Kim eds.

Amsden, A. 1995, "Big Business-Focused Industrialization in South Korea," Unpublished Manuscript.

Amsden, A. and Euh, Y. 1997, "Behind Korea's Plunge," *The New York Times*, November 27.

Amsden, A. and Hikino, T. 1993, "Borrowing Technology or Innovating : An Exploration of the Two Paths to Industrial Development," in R. Thompson ed.

Armstrong, P. et al., 1993, *Capitalism since 1945*[김수행 역, ≪1945년 이후의 자본주의≫, 동아출판사].

Arrighi, G. 1993, "The Rise of East Asia : One Miracle or Many?" in R. A. Palat ed.

Arrighi, G. 1994, *The Long Twentieth Century*, Verso.

Baker, D., Pollin, R. and Zahrt, E. 1996, "The Vietnam War and the Political Economy of Full Employment," *Challenge*, May-June.

Bellofiore, R. ed. 1998, *Marxian Economics : A Reappraisal*, Vol.2, Macmillan.

Bowles, S., Gordon, D.M., and Weisskopf, T. 1989, "Business Ascendancy and Economic Impasse : A Structural Retrospective on Conservative Economics, 1979~87," *Journal of Economic Perspectives*, Vol.3, No.1.

Bowles, S., Gordon, D.M. and Weisskopf, T. 1990, *After the Waste Land*, M. E. Sharpe.

Boyer, R. 2000, "Is a Finance-led Growth Regime a Viable Alternative to Fordism? A Preliminary Analysis," *Economy and Society*, Vol.29, No.1.

Braudel, F. 1996, ≪물질문명과 자본주의 II-2 : 교환의 세계 下≫, 주경철 역, 까치.

Brenner, R. 1998, "Uneven Development and the Long Downturn : The Advanced Capitalist Economies from Boom to Stagnation, 1950~1998", *New Left Review*, No.229 [전용복・백승은 옮김, ≪혼돈의 기원≫, 이후, 2001].

Brenner, R. 2004, "New Boom or New Bubble," *New Left Review*, No.25, Jan/Feb.

Callinicos, A. 1993, "1917년 이전의 당과 계급," in J. Molyneux.

Callinicos, A. 2004, "Situating Neoliberalism," Conference Paper, Institute for Social Sciences of Gyeongsang National University, May 22.

Callinicos, A. 2005, "Imperialism and Global Political Economy," Conference Paper, Institute for Social Sciences, Gyeongsang National University, May 20.

Chang, Dae-oup. 2005, "When Capital Becomes Society : The Recomposition of Capitalist Work and New Labour Activism in Korea," Conference Paper, Institute for Social Sciences, Gyeongsang National University, May 20.

Chang, Ha-Joon. 1997, "A Crisis From Underregulation," *Los Angeles Times*, December 31.

Chang, Ha-Joon and Yoo, Chul-Gyue. 2002, "The Triumph of Rentiers? The 1997 Korean Crisis in a Historical Perspective," in J. Eatwell and L. Taylor eds.

Chattopadhyay, P. 1994, The *Marxian Concept of Capital and the Soviet Experience*, Prager.

Cherry, R. et al., eds. 1987, *The Imperiled Economy*, URPE.

Chesnais, F. 2002, <금융주도 축적체제론 논쟁 : 쟁점과 비판>, ≪시민과 세계≫, 제2호.

Chesnais, F. ed. 2002, ≪금융의 세계화≫, 서익진 역, 한울.

Cho, Lee-Jay and Kim, Y. 1994, "A New Vision for Institutional Reforms," in Cho, Lee-Jay and Kim, Y. eds.

Cho, Lee-Jay and Kim, Y. eds. 1994, *Korea's Political Economy : An Institutional Perspective*, Westview Press.

Cleaver, H. 1989, "Close the IMF, Abolish Debt and End Development : A Class Analysis of the International Debt Crisis," *Capital and Class*, No.39, Winter.

Cockerill, S. and Sparks, C. 1996, "Japan in Crisis," *International Socialism*, No.72, Autumn.

Crotty, J. 1998, <한국의 경제적 정치적 위기 - 경제 사회 분석에 관하여 한국 사회에 보내는 충고>, ≪주간 정세동향≫, 4월 27일.

Crotty, J. 2002, "The Effects of Increased Product Market Competition and Changes in Financial Markets on the Performance of Nonfinancial Corporations in the Neoliberal Era," *PERI Working Paper Series*, No.44.

Crotty, J. and Lee, Kang-Kook. 2002, "A Political-Economic Analysis of the Failure of Neoliberal Restructuring in Post-Crisis Korea," *Cambridge Journal of Economics*, Vol.26.

Crotty, J. and Lee, Kang-Kook. 2004, "Was the IMF's Imposition of Economic Regime Change in Korea Justified? A Critique of the IMF's Economic and Political Role Before and After the Crisis," *PERI Working Paper Series*, No.77.

Cumings, B. 1984, "The Origins and Development of the Northeast Asian Political Economy : Industrial Sectors, Product Cycles, and Political Consequences," *International Organization*, Vol.38, No.1.

De Angelis, M. 1998, <경제의 자율성과 세계화>, 전태일을 따르는 민주노조운동연구소 편역.

de Brunhoff, S. 2003, "Financial and Industrial Capital : A New Class Coalition," in A. Saad-Filho ed.

Devine, J. 1985, "Book Reviews : Understanding Capitalism," *Review of Radical Political Economics*, Vol.17, No.4.

Duménil, G. and Lévy, D. 2002, "The Profit Rate : Where and How Much Did It Fall? Did It Recover? USA 1948~2000", *Review of Radical Political Economics*, Vol.34, No.4.

Duménil, G. and Lévy, D. 2004a, "The Real and Financial Components of Profitability (United States, 1952~2000)," *Review of Radical Political Economics*, Vol.36, No.1.

Duménil, G. and Lévy, D. 2004b, *Capital Resurgent*, Harvard University Press.

Eatwell, J. and Taylor, L. eds. 2002, *International Capital Markets : Systems in Transition*, Oxford University Press.

Feldstein, M. 1998, "Refocusing the IMF," *Foreign Affairs*, March/April.

Fernandez, N. 1997, *Capitalism and Class Struggle in the USSR : A Marxist Theory*, Ashgate.

Fischer, S. 1998, "The Asian Crisis, the IMF, and the Japanese Economy," http://www.imf.org/external/np/speeches/1998/040898.HTM

Geiger, T. and Ross, D. 1991, "Banks, Institutional Constraints and the Limits of Central Banking : Monetary Policy in Britain and West Germany, 1950~52," *Business History*, Vol.33, No.3.

Giersch, H. and Schmieding, H. 1992, *The Fading Miracle : Four Decades of Market Economy in Germany*, Cambridge University Press.

Gordon, D. M. 1978, "Up and Down the Long Roller Coaster," in URPE ed.

Gordon, D. M. 1991, "Inside and Outside the Long Swing : The Endogeneity/Exogeneity Debate and the Social Structure of Accumulation Approach," *Review*, Vol.14. No.2.

Gordon, D. M., Edwards, R. and Reich, M. 1982, *Segmented Work, Devided Workers*, Cambridge University Press.

Gordon, D. M., Weisskopf, T.E., and Bowles, S. 1987, "Power, Accumulation, and Crisis : The Rise and Demise of the Postwar Social Structure of Accumulation," in R. Cherry et al., eds.

Gouverneur, J. 2004, *Understanding the Economy*.

Gregory, P. 2004, *The Political Economy of Stalinism*, Cambridge University Press.

Hardt, M. and Negri, A. 2004, *Multitude*, The Penguin Press

Harman, C. 1984, *Explaining the Crisis : A Marxist Reappraisal* [국역 : ≪마르크스주의와 공황론≫, 풀무질, 1995].

Hart-Landsberg, M. 1990, "Learning from South Korea," *Monthly Review*, September.

Hart-Landsberg, M. 1998, "The Asian Crisis : Causes and Consequences," *Against the Current*, No.73, March/April.

Hart-Landsberg, M. and Burkett, P. 2001, "Economic Crisis and Restructuring in South Korea : Beyond the Free Market-Statist Debate," *Critical Asian Studies*, Vol.33, No.3.

Hart-Landsberg, M. and Burkett, P. 2004, "International Conditions and South Korean Capital Accumulation, 1987~2003," Conference Paper, Institute for Social Sciences of Gyeongsang National University, May 22.

Hart-Landsberg, M. and Burkett, P. 2005, "China and the Dynamics of Transnational Capital Accumulation", Conference Paper, Institute for Social Sciences, Gyeongsang National University, May 20.

Haynes, M. 2002, *Russia : Class and Power 1917~2000*, Bookmarks.

Jang, Ha-Won. 1999, "The Undercurrent of the Crisis in Korea," Mimeo.

Jang, Sang-Hwan. 2004, "Continuing Suicide Among Laborers in Korea," *Labor History*, Vol.45, No.3.

Jeong, Seongjin. 1997, "The Social Structure of Accumulation in South Korea : Upgrading or Crumbling?", *Review of Radical Political Economics*, Vol.29, No.4.

Jeong, Seongjin and Shin, Jo-Young. 1999, "Debates on the Economic Crisis within the Korean Left," *Rethinking Marxism*, Vol.11, No.2.

Johnson, C. 1994, "What is the Best System of National Economic Management for Korea?" in Lee-Jae Cho and Y. Kim eds.

Kim, Linsu. 1993, "National System of Industrial Innovation : Dynamics of Capability Building in Korea" in R. Nelson ed.

Kleinknecht, A. et al., eds. 1992, *New Findings in Long-Wave Research*, St. Martin's Press.

Kotz, D. M. 1994, "Interpreting the Social Structure of Accumulation Theory," in D. M. Kotz et al., eds.

Kotz, D. M. et al., eds. 1994, *Social Structures of Accumulation*, Cambridge University Press.

Krugman, P. 1994, "The Myth of Asia's Miracle," *Foreign Affairs*, Vol.73, No.6.

Krugman, P. 1998, "Will Asia Bounce Back?" http://web.mit.edu/krugman/www/suisse.html

Laibman, D. 1999, "Productive and Unproductive Labor : A Comment," *Review of Radical Political Economics*, Vol.31, No.2.

Lenin, V. 1916, *Notebooks on Imperialism, Collected Works*, Vol.39.

Mage, S. 1963, "The Law of the Falling Tendency of the Rate of Profit," Ph.D. Dissertation, Columbia University.

Makinen, G. 1971, "Economic Stabilization in Wartime : A Comparative Case Study of Korea and Vietnam," *Journal of Political Economy*, Vol.79, No.6.

Mandel, E. 1980, *Long Waves of Capitalist Development*, Cambridge University Press.

Mandel, E. 1992, "The International Debate on Long Waves of Capitalist Development : An Intermediary Balance Sheet," in A. Kleinknecht et al., eds.

Marx, K. 1990, ≪자본론≫, 제3권, 김수행 옮김, 비봉출판사.

Mohun, S. 1998, "Unproductive Labor and the Rate of Profit in Australia 1966/67~1991/92", in R. Bellofiore ed.

Mohun, S. 2002, "Productive and Unproductive Labor : A Reply to Houston and Laibman", *Review of Radical Political Economics*, Vol.34, No.2

Mohun, S. 2003, "Does All Labour Create Value?", in A. Saad-Filho ed.

Mohun, S. 2004a, "The Australian Rate of Profit 1965~2001," *Journal of Australian Political Economy*, No.52.

Mohun, S. 2004b, "On Measuring the Wealth of Nations : the U.S. Economy, 1964~2001," *Cambridge Journal of Economics*, Mimeo.

Mohun, S. 2004c, "Distributive Shares in the U.S. Economy, 1964~2001", Mimeo.

Molyneux, J. 2003, ≪마르크스주의와 당≫, 이진한 옮김, 북막스.

Moseley, F. 1991, *The Falling Rate of Profit in the Postwar United States*, St. Martin's Press.

Moseley, F. 1997. "The Rate of Profit and the Future of Capitalism," *Review of Radical Political Economics*, Vol.29, No.4.

Moseley, F. 1999, "The Decline of the Rate of Profit in the Post-war United States Economy : Due to Increased Competition or Increased Unproductive Labour," *Historical Materialism*, No.4.

Moseley, F. 2004, "Marxian Crisis Theory and the Postwar U.S. Economy," Conference Paper, Institute for Social Sciences, Gyeongsang National University, May 22.

Nelson, R. ed. 1993, *National Innovation Systems*, Oxford University Press.

Palat, R. A. 1993, *Pacific-Asia and the Future of the World-System*, Greenwood Press.

Polanyi, K. 1944, *The Great Transformation*, Beacon Press.

Pollin, R. 1996, "Contemporary Economic Stagnation in World Historical Perspectives," *New Left Review*, No.219.

Radelet, S. and Sachs, J. 1998, "The Onset of the East Asian Financial Crisis," http://www.hiid.harvard.edu/pub/others/eaonset.pdf

Resnick, S. and Wolff, R. 2002, *Class Theory and History : Capitalism and Communism in the USSR*, Routledge.

Rieu, Dong-Min. 2005, "Estimating the Sectoral Rates of Surplus Value : Methodological Issues," Institute for Social Sciences, Gyeongsang National University

Ruccio, D. 1991, "When Failure Becomes Success : Class and the Debate over Stabilization and Adjustment," *World Development*, Vol.19, No.1.

Saad-Filho, A. ed. 2003, *Anti-Capitalism : A Marxist Introduction*, Pluto.

Salama, P. 2002, <배제적 금융화 : 라틴아메리카 경제들의 교훈>, F. Chesnais ed.

Samuelson, R. 1998, "Asia's Continuing Depression," *Washington Post*, May 13.

Savran, S. and Tonak, E. A. 1999, "Productive and Unproductive Labour : An Attempt at Clarification and Classification," *Capital and Class*, No.68.

Shaikh, A. 1992, "The Falling Rate of Profit as the Cause of Long Waves : Theory and Empirical Evidence," in A. Kleinknecht et al., eds.

Shaikh, A. 1999, "Explaining the Global Economic Crisis," *Historical Materialism*, No.5.

Shaikh, A. and Tonak, E. A. 1994, *Measuring the Wealth of Nations*, Cambridge University Press.

Shin, Gyoung-Hee. 1998, "The Crisis and Workers' Movement in South Korea," *International Socialism*, No.78.

Sparks, C. 1998, "The Eye of the Storm," *International Socialism*, No.78.

Stiglitz, J. 1998, "Sound Finance and Sustainable Development in Asia," http://www.worldbank.org/html/extdr/extme/jssp031298.htm

Thompson, R. ed. 1993, *Learning and Technological Change*, St. Martin's Press.

Trotsky, L. 2003, ≪연속혁명 평가와 전망≫, 정성진 옮김, 책갈피.

Trotsky, L. 1996, ≪10월의 교훈 및 이행기 강령≫, 김성훈 옮김, 풀무질.

URPE ed. 1978, *U.S. Capitalism in Crisis*, URPE.

Wade, R. and Veneroso, F. 1998, "The Asian Crisis : the High Debt Model vs. the Wall Street-Treasury-IMF Complex," *New Left Review*, No.228.

Wolff, E. N. 1987. *Growth, Accumulation, and Unproductive Activity*. Cambridge University Press.

Wolff, E. N. 2003, "What's Behind the Rise in Profitability in the US in the 1980s and 1990s," *Cambridge Journal of Economics*, Vol. 27, No.4.

World Bank. 1993, *The East Asian Miracle : Economic Growth and Public Policy*, Oxford University Press.

Young, A. 1994, "Lessons from the East Asian NICs : A Contrarian View," *European Economic Review*, Vol.38, No.3/4.

찾아보기